评价改变生态

中小学教育
评价体系构建研究与实践

赵永军 著

山东文艺出版社

图书在版编目（CIP）数据

评价改变生态 / 赵永军著. —济南：山东文艺出版社，2021.4
ISBN 978－7－5329－6334－8

Ⅰ.①评… Ⅱ.①赵… Ⅲ.①教育评估—研究 Ⅳ.
①G40－058.1

中国版本图书馆 CIP 数据核字(2021)第 040070 号

评价改变生态
——中小学教育评价体系构建研究与实践

赵永军 著

主管单位	山东出版传媒股份有限公司
出版发行	山东文艺出版社
社　　址	山东省济南市英雄山路 189 号
邮　　编	250002
网　　址	www.sdwypress.com
读者服务	0531－82098776（总编室）
	0531－82098775（市场营销部）
电子邮箱	sdwy@sdpress.com.cn
印　　刷	肥城新华印刷有限公司
开　　本	710 毫米×1000 毫米　1/16
印　　张	24
字　　数	330 千
版　　次	2021 年 4 月第 1 版
印　　次	2021 年 4 月第 1 次印刷
书　　号	ISBN 978－7－5329－6334－8
定　　价	58.00 元

版权专有，侵权必究。如有图书质量问题，请与出版社联系调换。

弘道養正家風健
立德樹人子孫賢

庚子秋月 柳娥書

目录

第一章　评价体系构建研究与实践概述
背景与意义　/ 3
问题与思考　/ 10
内容与策略　/ 20

第二章　评价促进校长队伍建设
依标准　守规范　/ 27
细管理　鼓干劲　/ 32
把方向　提质量　/ 47

第三章　评价促进教师队伍建设
弘师德　重师范　/ 69
勤教研　善拓展　/ 84
活方法　提效率　/ 109

第四章　评价促进班主任队伍建设

联家校　知生情 / 131

树班风　扬个性 / 141

聚合力　促共育 / 150

第五章　评价提升教辅服务质量

优服务　强保障 / 165

讲公开　促勤廉 / 178

提效益　保安全 / 189

第六章　评价促进学生全面发展

打基础 / 207

养习惯 / 222

善积累 / 235

激兴趣 / 244

勤实践 / 259

提能力 / 273

第七章　评价促进优质均衡发展

局机关务实高效 / 293

各部门齐抓共管 / 305

各群体合力共为 / 320

第八章　评价体系构建实践成果

实践成果 / 333

第九章　肥城教育美好未来展望

　　近期计划与行动推进　/ 347
　　愿景规划与未来展望　/ 355

附录　/ 359

第一章
评价体系构建研究与实践概述

　　作为一名县级市教体局局长,如何团结带领全市广大干部教师把"立德树人"的根本任务落实好,把全市教育改革与发展统筹引领好,办好人民满意的教育,是摆在我面前的重要使命。我结合自己的工作经验,在新征程上坚持不懈地探索与实践,创造性地开展了中小学教育评价体系构建研究与实践。

背景与意义

教育评价具有导向、调节、激励等功能，它就像一面旗帜，对于引领县域教育能否坚持优先发展地位不动摇，能否坚持立德树人根本任务不动摇，能否全面贯彻党和国家的教育方针，能否激励广大干部教师积极投身教书育人的崇高实践，能否办好人民满意的教育，起着至关重要的作用。习近平新时代中国特色社会主义思想，全国教育大会、山东省教育大会精神，为我们指引了前进的方向。开展中小学教育评价体系构建研究与实践，对于县域教育的综合治理、体系优化，建设现代县域教育生态具有重要意义。

一、评价体系构建研究与实践的背景

从我国教育发展的宏观层面来看，21世纪的人才和经济竞争更加激烈。习近平总书记在党的十九大报告中指出，"要全面贯彻党的教育方针，落实立德树人根本任务，发展素质教育，推进教育公平，培养德智体美全面发展的社会主义建设者和接班人"。承担培养和造就人才重任的教育，必须着眼于优化教育评价体系，办出众多优质学校，推出一大批优秀教师，不断提高学生的综合素质，培养学生的创新精神和实践能力，使学生适应未来社会发展的需求。

　　不忘初心，立德树人，是新时代教育工作者的神圣使命。2018年9月10日，习近平总书记出席全国教育大会并发表重要讲话。习近平总书记指出，"教育是民族振兴、社会进步的重要基石，是功在当代、利在千秋的德政工程"，"教育是国之大计、党之大计"。习近平总书记强调，我国教育改革发展要坚持党对教育事业的全面领导，坚持把立德树人作为根本任务，坚持优先发展教育事业，坚持社会主义办学方向，坚持扎根中国大地办教育，坚持以人民为中心发展教育，坚持深化教育改革创新，坚持把服务中华民族伟大复兴作为教育的重要使命，坚持把教师队伍建设作为基础工作。习近平总书记要求，要深化教育体制改革，健全立德树人落实机制，扭转不科学的教育评价导向，坚决克服唯分数、唯升学、唯文凭、唯论文、唯帽子的顽瘴痼疾，从根本上解决教育评价指挥棒问题。

　　从县域教育的发展趋势来看，构建美好教育，大力营造良好的教育发展生态，是当地党委、政府的重大使命。教育的发展，首先需要党委、政府高度重视。肥城是君子之邑，素有尊师重教之风，曾孕育出许多社会贤达。春秋时期"文宗史圣"左丘明、有子有若、冉耕，元代首届科举状元张起岩，泰山五贤之一宋焘、诤臣尹庭、名臣李邦珍等都是肥城人；现当代名人志士不乏其人，全国人大原副委员长田纪云、中国环保之父曲格平、书法名家欧阳中石、油画名家张华清以及电影表演艺术家赵丹、张瑜等也是肥城人。

　　多年来，肥城市委、市政府继续弘扬重教兴学的优良传统，大力实施"科教兴肥"战略，坚持把教育放在优先发展位置，作为最大的民生工程和德政工程，紧紧抓在手上、放在心上，始终高看一眼、厚爱一层。履新伊始，市委、市政府主要领导与我谈话，寄予厚望，压责放权，全力支持，只要有利于教育发展的事、有利于学生成长的事、有利于家长满意的事,都要我放心去做,放手去干,无论在政策上、机制上、制度上、经费上,都给予全方位保障。2018年、2019年、2020年一般公共预算安排的教育经费分别为15.8亿元、16.3亿元、16.8亿元,占财政支出的比例分别为26.54%、27.24%、27.63%。三年来,投资6亿元,新建学校2所,改扩建25所,新增校舍面积15万平方米,新建高标准塑胶操场24个。2018年初,市政府与有关部门签订教育工作目标责任书,有关部门和社会各界秉承尊师重教的优良传统,饱含尽心支持、倾力而为的教育情怀,认真履行肩负的职责,在学校安全、环境治理、教育投入、编制规划等方面给予了全力保障。市委、市政府高度重视,社会各界强力支持,形成了有利于教育发展的生态环境,创建优质均衡发展市、建设现代化教育强市,成为全市各级和社会各界的共识,形成了办好人民满意教育的强大合力。

加大对教育设施的投入,实施教育装备提升等工程,对校园网进行全面升级改造,部分学校实现有线网络千兆到桌面,无线网络全覆盖,实现了"网络宽带校校通"。全市配备教师办公用机9217台,学生用机11445台,多媒体2999套,全市普通中小学专任教师达到人手一机,所有学校均达到学生最大班额人手一机的标准。实施同步课堂、网络教研和视频会议系统建设工程,全市有68处学校接入同步课堂互动教学平台,建设起覆盖全市的视频会议系统和网络教研活动中心,弥补了部分农村学校个别学科师资薄弱的问题,进一步缩小了城乡差距。建成肥城教育资源在线,已充实资源100余万个,微课7000余节,扩大了优质资源覆盖面,推动优质教育资源共建共享,满足教育教学需要。建立基于"脸谱识别"的教师课堂巡课系统、基于身份证的学生成长和教师发展管理系统和校园安全视频监控管理系统。通过推进教育信息化,有效地提升了教育现代化管理水平。

从我个人的履职经历来看,三十多年对事业的不断追求和探索,让我形成了"抓重点、重点抓"的工作方式,养成了"发现问题、解决问题、建立长效机制"到"再出现问题、再发现问题、再解决问题、再建立长效机制"这一螺旋式提升管理水平的管理思维,沉淀了"用制度管人,靠机制办事,凭考核奖惩抓落实"的工作理念,深化了"节点管控、全程留痕、异常预警、不断提高工作质效"的信息化管理模式,提升了分析并解决主要矛盾和矛盾的主要方面的工作能力。抓重点,重点抓,化繁为简,抓"牛鼻子"。这样,干事创业才能高屋建瓴,得心应手,事半功倍,才能既见"森林"又见"树叶"。

从国内外中小学教育评价研究进程的角度来看,中小学教育评价还未形成体系。我在"CNKI中国期刊全文数据库"中检索2014年到2019年"中小学教育评价体系构建"的相关文章、著作,共有200余篇(项)。国内研究居多,其中具有代表性的研究成果有:

[1] 肖瑞:《中小学评价体制的问题及对策研究》,主要研究成果是,中小学评价体制的理论论证和中小学评价体制的理论建构,包括中小学评价机构的研究、中小学评价制度的研究、中小学评价机构和中小学评价制度的应然研究等。

[2] 陈国民:《区域中小学教育质量综合评价的运作机制》,主要研究成果是,以纵横推进的方式研制评价标准,以协同参与的方式开发监测工具,以循环改进的形式寻求共同发展,形成了明确高效的运作机制。

[3] 柳文华:《中小学教育质量评价研究》,主要研究成果是,通过分析教育质量综合评价误区,重构教育质量概念,实现中小学教育质量的全面提升。

[4] 王志国:《构建区域特色的中小学教育质量综合评价体系》,主要研究成果是,以学业发展水平、非学业发展水平和学业负担三个方面为核心,用六个指数来衡量,从综合的角度出发,关注学校发展的整体水平。

[5] 辛涛、张彩：《中小学教育质量综合评价改革的现状与前瞻》，主要研究成果是，提出当前中小学教育质量综合评价改革在工作机制建立、指标体系优化、评价结果应用等方面取得了一系列进展，但也存在一些误区、偏差和困惑，如多种评价体系并存等，并提出了以综合评价为基础推动基础教育评价体系改革与完善等四方面的建议。

[6] 陈邦、尹小平、王浩：《中小学教育质量综合评价改革区域实践》，介绍了泸州市开展以"三开减负三开放"为重点的课程评价，实施以"两增两减一提高"为目标的教学评价，落实以实验操作为核心的实践能力评价，探索以"感恩教育行动计划"为载体的学生品德水平评价，着力推进素质教育。

……

可以说，国内外已有很多与"中小学教育评价体系构建研究"相关的成果，为我们的研究提供了参考。但是它们尚不成体系，存在着观点散乱、指导性不强等方面的问题：

1. 中小学教育评价体系构建不够完善。众多的评价体系指标构建呈现多元化，没有一个覆盖学校各个层面的、完整的评价方案。从目前检索的资料看，均未找到较为完善的评价体系。

2. 中小学教育评价对象不够全面。多数教育评价对象为教师，没有一个方案涵盖校长、教师（包括班主任）、教辅、学生四大层面，没有把学校范围内的所有不同群体作为研究对象。

3. 中小学教育评价要求不够具体。上述几乎所有的研究，都没有对评价对象提出简洁、明了、好记、易操作的工作要求，评价指标繁多、杂乱。

4. 中小学教育评价体系可操作性不强。理论多，实践范例少，可操作性差，借鉴价值不大。

在对上述问题进行深度思考后，我认为，中小学教育评价体系的构建成为当前教育管理研究的重中之重与焦点课题。

正是基于以上背景,在深入研究的基础上,我紧紧围绕影响教育内涵发展的人力因素,从校长、教师、教辅、学生四个层面,提出了中小学教育评价体系的"四层面72字"要求——

校长层面:依标准、守规范,细管理、鼓干劲,把方向、提质量。

教师层面:弘师德、重师范,勤教研、善拓展,活方法、提效率。

教辅层面:优服务、强保障,讲公开、促勤廉,提效益、保安全。

学生层面:打基础、养习惯,善积累、激兴趣,勤实践、提能力。

同时,班主任作为教师群体的分支,也是做好班级和学生管理的重要力量,因此,我们对班主任也提出了"联家校、知生情,树班风、扬个性,聚合力、促共育"18字工作要求,在教师层面的要求中予以体现和考核。根据以上要求,构建起科学有效的中小学教育评价体系,全面调动各层面工作的积极性和主动性,激活促进教育发展的内部动力,建设管理规范、治学严谨、校风正、教风好、学风浓、朝气蓬勃、生动活泼的美好校园,办好人民满意的教育。

二、评价体系构建研究的意义

一是建立完整、科学、易操作的学校教育评价体系。"完整"指评价主体全面,包括校长、教师(含班主任)、教辅、学生,即学校内的所有

"人"。"科学"指符合党的教育方针，特别是习近平总书记在党的十九大报告中指出的，"落实立德树人根本任务，发展素质教育，推进教育公平，培养德智体美全面发展的社会主义建设者和接班人"；符合教育教学规律；符合当地教育实际；符合学生认知规律等。"易操作"指教育教学考核评价体系简洁明了，阳光透明，便于干部教师牢记于心，便于管理者操作、考量和评估。

二是促进县域教育由功利化短视发展状态向现代教育生态转型。教育体系更优化，治理体系现代化，评价方式多元化，教育方式多样化，形成满足民生、奉献社会的现代教育生态。办出大量优质学校，培养一大批优秀教师，造就一大批优质学生，为肥城县域经济社会转型发展提供智力支撑，增强在人才培养方面的服务功能。

三是探索县域教育改革与发展的创新之路，丰富县域教育改革理论与实践，使之接地气、重实践、能复制、有特色，为县域教育改革实践提供经验，助力不同阶段、不同层次、不同性质、不同县域的学校都能获得全新的、更好的发展。

问题与思考

2017年9月，市委安排我回归教育，任教育局（2019年1月，机构改革后，肥城市教育局机构名称改为肥城市教育和体育局）局长、党委书记。履职后，我欣喜地看到全市教育事业发生了翻天覆地的变化，教育成就令人瞩目，但也真切地感受到，受社会上一些不良思想的影响，教育上的急功近利、个别教师追名逐利的现象没有根本扭转。个别学校忽视立德树人根本任务，片面地以学生分数评价学校办学质量，学生课业负担过重，教师转嫁工作负担、有偿补课、评上职称不教课等社会热点问题依然不同程度地存在。

这些问题都与教育评价息息相关，应当说，教育评价不科学是导致问题发生的源头。教育评价是在一定教育价值观的指导下，依据确立的教育目标，运用一定的技术和方法，对所实施的各种教育活动、教育过程和教育结果进行科学判定的过程。如果教育评价不科学、不合理，没有搞好系统的设计，没有鲜明的旗帜引领性，没有防止潜在问题发生的策略，出现方方面面的问题就在所难免。

一、研究评价体系的问题

经过调查研究，我在全市教育系统干部第一次见面会上，由衷地发出了"19问"，引导大家对教育存在的一些老问题，静下心来，客观、全面地思考，对这些基本问题进行认真反思。

一是国家课程方案与落实问题。国家课程方案是国家意志的体现，是全面落实党和国家教育方针的顶层设计和总体要求，各级应不折不扣地执行。在具体实践中，是否存在落实不到位的问题？比如，是否存在课程开不全、课时开不足的问题？是否存在考试科目挤占非考试科目课时的问题？是否存在不重视校本课程的开发与开设的问题？是否存在该考查的科目未实际考查的问题？

二是课内与课外问题。课堂是教育教学的主阵地，教学任务应该在课内完成，教师应不断提高课堂教学效率，向课堂教学要质量。在具体实践中，是否存在课堂教学效率不高，担心影响学科成绩，层层加重课业负担的问题？是否存在学生课外时间被过重的作业挤占，缺少自主支配时间、影响个性发展的问题？

三是学生分数与学生能力问题。学生的考试分数和能力能不能直接画等号？虽然，目前的高考、中考仍然以分取人，但义务教育阶段如果仅仅为了考试分数教学，忽视学生学习品质和能力的培养，高中阶段潜力如何挖掘，爆发力如何积蓄？具体到一个百万人口的大县（市），每年初中毕业生约1万人，而真正考上大学本科的大概5000人，约占1/2，尽管这一成绩已经不错，但毕竟还有1/2左右的学生落榜，他们的发展出路在哪里？反观那些所谓的优秀学生，支撑他们优秀的根本，难道不是学习品质和综合能力吗？如果注重学生学习品质和能力的培养，优秀生不就会有更大突破吗？就高中学段而言，面对高考"考能力"的新动向、新要求，如果不注重学生学习品质和能力的培养，能为大学输送更多优秀人才吗？

四是学生分数与教师评价问题。虽然各级各类学校都有一个对教师的评价体系，从德、能、勤、绩等方面设计得也比较全面，但在实际操作中，过程管理趋于弱化，师德和师能评价拉不开档次，学生的分数仍然起着决定性作用。但学生的分数能不能代表教师的教学能力？能不能与教师的业绩画等号？怎样才能全面、客观、公正地评价教师的业绩？

五是教学装备与实际利用问题。这些年，各级各类学校投入大量资金，更新换代教学装备，提升了装备水平。但图书、仪器、功能室等管理得如何，利用得如何，作用发挥得如何？

六是教师与学生家长的关系问题。有的教师让学生家长代替自己批改作业、打印复印或抄写作业，让家长到校盯班，学生考不好或犯了错就批评家长，甚至让家长陪着学生挨训……这是"家校共育"提倡的做法吗？有些事情难道是学生家长应该做的吗？学生家长难道是教师的"助理"吗？

"一石激起千层浪"，与会人员打开了思维的闸门，深刻反思、热烈讨论，走心、入脑、触髓，初步找到了肥城教育发展的瓶颈，形成了共识：教育必须坚持立德树人根本任务不动摇，必须全面贯彻党的教育方针不动摇；必须遵循教育规律和学生成长规律，全面发展素质教育；必须坚持教育本真，不能急功近利；必须坚持以人民为中心的教育理念，办好人民满意的教育，培养德智体美劳全面发展的社会主义建设者和接班人。

"19问"直击教育发展中累积的问题，是教育归真的再探究。同时，也是中小学评价体系构建研究的核心问题之所在。它不仅是加强教学管理的手段，而且是提高学校办学水平，提高教师专业素质，培养学生核心素养的重要切入点。

二、研究评价体系的思考

马克思指出:"教育与生产劳动相结合,不仅是提高社会生产的一种方法,而且是造就全面发展的人的唯一方法。"培养全面发展的人,这一教育目标只有具体落实到中小学教育教学中才能真正实现。

人是生产力中最活跃的因素。同样,在教育管理要素中,对人的管理也是最为重要的。通过科学管理,界定好职责、确定好目标、优化好策略,盘活人、财、物、时、空,用人所长,展人所能,优化时空,使人尽其才,才尽其用,才能更好地完成教书育人的使命。

在中小学教育评价体系构建研究与实践过程中,我通过反复论证,不断丰富内涵,最终以学生培养"18字"要求实现对教育目标和要求的具体化描述,以"四层面72字"要求作为我市中小学教育管理的最根本因素和抓手。

(一)"18字"要求——教育目标的具体化

记得刚履职不久,局办公室提供了各级关于教育教学督导考核评价的许多方案、意见、办法,这些文件摞起来足足有半尺厚。当时,我就感慨,这么多的考核办法,学校和老师怎么落实啊!我还听说,有的学校年初收到的考核文件,因内容繁杂,日常不好落实,没人重视,年底时考核文件去向不明,还得再向局里讨要;有的学校平时不注意积累,待迎接检查时,得组织老师集中编造材料,有的时间、地点、事件都对不上号。

如何精减教育教学考核评价体系,使广大干部教师能够牢记于心,校长能够潜心管理,教师能够精心育人,教辅能够用心服务,学生能够专心学习,探寻教育目标的"具体化"以及目标落实的"具体化",成为我履职后苦思冥想的当务之急。

在这一问题引导驱使下，我们确立了学生培养"18字"要求：打基础、养习惯、善积累、激兴趣、勤实践、提能力。引导广大教育工作者遵循教育教学规律，尊重学生成长、成才规律，用心研究，科学施教，坚持立德树人根本任务不动摇，努力在"打基础、养习惯、善积累、激兴趣、勤实践、提能力"上下功夫。

学生培养的"18字"要求，不是标新立异，更不是突发奇想，而是经过反复交流研讨确立的，这期间还有几个让我深受启发的小故事。

在我市的一次校企合作工作动员会上，中国500强企业石横特钢集团董事长、全国人大代表、中国经济年度人物张武宗给我市职业技术学校的老师讲，"进入技校的孩子，本来学科基础不牢固，入校后，先别忙着教技术技能，一定要先巩固他们的文化课基础；否则，孩子们未来的发展就受限"。张董事长的一番话一语中的！这是一个叱咤商海的老企业家对孩子培养、对学校教育的深刻感悟。"打基础"是一个人成长的根基，应该是基础教育培养目标的第一要义。于是，"打基础"深深地在我脑海里扎下了根。

有一次，我们到广东考察民办教育办学经验。在一家民办学校里，我们走进教室，一名三年级的小朋友站起来好奇地问："叔叔，你们来看什么呀？"我不假思索地说道："叔叔来学习你们如何办学的？"这个孩子天真地回答："叔叔，这个我不知道。""哦，我真不该问这个问题！"我随口说道："我们啊，是来考察你们如何学习的？"这位小朋友立刻眉飞色舞起来："叔叔，这个我知道，'多读书，多看报，少吃零食，多睡觉'。"小朋友的回答干脆利落，我恍然大悟：这不就是生活和学习习惯的养成吗？这不就是学校教育的目的吗？再看他们学校的文化墙，"讲实话，讲真话，讲短话"的理念标语跃入我的眼帘。"多读书，多看报，少吃零食，多睡觉"，短短13个字，就概括了基础教育阶段应该努力解决的基本问题。

著名教育家叶圣陶先生提出，教育的目的就是培养习惯。一个人的日常活动，90％都是在不断重复习惯动作，而且这些习惯动作无须大脑思考，无须用意志去控制，是一种潜意识行为。"好习惯是人在神经系统中存放的资本，这个资本会不断地增长，一个人毕生都可以享用它的利息；而坏习惯则是道德上无法还清的债务，这种债务以不断增长的利息折磨人，使他最好的创举失败，并把他引到道德破产的地步。"著名教育家乌申斯基的这一形象比喻，也生动地告诉我们培养良好习惯的重要性。

近两年，我市涌现出两位教育名人：一名农村小学校长和一名初中学校的语文教师。农村小学校长现在已被北京一所知名学校聘为小学部执行校长，那位语文教师也被北京一所中学聘为骨干教师。这两位老师都有一个共同的特点，就是随身携带一个记事本，每当听到一个好词、一个优美的句子、一段发人深思的文字，或者耐人寻味的小故事等，都随手记下来，回去后再进行整理，写下感悟，坚持不懈，久而久之，丰富了知识和智慧，助力了工作和实践。"积土成山，积水成渊。"善积累不正是他们成长成功的秘诀吗？如果我们注重培养学生这种"善积累"的习惯，帮助学生养成这种行为素养和品质，那他们的生活该是怎样的一番天地啊！

我的小学时光是在老家山村学校度过的。那时候，我特别喜欢学数学，现在想来主要是因为有一位善于激发学习兴趣的张老师。我是数学课代表，张老师每周都出一道有一定难度的练习题，让我写在小黑板上挂在教室里，还让我们组成兴趣小组，一起学习讨论。挑战成功后，同学们都无比兴奋和喜悦。有一天中午，我做出了一道难解的题，当时已经放学了，还下着瓢泼大雨，但我顾不上这些，飞一样地跑到张老师面前，兴奋地告诉张老师："老师，我会做那道难题了！"……当下不少老师埋怨数学难，不好教，不少学生叫苦数学不好学。细细琢磨，兴趣才是最好的老师！兴趣，是我们提高教育教学质量的催化剂！

记得育中方略教育集团总校长陈立有一次做报告时，举了这样一个例子。第二天要考试，如果现在告知大家考题是如何做心脏搭桥手术，相信大家即便现在一无所知，通过百度搜索和强化记忆，大多数人都能考出个好成绩。考试结束后，大家都感觉掌握了心脏搭桥手术的基本步骤和基本知识。但是，如果让大家尝试亲自去做这一例心脏搭桥手术，估计没人敢去冒险挑战。这个例子非常明白地告诉人们知识与能力的区别。唯有不断地实践才能形成能力、增长才干。勤实践，方可养德提能。同时，实践既是检验真理的唯一标准，也是检验人的道德素养的唯一标准。

人的培养目标最终应该落脚到能力素养上，这种素养是影响人终身发展的核心素养，反映到学生身上则要求他们具备能够支撑终身发展需要的必备品格和关键能力。培养学生的必备品格和关键能力是党的教育方针的具体化，是连接宏观教育理念、培养目标与具体教育教学实践的落实环节，回答的是"立什么德、树什么人"的根本问题。学校和广大干部教师，要以培养学生能力为重点，适应新时代的要求，不断创新教学方式，用高效的课堂教学和丰富的实践活动培养学生的能力，让能力支撑孩子的长远发展。

（二）"四层面72字"要求——教育管理的最根本因素和抓手

在中小学教育管理中，人力因素涉及四个层面，就是校长、教师、教辅、学生，当然教师中还包括班主任这一特殊角色。

刚到教育局任职不久，我到一个新建一年多的乡村小学调研，学校的情况简直令人触目惊心。物品摆放无序，满地资料，有些书籍一年多了，还没破捆，布满灰尘，我问了一下，原来是因为搬迁没来得及归置。当时我就感慨，新校启用都一年多了，这些书籍竟然还没有规整好，更别说使用了,这种管理真让人担忧。

校长管理到底管什么?围绕这一问题,我把一些校长的工作笔记收起来,搞了一个展评,让大家看看我们的校长都在干什么。不看不要紧,一看吓一跳。有的校长三年的工作笔记,竟然只有十几页!从中可以看出,有的校长平时不知道抓什么、怎么抓,更遑论抓的程度了。

在刚履职的那段时间,正赶上职称评聘。通过了解,有的单位评聘办法不合理、不公正,多年不在教学一线的教师还能评上高级教师,而长期在偏远学校任教、任劳任怨的教师,在职称评聘上年年都是"春风不度玉门关",这引起他们的强烈不满,纷纷写信和打电话反映,其教学积极性受到很大打击。同时,也有不少人反映学校财务管理混乱、学生作业多、音体美课程开不起来,有的班级各科老师竞相布置作业,周末一门课的作业竟然达到48页,搞得学生疲于应付……即使分数上来了,学生的兴趣却没有了。

细细分析这些现象,归根结底就是落实党的教育方针不力。在教育理念上,片面地以学生分数评价育人质量,偏离了育人规律和学生成长规律;在管理上,缺少标准意识、规范意识,管理粗放,效率低下;在自身要求上,缺少监督和约束,随心所欲,引领与示范作用发挥得不好。针对这些问题,我多次与中小学校长、教师以及管理专家座谈交流,深入探讨研究,最终形成了校长层面的"18字"要求——依标准、守规范,细管理、鼓干劲,把方向、提质量。

平时常常听到,有些家长聊起孩子的老师,意见很多,怨气很大。归结起来,主要是师德问题、学识问题、教法问题。

教师职业是崇高的,教师面对的是祖国的未来,是每个家庭的希望,是未来实现中国梦的栋梁之材。教师肩负的责任和使命非常神圣,这对教师提出了非常特殊的要求,教师要有一颗爱心。著名教育家马卡连柯说过:爱是教育的基础,没有爱就没有教育。爱是教育肥沃的土壤,外化为教师的师德师范，学生在这样的环境里才能茁壮成长。

其他传统行业的师傅，比如以前的木匠、铁匠，教徒弟时一般都会留一手，怕徒弟学成后抢自己的饭碗。而教师对待学生是无私的、毫无保留的。因为教师的初心就是教书育人，让我们的下一代成人、成才，让我们的孩子成为未来实现中国梦的筑梦者，这是教师的责任担当和崇高情怀。爱孩子，就要对孩子有耐心，不能由着自己的性子来。

教师给学生一杯水，自己要有长流水。长流水是基于课程形成的学科知识架构和体系。这就要求教师在教学中要高屋建瓴，注重研究，宏观把握教材，做到教学有的放矢。就像坐在直升机上看泰山，俯视泰山，有几条道通中天门、南天门、玉皇顶，每条路上有什么景色，都一目了然。这就启示老师在教研上站位要高，眼界要宽。老师要通读通阅，整体把握教学知识体系，形成自己的教学知识架构。比如，语文教学要把一篇课文涉及的拓展阅读内容掌握清楚，拓宽阅读视野。教师只有切实把过重的作业负担降下来，不断提高课堂教学效率，把时间还给孩子，孩子才能有时间进行阅读、练习写字，从事各类实践活动。学生不是机器人，电脑也有死机的时候。

教师还要有一个本领，就是在课堂中充分调动起孩子们学习的积极性，让他们参与到教学中。要注重方法，通过生动的语言、有效的方法调动课堂氛围。教育不能急功近利，教育是潜移默化、浸润式的，孩子的成长是慢慢培养、静待花开的过程。要运用科学方法提高课堂效率，让孩子们把课堂上的知识掌握牢固，并经训练和实践上升为解决实际问题的能力。

基于以上认识与思考，我提出了教师层面的"18字"要求：弘师德、重师范、勤教研、善拓展、活方法、提效率。

针对如何当好一名班主任，我提出了"联家校、知生情，树班风、扬个性、聚合力、促共育"的"18字"要求。班主任最重要的工作就是了解每个学生的情况，树好班风，形成育人合力。班风是一个班级精神的集中展示，是一个班级长期形成的、独具特色的个性风范，是一个班级中绝大多数学生的共同行为倾向。好的班风需要以班主任为核心，所有任课老师相互配合，所有同学齐心协力共同营造。好的班风一经树立，就会为孩子的成长输送发展的正能量。班主任和任课教师要灵活运用各种办法，引导学生自己制定班规，实现自我管理、自我约束，对苗头性问题及时进行纠正，并把孩子的表现记入学生成长档案管理系统，与家长一道，形成共促共育的合力。

教辅队伍是教育管理队伍中的一支重要力量。"兵马不动，粮草先行"，管好、用好这支队伍，发挥其最大管理效能，才能为立德树人提供强有力的保障。为此，我对教辅队伍提出了"优服务、强保障、讲公开、促勤廉、提效益、保安全"的"18字"要求。

这"18字"要求也是经过充分调研形成的。调研中，老师们对后勤工作的不满和指责不少，主要集中在服务意识不强，服务态度较差，服务不尽责不到位，服务水平和服务能力不高，学习工作保障不及时，有的还不公平不廉洁等。经常听到一些教师抱怨，"学校买的什么笔芯啊，根本写不出字来，就这样还要限制数量，一个月不准超过两支，老师备课、改作业还要到处找笔"；设施经常修、经常坏，用起来很不给力……应该是后勤围着一线转，现在是一线求着后勤干！

这些问题的存在，严重挫伤了广大教师的积极性。解决这些问题，首要的是解决服务意识、服务能力、服务职责的问题，其次是解决规范服务的问题，最后是解决服务标准的问题。所有的服务都落脚到服务效益高、安全保障好上来，补齐教育管理的短板，才能整体提升学校管理水平。

内容与策略

现代管理的系统性原则告诉我们，管理是一个"决策→实施→评价→反馈"的闭环系统，对每个系统，都必须进行深入细致的分析、设计、优化、决策、实施、评价。其中，考核评价是整个管理系统中的"牛鼻子"。抓住了考核评价，决策才能落地，蓝图才能实现。显然，让"四层面72字"工作要求在教育工作中落实到位，必须精心设计方案，进行科学评价。我创造性地提出了《肥城市中小学教育教学工作综合督导评估考核方案（试行）》（因总分值为1000分，故以下简称"千分考核方案"），构建了评价体系的内容与策略，抓住了教育管理的"牛鼻子"。

一、研究评价体系的内容

在具体设计千分考核方案时，我把校长、教师（含班主任）、教辅、学生四个层面作为评价主体，把四层面的工作要求作为与其相匹配的评价内容，并根据工作性质和需要，确立了评价的指导思想、目标任务、评价指标、指标权重、目标值以及评价方法和评价周期。整个考核体系设立了18个评估项目。对于镇街教育工作的考核，我们设立了6个评估项目，分值100分，单独设项评估。

我们依据《中共中央 国务院关于全面深化新时代教师队伍建设改革的意见》、教育部《义务教育学校管理标准》等有关文件，确立了考核评价的指导思想和目标任务：以习近平新时代中国特色社会主义思想和党的教育方针为指导，以立德树人为根本任务，以"建设管理规范、治学严谨、校风正、教风好、学风浓、朝气蓬勃、生动活泼的美好校园"为发展愿景，以促进学生全面健康发展为目标，运用现代教育理论和管理方法，科学、全面、客观地评价我市各中小学教育教学工作，引导校长潜心管理、教师精心育人、教辅用心服务、学生专心学习，促进全市中小学办学质量不断上台阶、上水平，办好人民满意的教育。

同时，我们衔接融合上级督导评估考核指标体系，围绕建立健全"用制度管人、靠机制办事、凭考核奖惩抓落实"的管理机制，全面评价考核中小学校（含镇街、矿区教育办公室）的管理水平、教学水平、服务水平和育人水平。具体坚持了以下评价原则：

（一）导向性原则

坚持问题导向和目标导向相结合，补短板，强优势，显特色，引导学校不断改进教育教学管理，全面贯彻党的教育方针，促进学生全面健康成长。

（二）综合性原则

全面涵盖办学条件、学校管理、教学研究、队伍建设、学生成长等方面，对全市中小学进行统一、全面、综合评价考核。

（三）过程性评价原则

全面强化过程管理，科学管控重点工作和重要环节，不断规范办学行为，引导广大干部教职工潜心做教育，真心爱学生，细心抓过程，精心育人才，把功夫用在平时，形成抓常规落实的习惯，在自身发展中积累辉煌，实践平凡，铸就卓越。局机关各科室要立足各自的职能，强化对学校日常工作的管理考核，将结果纳入评估指标体系。

（四）分类评价和闭环衔接原则

市直初中与镇街（矿区）中心初中统一评价考核排序；市直小学与镇街（矿区）中心小学统一评价考核排序；镇街（矿区）其他初中统一评价考核排序；镇街（矿区）其他小学统一评价考核排序。九年一贯制学校初中、小学分段评价，一并纳入上述分类，统一排序。镇街教学点纳入校本部一并考核。市直一校两区的学校分别评价，一并纳入校本部考核。普通高中统一评价考核排序，高中教学质量评价办法单独制定。将镇街党委、政府职责与教育内部职责区别开来，对镇街教育办公室单列了工作日志、党的建设、发展规划、经费保障、学前教育监管、成人教育六个方面的考核评估项目，总体赋分100分，纳入对镇街的教育综合督导评估，作为教师节表彰尊师重教先进镇街的重要依据。

同时，市直初中、镇街（矿区）中心初中的最后一名与其他初中第一名比较排序，市直小学、镇街（矿区）中心小学的最后一名与其他小学第一名比较排序，形成闭环评价体系。

（五）现场评价与样本评价相结合原则

每学期对各类别学校均组织一次现场观摩，通过听汇报、看现场，由参加观摩的校长、镇街教育办公室主任、局机关中层以上干部对学校进行记名评比排序。中小学教育教学评价考核组全体成员，按照分工对照相应的考查指标，通过看现场、查资料、抽样本、课堂观察、电话抽访、调查问卷等方式，对学校进行全面具体综合评价考核。

二、研究评价体系的策略

在评价策略方面,我也做了深入的研究:一是确立了科学的计分办法;二是科学运用考核结果;三是以机关作风引领树立行业新风,为整个中小学评价体系构建研究铺路搭桥。

(一)评价体系的计分办法

我们确立的计分办法是:对评估指标能够直接计分的直接计分;不能直接计分的,通过比较进行排序,第一名计满分,然后按名次逐一递减。

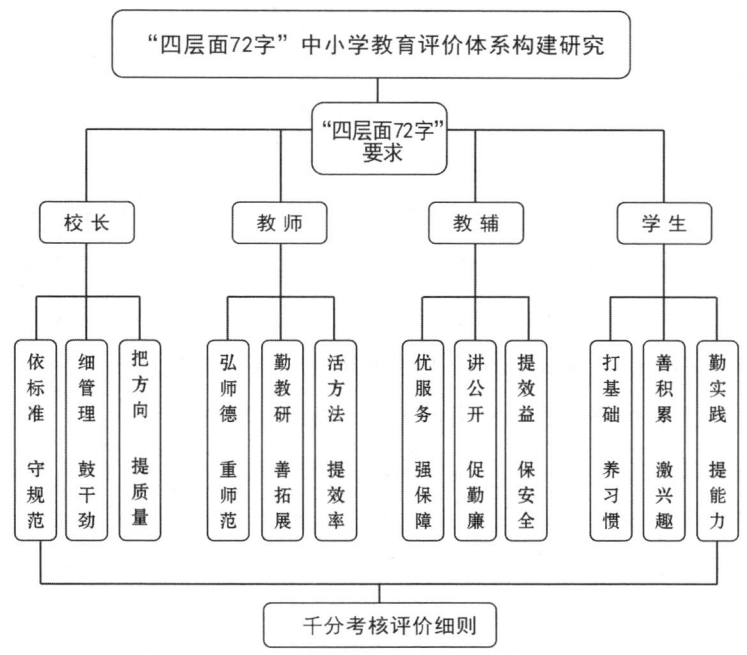

对出现下列情况之一的,予以一票否决:

1. 单位领导班子成员年度内受到党纪政务处分或被追究法律责任的;

单位有 3 人及以上在年度内受到党纪政务处分的（人员单位调整后，因在原单位发生违纪违法行为受到党纪政务处分的，在原单位予以统计）；

2. 因工作不力，发生群体性越级上访或恶性上访事件，造成不良社会影响的；

3. 学校发生较大安全事故或安全工作考核不合格的；

4. 邪教和非法宗教活动得不到有效遏制、制止的；

5. 搞形式主义、弄虚作假、安排师生及家长应对评估考核的；

6. 存在社会治安综合治理一票否决事项的。

评价考核是导向，导向作用能否发挥好，考核结果的运用是关键。考核结果如果不能有效地利用，再科学的考核也会失去生命力。因此，我们强化了考核结果运用，充分发挥考评结果的导向、激励和鞭策作用。

（二）考核结果的使用

我们主要是从以下四个方面运用考核结果的：

1. 作为校长年度目标责任制考核、职级晋升、末位淘汰的重要依据。考核排序后三名的，局党组对其约谈；一学年连续两次考核最后一名的，实行末位淘汰。

2. 作为单位个人评优树先等名额分配的重要依据。

3. 作为教师节表彰教育工作先进镇街的重要依据。

4. 作为推荐市级以上文明校园的重要依据。

我们的千分考核方案并非一成不变，根据实际需要可以进行适当的完善优化。在保持大的框架结构不变的前提下，重视问题导向，坚持教育管理动态性原则，只根据形势发展的变化，调整具体的考核方法和权重，目的是进一步凸显评价的导向作用，使之更加科学、合理、实用、有效。这一系列规范管理的措施，引领了行业工作作风，拉开了教育治理的帷幕，为全面推进依法治校、推进现代化管理奠定了坚实基础。

第二章
评价促进校长队伍建设

　　校长队伍建设直接决定着一方教育的兴衰,是教育主管部门必须面对的重要问题。如何厘清学校管理中的千头万绪,深刻简明把握办学管理的要义,用合理的评价机制促进校长专业成长,从而实现办人民满意的教育、培养新时代国家和社会需要的人才的目标,这应该成为地方教育当政者的首要命题。

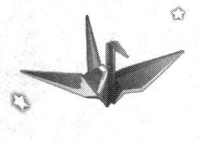

依标准　守规范

规矩古来有之，有规矩才能成方圆。古语云："欲知平直，则必准绳；欲知方圆，则必规矩。"《韩非子·解老》云："万物莫不有规矩。"规矩是我们生存于世间的一种标准、规范，不允许逾越破坏。规矩的形成，靠的是人；规矩的遵守，靠的也是人；规矩的传承，靠的还是人。严格遵守规范和标准，才能促进工作的合理性和系统性，提高工作效率。

学校办学也不例外，所有的办学行为都要遵守标准和维护规范。对于校长来说，首先，要明确教育标准和管理规范有哪些，知道遵守和贯彻什么教育标准和管理规范，主要内容是什么。其次，更需要学习掌握教育标准和规范，养成遵守标准规范的意识，把标准规范作为指导自己办学行为的准则，利用好现有的教育标准和规范。依标准、守规范，才能够在方圆之间创新机制，才能实现校长教育管理的垂拱而治。

我上任后，安排局机关审计科室依照上级管理章程对部分单位进行任期内审计，结果不审不查不知道，一审吓一跳。某单位一年的打印费竟然多达几十万，一个不足千人的学校，生均公用经费一年才多少，这么多的打印费从何而来？让人费解，更让人震惊！这种现象绝非个例，许多学校都不同程度地存在着管理不规范、不公平、不精致、不高效的现象。为此，我以问题为导向，聚焦难点和不足，制定了校长层面的考核办法。

一、内容阐释

发现问题就要究其根源，然后才能解决问题。经过一段时间的研究，我把评价体系校长层面"依标准、守规范"部分进行了细化，指导校长们重点关注课程管理、装备管理、设备补充和学生社团四个方面。

（一）课程管理

国家基础教育课程管理体系，包含国家、地方、校本三级课程。课程管理是新课改工作的重中之重，是落实国家课程政策，提高学校整体质量，促进学生全面发展的关键。

我们把课程管理作为校长的首要工作来抓，以教育部出台的《义务教育课程设置实验方案》和《山东省义务教育段课程设置方案》为主要标准，针对目前不少学校音体美课程等非考试科目开不齐、开不足的现象，按照"抓重点、补短板"原则，重点查阅音体美等学科教师备课记录、学生相关的训练或作业，保证学校各科课程有序开展，不走空场子，不玩花架子。对于课程开不全、课时开不足、不按国家规定设置课程增删课程的，都在考核评价中进行减分处理，对问题严重者通报批评并责令整改，直到符合要求为止。

（二）装备管理

随着地区经济的快速发展，政府加大了对学校财政资金的支持，很多学校能够将较多的资金投入到教育技术装备的采购和管理当中。但也存在很多有设备无管理、有管理无人用的现象。为进一步提高教育装备管理应用水平和使用效率，加强实验教学，提高教育教学质量，努力促进教育装备管理规范化、使用常态化、效益最大化，我们把装备管理作为评价体系中一个重要的考核点。通过查阅教学仪器装备、信息化设备设施使用管理记录，特别是在教学视导中增加了现场组织学生做实验这一环节，真正实现了教学装备为教育教学服务、助力孩子成长的目的。

（三）设备补充

教学设备应为教育教学服务，应该充分满足学校教育教学的基本需求。随着我市教育规模的不断扩大和新技术、新手段的不断普及，教学装备也应做到适应教育发展的需求，完成从"够用会用"到"适用好用"的转变。为保证评价的科学合理，在具体考核中，我们不只看实物，还把相关账目与实物对照，查看器材是否与账目相符、是否有补充更新。同时，还结合学校现有实际情况，查看是否能满足教学需求，督促学校每年都对教学设备进行补充维护，确保教学设备足量够用、更新及时。

（四）学生社团

学生社团活动是学校校本课程的延伸，是第二课堂的重要载体，是一种激发学生学习兴趣、培养学生创新思维、提升学生实践能力、促进学生全面发展的重要手段，是对第一课堂的有效补充。学校在这方面的积极实践最能反映学校的办学思想和校长的办学水平，更能体现出学校的办学特色。我们把对学生社团和校本课程的评价放到了对校长层面的考量上，目的就是鼓励校长们积极开发校本课程，指导学生开展社团活动，把校本课程建设和学生社团发展做成"一把手"工程。我们查阅校本课程和学生社团资料，并对成果进行评比排序，引导学校在校本课程和学生社团方面下大力气，促进学生全面发展。

二、推进措施

国家课程体系集中体现了国家的意志，是决定一个国家基础教育质量的主要因素。因此，国家课程具有统一性和强制性，是任何学校都必须要完成和遵守的"规定动作"。

一要全面落实国家课程标准。严格执行教育部《义务教育课程设置实验方案》，完善课程设置体系，保证学科设置全面科学，开全课程，开足课时，坚决杜绝考试科目挤占考查科目的现象，改变考什么就教什么的短视行为，以督导、视导的方式增强课程实施的刚性约束，鼓励学校开展扎实有效的课程实施教研活动，提高校长落实课程的执行力和领导力，提高课程实施的整体水平。

二要关注多种能力的培养，促进学生全面发展。加强对音体美教学的管理，严禁随意挤占音体美课程行为，严禁墙上课上两张皮现象，大力培养学生的综合素养，避免只关注考试成绩，轻视美育、体育和劳动教育等做法。要求学校学期初严格制定课程规划，及时上报教育局，保证音体美劳课时足量；加强对音体美劳教师的科学评价，调动教师积极性；借助音体美劳视导，加强对学校教学行为的监督和规范。

三要重视校本课程的开发实施，重点关注学生社团建设。我们积极推进课程的校本化建设，整合社会和学校的各种课程资源，丰富课程形式和内涵，探索适合学校的课程特色发展之路，为学生成长提供优质的校本课程。要求学校努力构建学校校本课程体系，以课程建设促社团活动开展，以活动开展促学生成长。查看学生社团成果进行总体排序。目前，我们的校本课程开发成效显著，得到了各级领导的充分肯定。

三、实践成效

（一）课程管理走向规范

各中小学校都能够做到依照国家标准设置课程，课程管理也更加规范，通过多样化的教研活动提升了课程实施水平，实现了教学相长，不仅教师业务水平得到了发展，学生素质也得到了全面提升。

（二）课程开发特色鲜明

目前，包括农村学校在内的各个学校都积极整合课程资源，尝试构建有学校特色、有地方特点、有历史印记的校本课程体系，形成了开放多元、学生自主选择的课程超市，通过开展多样化的活动提升了学生的综合能力。

（三）实现了校长对学校管理的正确引领

在实践层面，中小学校长真正将"依标准、守规范"落实到了具体的管理过程中。确保了校长严格执行标准，严格遵守规范，确保了学校坚定不移地落实党和国家的教育方针。

细管理　鼓干劲

说到校长,我们不禁要问:校长的职责是什么?这个"一校之长"到底是干什么的?管理和服务该抓什么,怎么抓,抓到什么程度才算好呢?

有的校长,一年到头热衷于开各种会,满足于用会议来干工作、抓落实,开完会后就万事大吉,不讲一线工作法,不善于在现场发现问题、解决问题。

有的校长天天忙于繁杂的日常工作,没有工作记录和梳理要点的习惯和意识,更不懂得对日常工作进行周期性、阶段性的总结和反思,查看其工作日志,上面啥也没有。这样整日"只顾低头拉车,或是只顾抬头看天,不知如何看路",怎能谈得上会管理、懂得管理艺术呢?

2013年2月,教育部颁布的《义务教育学校校长专业标准》,第一次面向中小学校长明确提出了"规划学校发展、营造育人文化、领导课程教学、引领教师成长、优化内部管理、调适外部环境"这六项专业职责。一校之长如何做明白人,干明白事?我想,校长要围绕着这六大职责搞好管理和服务。

"科学管理之父"弗雷德里克·泰罗认为:"管理就是确切地知道你要别人干什么,并使他用最好的方法去干。"在泰罗看来,管理就是引领他人用最好的办法去工作。我认为,校长应从"细管理、鼓干劲"做起。

一、内容阐释

如何提高教育教学水平、实现教育育人功能?科学有效的管理是关键。科学有效表现在对本校的办学目标与愿景、教育任务、教师发展、财务管理、课程建设、教学变革、制度机制等进行计划、组织、协调和控制。中小学校应通过细化管理任务和管理资源,科学配置管理要素,发挥整体功能,实现立德树人的教育任务,促进学校内涵发展。围绕"细管理、鼓干劲",我们研究制定了以下评价标准及办法:

(一)制度管理

建立完备健全科学的学校管理制度,是现代学校管理的重要保障、建设的重要手段。在管理方面,我一直秉持"以制度管人,靠机制办事,凭考核奖惩抓落实"的工作理念。制度健全,条款细化,操作性强,就能使学校管理由粗变细,由细变精,避免"粗放型"管理现象的出现。所以,我们首先关注学校制度建设情况,从学校章程、发展规划和各类管理制度入手,查看《学校制度汇编》,并对学校制度建设情况进行评价。

(二)民主管理

民主管理是学校管理的基本原则之一。学校教职工、学生、家长以及社会各界人士,根据国家法律法规,通过教代会、学代会、团代会、少代会、家长委员会等途径和方式,直接或间接参与学校管理,对校领导干部、办学效益等进行民主评议,对学校校务以及办学行为进行监督,充分发挥各层面办学兴校的积极性,保障学校公平公正、规范有序。我们把民主管理层面的评价作为基本关注点，从家校共育、教职工及学生参与学校管理等活动及资料入手，客观评价学校民主管理的水平。

（三）岗位管理

义务教育学校岗位分为管理岗位、专业技术岗位和工勤技能岗位三种类别，不同的岗位有着不同的岗位职责要求，国家对此已经做了细致的划分。加强学校岗位管理是学校管理规范化的必经之路。在岗位管理部分，我们关注三类岗位任职人员的履职情况：一是考核干部教职工，通过查阅其岗位目标责任制定和公示知晓率，把着力点放到干部教职工的规范管理上；二是考核一线教师，通过计算教师满工作量人数占教职工总数的比例，对学校教师工作量情况进行摸底并进行评比排序；三是考核教辅人员（含不教课的中层及以上干部），计算占教职工总数的比例并评比排序。另外，根据国家和省教育厅文件要求，各学校对本校教师余缺情况进行摸底，教师数量不能满足教学需求的，及时上报教师工作科，严禁学校私自招聘代课教师，为教师队伍的合理流动和及时调剂提供依据。

（四）过程管理

教育是慢的艺术，如春风化雨，润物无声；如滴水穿石，久久为功。教育的全部智慧与奥妙均体现在过程中，也正是通过这一过程实现师生生命品质的提升。过程管理是在休哈特统计过程控制思想基础上提出的一种现代管理方法，通过过程策划、过程实施、过程监测和过程改进等手段，实现管理目标的最大化。过程管理的主要考查对象是干部和教职工，他们是过程管理的参与者和执行者，通过查阅每月工作实绩、定期对干部教职工岗位目标进行量化考核、述职述廉述德评议等，对学校干部、教职工岗位规范情况进行评价，督促各学校建立合理的过程管理机制。

(五) 学籍管理

学籍管理是教学管理的重要组成部分,我们把学籍管理作为学校管理的一项关键环节来抓,强化了对学生入学、学习表现及毕业情况等方面的管理。通过对学生入学注册、成绩考核、转学、休学、复学、退学的处理,督促学生依法完成义务教育、规范学生管理秩序,保证学校正常教学秩序。通过查阅学籍管理平台信息并实地核查转学情况,对学校学籍管理工作进行评价,对未按规定程序擅自转学的要进行扣分等处理。对于学生辍学现象实行随时上报各级一把手制度,并坚决对违规现象从重处罚,直至学生复学为止。

(六) 班主任管理

班主任是学校与家庭、社会联系的重要桥梁,是贯彻学校和上级教育政策的重要渠道。班主任管理水平最能体现学校整体教育理念的落实水平,所以要从"联家校、知生情,扬个性、树班风,聚合力、促共育"六个方面进行考核,引导学校重视班主任管理工作和班级建设工作。

(七) 环境管理

环境育人,环境改变人。看一个学校运行管理得好不好,只从资料上看未免太片面。为准确客观地评价考核学校,考核评估小组采取不打招呼、"推门进"的方法,深入学校,对案头的资料和实地的环境进行对比,看校容校貌及周边环境,看各类功能室、器械室、办公室等场所。我们从六个方面评价学校环境,看"硬化、绿化、美化、亮化、净化、秩序化"情况,重点查看净化、秩序化。通过对环境管理的实地查看,考核学校的整体办学水平和管理的常态,引导学校树立把环境管理置于校园建设首位的意识，彰显环境育人的魅力。

（八）人文关怀

人是学校管理的核心，人文关怀是现代管理的先进理念。学校实施人文关怀就要注重给予教职工和学生更多的关心与尊重，切实保障师生的合法权益，从而激发教职工的工作热情，调动学生的学习积极性，营造和谐向上的校园文化。学校管理者应以人文关怀为导向，努力树立以人为本的教育观与人才观，促进教师的专业发展和学生的全面发展。前几年，很多学校把教职工体检取消了，虽然省下了资金，但无疑是对学校教师的热情泼了一盆冷水。为此，我们推出了为教职工定期查体制度，引导各学校关心教职工身心健康，并将各单位组织教职工年度健康体检情况纳入考核评价方案中，对不安排教师体检的单位进行扣分、通报处理，为广大教职工的身心健康护航。

（九）满意度评价

为保证评价的科学性，我们设计了负面清单问卷。随机抽取教职工进行座谈和问卷调查，根据满意度和教师反馈情况进行评价排序，对学校管理情况摸实底、探实情，让教师敢说话，说真话，为评价学校、考核校长提供真实的信息参照。

二、评价措施

我们采取了五个方面的评价措施：

（一）细化制度建设

我们努力加强学校三方面的制度建设：一是职责类，二是规范类，三是奖惩类。制度健全，条款细化，操作性强，就能使学校管理由粗变细，由细变精，避免出现"粗放型"现象。许多职责类制度都与劳动分配制度挂钩，这样就能强化制度的执行力，也真正体现出"多劳多得、优质优酬"的分配原则。

（二）明确岗位职责

各个岗位什么要求，怎么做，按什么程序，都非常细致清楚。例如后勤服务岗位，要求每个人员有具体任务，每项任务有人完成，每处障碍有人排除，每条信息有人反馈。这样，确保各校育人环境良好。

（三）实施规范管理

健全的规范制度，使学校工作不但有据可依，而且忙而不乱，便于把事情做细做精。按程序办事反映的是一个人的管理素养和良好习惯。学校的各项工作按程序化的规范要求去做，才能环环相扣，减少管理过程中各种问题的产生，避免出现阻塞和脱节现象，从而形成管理有规范、人人懂规范、做事讲规范的工作格局。

为实施规范管理，我们逐步摸索出一套完备的考核、评价、监督机制，保证学校常规工作有序运转。学校应最大限度地减少会议次数，让教师有更多的时间和精力专注于教育教学，校长也能有更多的精力深入年级、教研组、各处室、课堂等督查指导、聆听意见，解决实际困难和问题。

（四）依靠制度管人

制度的精细化包括制定与落实两方面，制度制定得再科学，不落实等于零，制度落实最为关键。为此，学校精细化管理必须在执行操作等层面做到精细化，牢固树立"赢在执行"的理念，提出落实的标准和要求,将制度落实到人,画好任务落实路线图,定好任务完成时间表,运用完备的督查奖惩机制,将执行力发挥到极致。

(五) 坚持以人为本

学校管理要以调动人的积极性和创造性、促进人的发展为宗旨,营造一个民主宽松、和谐向上、积极进取的工作氛围,满足教师的合理需求,激发教师工作和学习的动力,强化服务意识,努力为教师专业发展、学生全面发展、学校可持续发展保驾护航。

教师职称评聘是学校制度建设的重要内容,也是校长抓学校管理、调动教师工作积极性的重要杠杆。为了让勤勉敬业、扎根一线的教师得实惠、有奔头,我们打出了教师职称评审的组合拳,采用"点刹、绝刹、手刹"的办法,严格要求一线任课不满5年、不满工作量的坚决不能评聘高一级职称,出台《中共肥城市委教育工作委员会肥城市教育和体育局关于做好2019年度中小学教师职称评聘工作的通知》,进一步规范了职称评聘过程与办法,调动了一线教师的工作积极性。同时,坚持把标准放到桌面上,出台了《关于规范教师职称评审相关论文论著课题及荣誉认定工作的意见》,弱化论文、课题、荣誉,引导教师把论文写在三尺讲台上,把汗水挥洒在教书育人的崇高实践中,彻底改变了职称评审中的乱象。

【案例1】

中共肥城市委教育工作委员会
肥城市教育和体育局
关于规范教师职称评审相关论文论著课题
及荣誉认定工作的意见

教师职称评审是教育系统调动教师工作积极性的重要引领。为引导广大教师聚焦主职主业，切实把论文写在三尺讲台上，把汗水挥洒在教书育人的崇高实践中，根据全国教育大会精神和中央全面深化改革委员会《关于深化新时代教育评价改革总体方案》的要求，经市委教育工委（市教育和体育局党组）研究，现就教师职称评审相关论文论著、课题及荣誉认定工作予以规范，制定如下意见。

一、范围

在肥城市内从事一线教育教学工作、符合晋升条件、申报评审高一级职称的教师在教育教学管理或实践工作中发表的论文、出版的论著、结题的课题以及获得的荣誉。

二、认定原则

1. 坚持与自身实践相统一的原则。提交认定的论文论著、课题及荣誉，要与本人任现职以来的教育教学管理或实践工作相统一。凡脱离自身工作实践的，不予认定。

2. 坚持广泛影响力的原则。提交认定的论文、论著、课题，能体现其对课程开发与教育教学实践的创新，在一定范围内（本学科、本校、本镇街、本市）有一定影响，并被大家知晓。

3. 坚持程序确定的原则。荣誉的获得应经本人所在单位民主推荐，单位研究，且在一定范围内公示；课题应经本人所在单位研究同意，逐级上报，且在上级部门公示备案。由于历史原因，相关程序不完备的，由本人和所在单位做出书面说明。凡暗箱操作，私自授予、赠予的，以及未按相关程序研究备案公示的，不予认定。

4. 坚持阳光公开的原则。教师申报高一级职称，所提交的论文、论著、课题以及获得的荣誉，要在教师所在单位予以公开，接受群众的监督。如有举报，一经查实，按照相关规定严肃处理。

三、具体要求

1. 论文、论著

（1）提交认定的论文、论著须在教育部、国家及省教育学会、省级教育行政部门、科研院所及师范大学主管、主办、协办的教育类期刊、报刊、出版社正式发表或出版。凡增刊、论文集、配套练习册等均不予认定。凡在教育部、国家级学会、国家一级出版社（杂志社）主管、主办、指导的报刊与学会会刊上发表的论文认定为国家级；凡在省级教育厅、学会、出版社（杂志社）主管、主办、指导的报刊上发表的论文认定为省级。

（2）论文须提交发表的原件，打印的国家新闻出版署（http://www.nppa.gov.cn/nppa/index.shtml）期刊（含连续型电子期刊）或报纸查询页截图，打印的论文网上（中国知网、龙源期刊网、万方数据库、维普网等）检索页或报刊社网站公布的往期目录页截图，三者缺一不可。确因客观原因无法提供检索页或目录页的，需由本人提供相关说明，并经核实。

（3）论著须提交原件、打印的中国新闻出版信息网图书在版编目中心（https://www.capub.cn/zxgk/jgjs/cipzx/）图书在版编目（CIP）截图。

2. 课题

须提交立项书、开题报告、过程材料、结题证书（成果证书）、上级部门公布文件或省市教科研机构网站公示截图。

3. 荣誉

包括教学获奖和教师节综合表彰（表扬）、党建、师德、班主任、团委、少先队、妇联、安全等荣誉。须提交证书原件或上级公布文件（官网公示截图）。

4. 提报数量

提交认定的论文、论著、课题、教学荣誉、综合荣誉（含单项荣誉）均为任现职内获得，且各不超过3件。同类别的只计最高级别。

5. 严肃纪律

各级各类学校要坚持原则,严格把关,确保教师提报材料的真实性,确保评审认定工作的公开、公平、公正,营造教育系统的良好生态。凡基层教师对认定结果存有异议的,将启动相关程序调查处理,调查属实的,将按相关规定严肃处理,领导干部失职失责的,将严肃追责问责。

本意见由教学研究中心、教师工作科负责解释,从文件下发之日起执行。

中共肥城市委教育工作委员会　肥城市教育和体育局

2020 年 7 月 20 日

三、实践成效

(一) 管理趋向精细规范

明确、清晰、科学的评价体系让学校管理有规可依,校长的工作有了重点,有了抓手。随着评估考核体系构建的逐渐完善,学校管理的目标性、计划性、针对性、科学性越来越强。

【案例1】

龙山中学精细化管理提高了执行力

近年来,龙山中学坚持从细微处入手,全面规范办学行为,开全课程,开足课时,修订各类内部管理制度,召开规范办学、规范从教专题部署会;落实减负增效,执行虚拟晚自习,精编学案,减轻学生课业负担;推进校务公开,规范招标程序,严格管控费用开支;强化综合治理,每天两查一通报,禁止骑电动车上学,规范自行车停放;积极化解大班额，提供优质学位；坚决落实"进校园"活动审批制度，认真开展商业广告进校园排查整治，净化校园，倡树新风正气。

坚持从根源上全面加强思想政治工作，不断强化师德教育，签订责任书，开展宣誓活动，组织问卷调查，实施"四德"工程，营造廉洁从教的良好氛围。组织党员教师认真参加三会一课、主题党日学习活动，弘师德、重师范，疏堵结合。编撰出版了《龙山印记》，学校网站、微信公众号、校内彩屏、电子屏常更常新，狠抓教育宣传。《泰安日报》《今日肥城》对学校工作进行了重点报道。

坚持全力执行教学常规标准。要求教师做到"四精"，即课堂精选、精讲、精练、精评；做好"五必"，即作业做到有发必收、有收必看、有看必批、有批必评、有评必补；做全"六环节"，即做到备、讲、批、辅、考、评各环节齐全并环环相扣。

坚持全力加强作风效能整顿。各年级严格规范坐班秩序，严格考勤纪律，严格执行上班打卡和请假制度；加强日常工作积累，引导教职工认真撰写工作笔记，各科室、级部按时提交科室工作日志，学校规范上报工作日志和财务收支，这些都成为习惯。

【案例2】

环境育人助力学校精致管理

石横镇红庙小学采取多种策略，注重环境育人，以文化人，打造了精致管理品牌。

打造花园学校。以改善校园生态环境和校园的对外形象为出发点，合理规划校园绿化分布，合理配置不同类型、不同季节的植物品种。做到校园处处有绿化，四季有花香，校园整洁美观，为师生创建一个绿色、洁净、优美、舒适、和谐的校园环境。

提高文化品位。学校在醒目位置张贴悬挂学校办学理念、校训、教风、学风，东教学楼标语"为孩子终身幸福奠定基础"定格为学校的教学理念；在教室前面悬挂读书标语，如四年级"书到用时方恨少，事非经过不知难"；在教室后面设立"书海拾贝""遨游书海""我阅读、我快乐"图书角，激励学生认真读书，形成良好的班级文化氛围；教学楼一楼陈列习惯养成教育展板，二楼陈列感恩教育展板，三楼陈列中国传统文化教育展板，教学楼后陈列安全主题教育展板；楼梯走廊墙壁悬挂学生手工作品，引导学生勤奋学习、健康生活、养成良好行为习惯，着力营造文化氛围；学校的各个角落都设计了具有教育性、激励性、人性化的标语。树木上悬挂介绍牌，拓宽了学生的知识视野。

学校校容校貌建设统一规划、设计，体现了一定的文化内涵，使学校的一草一木一墙一砖都会"说话"，使学生随时随地都受到书香文化的感染和熏陶，这些体现了校园"处处皆教育"的深刻内涵，提升了学校文化的品位。

如果学校总是把大量的精力放到制度建设上，就很容易忽略育人文化在学校管理中的重要作用。学校只有意识到做好精致管理的重要性，把打造好学校文化氛围摆在重要位置，才能在育人文化上做到精致化、品牌化。

（二）制度愈加民主

评价体系构建研究促进了学校制度建设的进一步完善，越来越多的学校在制度建立的前期阶段就把对人的关注放到了首位，县域内许多学校不再只关注制度的执行，不问教职工的冷暖感受，不顾学生的兴趣爱好，而是"人情味"越来越浓了。

【案例1】
吸纳民意促管理

边院镇中心小学按照市教育局提出的"四层面72字"工作要求，以及有关法律、法规进行学校事务管理，有效地促进了学校的内涵发展。

教职工代表大会是现代学校管理的基本内容之一，建立完善教职工代表大会制度是实现学校精细管理的必然要求。为此，工作中，我们始终坚持落实教职工代表大会制度，积极推进民主治校，不断提高学校管理的精致化。每年，我们都召开教职工代表大会，广泛征求意见和建议，并做出相应改进。

比如，有代表提出学校环境卫生脏乱现象较为严重，希望学校在这方面能持之以恒、常抓不懈，保持校园环境的清洁优美，落实好环境育人的要求。

学校高度重视代表的意见和建议，认真研究部署，全面提升学校的卫生管理水平，全面改善校园环境。针对校园卫生较差的现状，学校学生文化中心进行了认真调研，发现许多学生乱扔垃圾是导致卫生差的原因。为改变这种现状，我们把卫生教育作为晨会教育的一个主要内容，着力培养学生的卫生习惯。发动学生相互监督、相互提醒，把卫生习惯纳入各班学生的综合素质考评。采取级部承包制，将卫生区域承包给不同年级，并组织卫生考核。同时，充分发挥"文明小标兵"的作用，实行示范带动。在级部和全体班主任的共同努力下，效果显著，校园卫生大有改观。

再如，在绩效分配方面有代表提出要体现干好干孬不一样、干多干少不一样、干与不干不一样的原则，希望学校能够改革绩效考核制度。

对代表的建议，学校高度关注。的确，随着教育改革的不断深入，原有考评办法确实已不适应新形势的需要，有必要出台一个以业绩为评判标准的考评方案。经过反复酝酿，广泛征求教师意见，集中大家的智慧，审议通过了《教师绩效考核奖励办法》，代表们的意愿得到充分体现。

【案例2】

星级教师评比激活教师专业发展积极性

边院镇过村初级中学研制了《星级教师评比方案》，有效激发了教师专业发展的积极性。该方案设五星级教师、四星级教师、三星级教师、二星级教师、一星级教师五个梯级。

1. 本年度星级教师指标

五星级1人，四星级2人，三星级3人，二星级5人，一星级10人。以后每年评选一次，新增五星级不超过1人，且必须具有泰安市优秀教师、泰安市教学能手、泰安市学科带头人、泰山英才等标志性荣誉之一；四星级不超过2人，且必须有肥城市优秀教师、肥城市教学能手、肥城市学科带头人、教学新星等标志性荣誉之一；三星级不超过2人，且必须具有边院镇优秀教师、边院镇教学能手等标志性荣誉之一；二星级不超过2人；一星级不超过3人。

2. 星级教师时限

终身。

3. 星级教师评定及表彰时间

每学年上学期期中考试后。

4. 星级教师待遇

（1）颁发荣誉证书及奖牌（奖杯）。

（2）学校组织的外出学习、培训活动及完成上级的科研部署工作优先考虑。

（3）利用学校宣传阵地对星级教师予以介绍。

（4）每学期考核均加计一定星级分（按星级高低）。

(5) 择优纳入学校名师工作室。

(6) 其他规定的待遇。

　　教职工代表大会的规范管理、星级教师的评比等措施，在教职工之间架起一座沟通的桥梁，使得一线教师和工勤人员和谐相处，减少了误解和矛盾，增强了互信和团结，取得了良好的效果。

把方向　提质量

立德树人是教育的根本任务，培养合格的社会主义建设者和接班人是教育的大方向。学校是落实教育方针的具体实施者。中小学校长的最大任务是：明确办学方向，理清发展思路，凝聚教育人心，提升育人质量。概括地说就是"依标准、守规范，细管理、鼓干劲，把方向、提质量"。其中"把方向、提质量"是校长的重要任务。

从调研情况看，有些校长热衷于搞建设，总是津津乐道于自己在任内建了多少教学楼、上了什么项目、建成了多少功能室、上了多少台先进的教育装备，从不静下心来仔细想想：作为一校之长，自己的主业是什么？什么是最大的政绩？为建设而建设、为炫耀而建设的政绩工程并不少见，引以为傲的校长也为数不少。有的校长整天沉溺于事务应酬，一年到头几乎不系统阅读一本教育专著，不认真翻阅一份学术报刊，如何把握教育发展的动向？如何了解国家的教育大政方针？如何紧随时代前进的大势？如何管理好一所学校，办好人民满意的教育呢？

《道德经》有言："万物之始，大道至简，衍化至繁。"如何能在乱麻中理出线索，考虑复杂的问题时豁然开朗？我就校长的工作进行了深入的探析，提炼出了"把方向"和"提质量"两个核心表达。作为校长，只有抓住这两点，才真正抓住了办学的"牛鼻子"，才能"披文入理"

"化繁为简",在办学实践上站稳脚跟,迅速成长为行家里手,成为教育教学管理的领军人。

中小学校长平时既要对上抓学习、抓领会,又要对下抓落实、抓管理;既要对内抓教学、抓质量,又要对外抓联络、抓争取。手上的事务可以说是千头万绪,若任由自己陷进无休无止的事务中,一定会焦头烂额、手忙脚乱。所以,对事务繁杂的校长来说,保持清醒的头脑和理性的认识,是提升管理素养的第一要务。

一、内容阐释

如何把握方向?如何提升办学和教育质量?我认为,校长应该以习近平新时代中国特色社会主义思想为指导,认真落实党的教育方针,坚持社会主义办学方向,坚持立德树人的根本任务不动摇,坚持先进的教育理念引领,发展素质教育,努力促进教育公平,全面提升教育质量,培养德智体美劳全面发展的社会主义建设者和接班人,建设管理规范、治学严谨、校风正、教风好、学风浓、朝气蓬勃、生动活泼的美好校园。

(一)党建引领

一些校长认为学校党建工作不过是搞搞政治学习,做好组织发展工作,学校党员干部积极性发挥不好、凝聚力不强,对教师和教育教学业务的引领不到位,许多问题上往往存在"两张皮"现象。学校党建的目的是充分发挥各级党组织的战斗堡垒作用,凝心聚力,把党的教育方针全面贯彻到学校工作的各个方面,把思想政治工作作为学校工作的生命线,坚持社会主义办学方向,始终做到教育为人民服务、为中国共产党治国理政服务、为巩固和发展中国特色社会主义制度服务、为改革开放和社会主义现代化建设服务,为党育人,为国育才。

我们把学校党建作为学校方向引领的第一重点,由党建科牵头管党建,查党建,查看学校党建组织架构是否健全,查阅学校政治学习计划是否全面、是否有实效,学校会议记录、教职工学习笔记、党员学习笔记、校长学习笔记等相关资料是否贯彻上级会议和文件精神,通过抽查进行评比排序,看工作是否落到了实处。

(二)立德树人

国无德不兴,人无德不立。德育在中小学教育中一直占据首位,是教育的灵魂,学校工作要坚持以立德树人为根本,不断加强德育;高标准、严要求,力求学校德育工作更实、更好。我们把方向引领分成了两个层面,一个是教职工层面的党建引领,一个是学生层面的德育。通过查阅学校德育活动情况,看学校德育工作是否有计划性、连贯性和系统性,是否将思想政治教育贯穿学校教育管理的全过程;通过查阅社会实践活动情况,看学校德育工作是否有延伸性、拓展性、创新性;通过查阅家访资料,看学校德育工作是否有社会性、全面性、针对性。引导各学校创新德育工作思路,杜绝关起门来办学,倡导寓德育于管理之中,于教学之中,于活动之中。

(三)教育公平

教育公平是社会公平的重要基础,提供公平而高质量的教育是实现中国梦的必然要求,推动教育公平发展是改善民生、实现民族复兴的根本。习近平总书记指出:"大力促进教育公平,让亿万孩子在蓝天下共享优质教育、通过知识改变命运。""教育公平是社会公平的重要基础,要不断促进教育发展成果更多更公平惠及全体人民,以教育公平促进社会公平正义。"党的十九大报告也指出,努力让每个孩子都能享有公平而有质量的教育。教育公平是教育的坐标,更是教育奋发前行的目标。县域教育主管部门更应秉承教育公平原则，做教育公平坚定的推动者。在评价体系中，我们把教育公平这项工作作为"一把手"工程来抓，重点关注控辍保学、特殊学生群体、校园欺凌等人民群众关注度高、关涉教育公平的问题。通过查阅相关资料和实地调研，对各学校教育公平政策落实情况进行评比排序，对出现违反教育公平现象的学校进行严厉处分，影响恶劣的甚至一票否决，让教育公平真正落到实处。

【案例】

新生入校"阳光分班"还家长以公平

为贯彻落实习近平新时代中国特色社会主义思想，进一步促进教育公平，推进教育均衡，树立教育新风，办好人民满意教育，根据《义务教育学校管理标准》《山东省普通中小学管理基本规范》相关要求，经研究决定，自新学期开始，在全市中小学实施新生入校"阳光分班"，着力解决"择班""择师""择位"问题。我们的做法是：

一、分班原则

1. 公平公正。保证入校新生享受同等的教育资源和教育机会。

2. 均衡分布。确保每班学生人数、男女生比例以及师资状况等均衡搭配。

3. 公开透明。阳光操作新生分班，公布分班方案，公开分班程序，公示分班结果。

二、实施办法

1. 广泛宣传。通过《2018年新生"阳光分班"告知书》、学校公告栏、学校网站、微信等媒介，及时公布"阳光分班"方案，主动告知学校教职工、学生及家长，接受社会监督。

2. 均衡师资。各校根据师资情况，按照新老搭配、男女搭配、协作组整体专业水平相当的原则，确定新生班主任和任课教师。

3. 阳光分班。分班程序可分为三步。一是学校邀请学生家长代表，与学校领导班子、招生工作组成员一起组成"阳光分班"工作小组和监督小组。二是在监督小组的监督下，学校随机把学生分成与设置的班数相同的组数，现场打印"学生分组名单"并公示。学校要综合考虑新生班数、人数、男女比例、城乡比例和残疾学生分布等因素，最大限度保障分组公平、生源均衡。三是在监督小组的监督下，由班主任代表协作组，现场抽取"学生分组名单"，确定各组的班主任和任课教师，并当场公布师生搭配结果。

4. 阳光排位。一律按照学生高矮和男女生情况公正、合理地给学生安排座次，每学期可采取左右对调的方式，进行2次调位。

三、工作纪律

1. 各学校要成立"阳光分班"领导小组，校长为"阳光分班"工作第一责任人、直接责任人，要把分班过程想深想细，制定好预案，及时化解分班过程中可能出现的问题。

2. 广大干部教师要积极拥护"阳光分班"政策，严格遵守相关规定，率先垂范、以身作则，坚决杜绝一切违规现象。如出现违规行为及群体上访事件，将严肃追究校长、相关工作人员及当事人的责任。

3. 所有报名学生一律参与"阳光分班"，分班结果一经公示，任何人不得调班。

附件：2018年新生"阳光分班"告知书

2018年8月26日

2018年新生"阳光分班"告知书

尊敬的家长朋友：

您好！

为贯彻落实习近平新时代中国特色社会主义思想，促进教育公平和教育均衡，树立良好的教育行风，根据《义务教育学校管理标准》《山东省普通中小学管理基本规范》相关要求，经教育局研究决定，对2018年全市中小学新生实行"阳光分班"。

各学校邀请部分学生家长与学校领导班子及招生工作组成员，组成"阳光分班"工作小组；由学生家长代表、学校领导、教师代表组成"阳光分班"监督小组，确保分班工作公开、公平、公正。

"阳光分班"程序如下：

1. 教师配置

学校根据师资情况，确定一年级任课人员。安排班主任和任课教师时，兼顾新老搭配、男女搭配及专业水平，做到班与班之间学科教师尽量均衡，形成一年级任课安排方案。

2. 学生编组

在监督小组的监督下，综合考虑新生班数、人数、男女比例、城乡比例和残疾学生分布等因素，把学生随机分成与设置的班数相同的组数，现场打印"学生分组名单"并公示。

3. 确定学生分班

在监督小组的监督下，由班主任作为班级代表现场抽取"学生分组名单"，并当场公布抽签结果。

让每一个孩子在同一片蓝天下享受优质均衡的教育是我们共同的心愿！恳请您支持、配合"阳光分班"工作，并欢迎您监督。

×××学校
2018 年 8 月 26 日

（四）教学质量

教学质量是学校的生命线。"以质量求生存，以特色求发展"已成为现代学校发展的共识。但在教育评价的具体实施中，却有一部分人把学校的教学质量错误地等同于学生考试分数去理解、领会和要求，即哪所学校学生分数考得高，升学率高，就表明哪所学校教学质量好。其实，这是一种片面的教学质量观，这种片面的观点势必导致学生、学校乃至整个教育畸形发展。

多年来，很多校长谈及教学质量，总会不自觉地把关注点放到分数上，他们大都错误地理解了"教学质量"的含义。在我看来，以学生成绩评价学校教学质量，必须同时具备以下三个条件：一是学校是统一条件的标准"工厂"，二是教师必须是同样水准的技术"工人"，三是学生是同样起点的"原材料"。唯有如此，才可以简单地仅凭学生考试分数评价学校教育质量，为学校排名。但事实上，这是不可能的。所以，教学质量评价体系应该是一个综合多种因素的考评系统，不应把学科测评作为考量的唯一标准。要科学地进行教育评价，就要先构建科学的教学评价体系，关注学生多种能力的培养，着力培养"复合型"人才，而不是"单一型"人才，给学生注入可持续发展的基因，而不是压榨抽取最后一滴才智。所以在尝试构建评价体系时，我们注重区分学段、分段施策，关注综合素质、标志性成果和学业考试成绩等。小学段重点参考学生综合素质发展报告、标志性成果并评比排序，弱化小学段的成绩测评和摸底，关注学生是否通过多样化的实践活动、综合性的各类课程学习提升了整体素养，重视德、智、体、美、劳五种素质的均衡培养；初中段重点参考学生综合素质发展报告、标志性成果和学业考试成绩等进行评比排序，同时关注三年后学生考取高中的上线率情况，将初中与高中教学质量衔接起来进行综合考量。

（五）校风建设

校风即学校的风气。校风是学校的灵魂与导向，是学校办学水平的重要标志。校风是无形的,但它的载体是有形的。它体现在教职工的工作作风、教师的教风、学生的学风上,体现在师生员工的精神面貌上。

校风具有强大的促进力、同化力和约束力,在教育和管理上具备特殊的作用。彰显时代特征的协作奋进的校风,是一种巨大的教育资源,使学校的发展具有强大的活力和生命力,从而为学校全面推进素质教育营造良好的氛围。一直以来,我们提倡学校重视校风建设,以良好的学风、教风促校风,在督导评价时,我们重点查阅学校校风建设方面的相关资料并评比排序。

(六)满意度评价

群众满不满意是衡量办学水平、教学质量高低的重要标准。我们形成了这样一种评价机制:随机选取一定数量的家长,就学校教学相关工作进行询问了解,把打分评价的权力交给家长,然后进行评比排序,使学校工作评价更加合理和公平。

这样的评价设计,从根本上跳出了教育评价仅是系统人自己说了算的窠臼,学校办得好不好、水平高不高、质量强不强,服务对象说了算,自然引导着教育管理者在办学实践上要更自觉主动地倾听来自学生、家长和社会的声音,创新开放办学的招数,以更加积极的姿态着力于提供优质的教育服务,从而实现学校与家庭、社会的良性互动,始终致力于办好人民满意的教育。

二、评价措施

在评价措施方面,我们通过发挥党建作用、树立科学的质量观、关注核心素养培育,推动落实"把方向、提质量"的评价要求。

(一) 发挥党建引领作用

学校党建工作要不断适应新形势、新常态、新要求，基层党组织定时间、定计划、定主题，探讨学校的基层党建工作与教育教学结合的方式和方法，努力创新工作思路，不断开创学校党建工作新局面；学校努力营造浓厚氛围，抓实广大党员学习活动；重视学习引领，抓实党员干部在学习活动中的示范引领作用；依托党员示范岗发挥实际作用，借助多个平台创新学习内容和形式，不做表面文章，不摆花架子。党员佩戴党徽进课堂，亮明身份，明诺践诺。

立德树人是教育的根本任务。上好思政课，严格落实《山东省中小学德育课程一体化实施指导纲要》，全面建构德育课程、学科德育、文化德育和实践德育"四位一体"德育工作新格局，积极推进学校思想政治课与学校德育的紧密融合，努力培育和践行社会主义核心价值观，用习近平新时代中国特色社会主义思想铸魂育人，促进学生德智体美劳全面协调发展。

(二) 树立科学的质量观

校长应树立科学的质量观，积极构建德智体美劳全面发展的教育体系和素质教育落实机制，在增强学生综合素质上下功夫，坚持为学生的全面发展、终身发展奠基；坚持德育为先，坚持全面发展，坚持面向全体，坚持知行合一；加强和完善学校教学质量自我评价制度，促进评价维度的多元化；依据上级要求，支持各个学校扩大办学自主权；坚持五育并举，突出德育实效，提升智育水平，强化体育锻炼，增强美育熏陶，加强劳动教育，优化教学方式和教学环节，促进信息技术与教学的融合应用，切实提高课堂效率；取消中小学考试排名，努力减轻过重的课业负担，让学生腾出时间发展兴趣特长，广泛深入地开展大阅读；特别是注重保护学生的好奇心、想象力和求知欲，激发学习兴趣，提高学习能力，为学生终身成长服务。

（三）关注核心素养培养

核心素养是学生适应终身发展和社会发展必须具备的品格和关键能力，回答的是立什么"德"、树什么"人"的根本问题，以培养全面发展的人为核心，综合表现为人文底蕴、科学精神、学会学习、健康生活、责任担当、实践创新六大素养。在工作中，我们不断明晰国家教育改革和发展的新动向、新趋势，坚定不移地将核心素养的培养作为实施素质教育的着力点和落脚点，立足教育教学实际，深入研究课程体系，引领和促进教师专业发展，创新改进教育教学的方式方法，完善优化配套的评价办法，确保培养学生核心素养目标的达成。

三、实践成效

忽如一夜春风来，千树万树梨花开！近年来，随着新的推进措施的实施，我市涌现出多所校风正、教风好、学风浓、社会满意度高、办学特色鲜明的学校，受到家长及社会各界的广泛关注和好评。

（一）学校办学特色更加鲜明

调查显示，很多校长不再只关注学生分数，而是关注课堂设计、关注过程管理、关注学习效果，找准并大力培植自己的办学特色，努力让自己在办学特色上站稳脚跟。

【案例】

"润责"教育：让人人成为负责的人

著名学者钱穆说过：一切问题由文化问题产生，一切问题由文化问题解决。齐鲁名校长、龙山小学校长颜世民认为：学校作为育人之地，必须扛起文化办学的大旗，立足实际，确立自己的文化理念，用文化来引领学校的发展，把立德树人作为根本任务和育人方向。

一、明确润责理念，把准育人方向

对于选取"润责"这一文化主题，颜校长有着这样的深度思考：

责任是传统文化的优秀基因。在我国博大精深的传统文化中，"责任"有着举足轻重的地位。孔子的"当仁不让"，孟子的"舍我其谁"，顾炎武的"天下兴亡，匹夫有责"，李大钊的"铁肩担道义"，都显示着对国计民生的崇高责任感，体现的是责任意识、担当精神。责任教育是精神的传承。

责任是社会发展的现实呼唤。社会责任感作为一种道德情感，是一切美德的基础和出发点，是人类理性与良知的集中表现，是社会得以存续的基石。前几年出现的"为学费告父母"、三聚氰胺、瘦肉精、地沟油等热点问题，暴露出了社会整体责任教育的明显缺失。责任教育是现实社会的迫切需求。

责任是教育发展的时代担当。2016年9月发布的《中国学生发展核心素养》，将"责任担当"与"人文底蕴、科学精神、学会学习、健康生活、实践创新"并列为六大素养。龙山小学提出的责任品牌与时代发展贴切吻合。

责任是学校办学的内生需求。北京大学博士郝向宏总结独生子女青少年普遍存在四种心理文化趋势：对人不感激，对事不努力，对物不珍惜，对己不克制。龙山小学位于城乡接合部，留守儿童居多，家庭教育责任缺失，学生管理难度大。在这种情况下，责任教育就成为学校发展的内生需求。

肥城南邻孔子故里曲阜,自古以来深受儒家思想的濡染。"士不可以不弘毅,任重而道远",在小学阶段就要使学生树立"修身齐家治国平天下"的远大志向,建立社会责任感。龙山小学确立"润责"理念,提出"做一个负责的人"的校训,正是对这一思想的深刻诠释。"做一个负责的人"是龙山小学对每一位师生的要求,它告诉学校的每一个人,负责是对自己和他人最珍贵的馈赠;"做一个负责的人"也是龙山小学走向名校的鲜艳旗帜,它引领团队的每一个人,负责是对教育和发展最有力的尊重;"做一个负责的人"更是龙山小学展示给社会的精彩名片,它感染着周围的每一个人,负责是对民族和未来最郑重的承诺。

二、坚持润责教育,提升办学质量

近年来,龙山小学以习近平新时代中国特色社会主义思想为指导,坚持立德树人根本任务,以"润责"为核心理念,不断创优"润责"生态环境,建构"润责"生本课程,打造"润责"深度课堂,培植"润责"特色文化,让每一位师生都成为负责的人。学校先后被评为中国创新教育学校、科学教育实验学校、创新教育联盟创客培养基地、青少年足球特色学校、山东省规范化学校、绿色学校、中小学特色课堂文化建设重点试验学校、少先队工作规范化学校、童心阅读实验基地、STEM教育种子学校、家庭教育实验基地、平安校园示范学校、泰安市文明校园、课程与教学先进单位等。

1. 以责任文化浸润师生。漫步校园,责任文化处处可见。初入校园,主教学楼上方校训"做一个负责的人"七个大字开宗明义,熠熠生辉。责任广场东侧设置的石雕责任墙,形如一卷展开的竹简,古朴典雅,上镌学校教育理念及古今中外对责任的经典诠释,时刻警醒师生牢记责任。"弘责、励责、笃责、尚责、尽责、明责、润责"彰显着责任教育特色;润责大道、尚责路、明责路、弘责路等道路的命名契合着责任教育主题。守则园紧靠责任广场，背依润责楼，与责任广场一起拱守学校大门，有抱朴守拙、恪守责任之意。园区里设置了多块石头，在石头上镌刻了"礼""忠恕""勤""健"等字样，利用传统文化对学生进行教育。大门和校园显眼处都设立了"责任一日三问"："今天我尽什么责？今天我如何尽责？今天我尽责了吗？"时时提醒师生，事事负责，日日尽责。各班都设计了造型美观、彰显个性的"责任文化墙"，级部"责任小明星"风采展成为一道亮丽的风景线。在这里，责任教育像空气一样，处处浸染着做人的底色，责任感就像地下水一样，时时滋润着成长的根基。

2. 用责任课程成长师生。把校本课程建设作为实施润责教育、实现立德树人的重要突破口，精心构建了"一三五润责校本课程"体系。"一"是指校本课程开发要围绕"润责"这一核心。"三"是指三层级课程，多数人参加的课程为一层校本课程，部分人参加的为二层校本课程，少数人参加的为三层校本课程。"五"是指"五责课程"，即文明礼仪类守责课程、语言文学类弘责课程、科学科技类励责课程、艺术体育类尚责课程、生活实践类明责课程。实施上，打破现有的班级限制，每隔一周的周三的下午两节课，实行大课时教学，学生依据自己的兴趣爱好和能力特长进行选课走班。每个校本课程班由一至两名教师负责，在保证学生学好文化课知识的基础上，尊重学生个性和兴趣特长，给他们提供充分的发展平台和展示机会。实践中，逐渐形成了"传统文化"和"科技创客"两大特色课程。

3. 让责任课堂发展师生。叶澜教授认为：课堂教学应被看作师生人生中一段重要的生命经历，是他们生命的有意义的构成部分。基于这样的理念，学校瞄准课堂这一主阵地，围绕立德树人的根本任务，紧抓"润责"这一理念的落实，通过外出学习提升、专家驻校引领等举措，深化课堂改革，从传统的课堂教学转变为"一三五润责课堂"，再升级为"三标润责课堂"，课堂不断迸发生机和活力。课堂大致分为三个环节：

明责——设置目标，尽责——达成目标，弘责——反馈目标。教学以学生活动为中心，教师的引导、点拨等都围绕学生开展，深入践行以人为本、先学后教、以学定教、当堂达标的理念。通过日星、周星、月星等评比激励学生对自己的学习和发展负责，积极自主学习、参与课堂，实现学业上的不断成长。

4. 用责任评价激励师生。在制度建设上，价值观是核心、本位，它决定着学校办学的导向，也决定着学校管理的艺术。在这方面，龙山小学始终倡导"奉法、尚能、尊贤、容众"的原则，形成了独到的评价文化。以"责任小明星"评选为平台，深入贯彻落实责任教育，把学生一日常规、文明礼仪、卫生路队、安全纪律、主题活动等表现情况全部纳入评选的内容，采取自评、学生互评、家长评、老师评等形式，全面客观地对学生进行等级评价。评选出的责任小明星在级部风采展板上进行照片展示，号召学生向小明星看齐，激励更多的学生自律自强，争当责任小明星。"十百千"评选弘扬责任。"十百千"责任计划，即评选"十佳责任教师""百名责任家长""千名责任学生"。制定责任教育"十百千"评选系列方案，每年举行一次，评选全员参与，分级推荐上报，学生、家长、教师互评，候选人名单和事迹在学校网站公示，公开投票，公正透明。每学年末举行隆重的表彰仪式，树立典型，向全校师生传递责任正能量。

2019年4月，由肥城市教育和体育局承办的全国本真教育研究第三届年会暨全国中小学名师工作室联盟第三届理事会在肥城举行，龙山小学作为承办学校，以"润责课程，个性飞扬""润责团队，幸福同行""责任少年，美丽绽放"三个篇章，利用半天时间向来自省内外的与会专家和老师完美地展示了润责教育的实践成果，得到了领导、专家和与会老师的交口称赞和一致好评。《教师博览》杂志社的社长方心田全程观摩龙山小学润责教育成果的展示后，给予高度评价，他说："在这里，我见到了满意的校长、满意的老师和满意的学生，龙山小学就是令我满意的学校。"

2019年的5月20日—21日，由山东省中小学师训干训中心主任毕诗文带队的第二期齐鲁名校长建设工程专家工作组，莅临龙山小学进行现场诊断式调研指导。工作组一致认为，学校在核心理念、校园文化、课程架构、课堂教学、队伍培养等方面取得了较好的成效，为下一步发展打下了坚实的基础。毕主任给出了"一所环境优美的学校被赋予了责任文化内涵""真是一所好学校，而且是大有希望的好学校"的评价。

润责立身，笃学达人。不忘教育初心，回归教育本源，在尊重生命本态的前提下，务本向善、求真立美，让人人成为对自己、对家庭、对社会负责的人，让每一个人成为世间最美的存在。这是颜校长的教育情怀，也是他和龙小教育人对美好教育的幸福追求。

（二）科学质量观全面树立

督导评估考核方案是学校工作的指挥棒，它理清了工作重点，将有限的精力、物力、财力放到了重点部位、关键点上。越来越多的学校树立起了科学的教学质量观，只关注分数的观点逐渐被摒弃，注重学生综合素养提升的观念在越来越多的学校得以贯彻落实。

【案例】

培养阅读素养激发阅读兴趣

陶阳矿学校以大阅读活动的开展为抓手，培养学生的阅读素养，有效激发了学生的阅读兴趣。他们的做法是：

长远规划，设立书目。阅读不是哪一个年级哪一个班的事，不是各自为政，任意而为，而是教师放眼至初中三年长远规划，对不同年龄阶段的学生有步骤、逐一落实阅读目标的过程。该校7—9年级以部编教材书目引领，主推图书14部，自主阅读图书28部。可是，要形成良好的阅读素养和思辨能力，只读这些书是远远不够的。我们广泛搜集各种阅读信息，确定符合学校、学生、家庭实际的阅读书目，形成了我校独有的阅读体系。

阅读指导，事半功倍。阅读改变人生，指导提高效益。如果埋头自我阅读，不讲究方式方法，所获就有限，效率不高。在起始年级，我们有针对性地上好阅读指导课，注意指导朗读与默读、精读和略读、整体把握、梳理思路、抓关键语句等阅读方法。这对学生以后的自我阅读起到了点拨作用，事半功倍。

思维导图，破解障碍。思维导图能够把单个的故事连接起来，再现作品全貌，便于记忆与复述。弥补读书笔记的局限性，培养概括能力和发散思维能力，便于了解人物形象，理解主题思想。

所有学生基本上可以自主阅读短篇文章，但是大部头的书让没有建立起阅读习惯的人头疼。因为大部头的作品头绪繁杂，人物多，关系复杂，地点转换频繁，让人有剪不断理还乱之感。为了破解这一难题，我们使用思维导图来帮忙。学生在阅读完一部经典作品后，除了做常规的读书笔记外，还要做一份图文并茂的思维导图，来梳理阅读内容的要点。

专题阅读，窥斑见豹。课本搭桥，纵深阅读。根据课程，我们还进行了拓展延伸阅读，这成为主推书目的有益补充。我们将图书分成人物系列、主题系列等。例如：在学习七年级下册刘慈欣的《带上她的眼睛》这篇科幻小说时，掀起了一股阅读刘慈欣科幻小说《三体》的热潮，本来只有一小部分男生看过《三体》，到最后连女生也积极购买传阅这套书，进而爱上了科幻作品。教师趁热打铁，顺势举行了"科幻小说"专题阅读展示交流活动。同时，紧跟时代热点，调动多元媒介。最近两年爱国电影《战狼》系列、《红海行动》在社会上引起了关注，爱国热情也在学生心中不断涌动。初二年级的老师与学生们在录播室一起观看电影，大家情绪高涨。我们趁机开展了"名人爱国"系列专题阅读，将名人传记、访谈录等多种形式的文学作品推荐给大家。由此，孩子们意识到爱国不光是新时代的需要，爱国是每一个历史时期的主旋律。"立德树人"的育人目标自然而然地融入我们的阅读活动中。

研制题库，助推阅读。不啃下几本有价值的书，是不能产生良好阅读效果的。为了更好地验证阅读效果，我们布置寒暑假阅读任务，开学之初就进行相关测验，真读和假读一目了然。我们还借助网络考查学生的阅读量，提高了阅读活动的实效性。

（三）学生核心素养得到提高

2014年3月，"核心素养"一词首次出现在《教育部关于全面深化课程改革、落实立德树人根本任务的意见》中，并被置于深化课程改革、落实立德树人根本任务的首要位置。

2016年9月，中国学生发展核心素养总体框架正式发布。它以培养"全面发展的人"为核心，从文化基础、自主发展、社会参与三个方面，凝练出六大素养，从而引发了社会的高度关注，成为中小学教育教学研讨的主题词。

我市中小学校对学生的关注点不再只是分数和升学率，开始关注学生作为一个人的整体发展，关注学生多种能力的培养，课堂、课程等都开始指向核心素养的培养。义务教育段，学生在多样的活动中得到了锻炼提升，越来越多的"好学生"变成了一个个综合能力较强的多面体，而不再是原来的"书呆子"。

【案例】

培养学生核心素养的校本化实施

随着核心素养时代的到来，龙山小学愈加明晰了学校教育和管理的价值追寻：坚持立德树人这一根本任务，紧紧围绕"打基础、养习惯，善积累、激兴趣、勤实践、提能力"的学生层面要求，全面提升学生的学科素养和综合素养，让学生拥有一副好身板、练就一身好本领、养成一生好习惯，真正为每一名学生打好成长根基。

如开学初，学校精心举行"三整"秩序化专项治理活动启动仪式。在仪式上，由学工处向全校师生宣传"三整"秩序化专项治理的意义，倡议全校师生都积极参与到"整理、整齐、整洁"活动中，通过"三整"做到"三清"，即环境清新、物品清亮、人员清爽，让每个学生都能做到"置物有方，摆放有序"，让每一间教室、办公室都"窗明几净、温馨舒适"。

再如全年贯穿、深入实施的"好习惯塑造工程"，从文明礼仪习惯、学习习惯、卫生习惯、路队习惯、两操习惯、安全习惯、生活习惯七个方面入手，一月整治一项习惯。实行"一周一通报，一月一重点，统筹共推进"措施，通过"教育、培养、纠错、考评"四步骤进行落实。

特别是精心开展的责任小明星评选，以责任教育为特色，继承和发扬少先队的优良传统，根据队员日常表现和活动情况，从对自己负责、对他人负责、对集体负责、对社会负责、对祖国负责五方面，每月评选"责任小明星"，每年评选校级"十佳责任明星""百名责任之星"和"千名责任队员"，这对学生自主成长起到了很好的激励作用。

以上对校长层面的"依标准、守规范""细管理、鼓干劲""把方向、提质量"进行了诠释解读。为促学校工作上水平、创特色，我们还注重了"总体印象""特色创新"两个方面：

总体印象。纸面上的资料只是一个方面，为了增加评价的合理性，我们还组织专家团队，亲临学校现场观摩、听取校长汇报等，拿着资料看现场、带着问题查现场已经成了评价体系的一部分。

特色创新。学校特色反映学校的创新和尝试，是学校办学实践的直接体现，我们根据学校申报的最具代表性的特色工作进行评比排序；同时，把学校特色创新获奖情况作为评判学校工作优劣的依据，及时汇总当学年内学校、教职工获奖及论文发表情况，按照公式折算打分，引导学校重视教师专业成长，把更多的力气放在研究教学本业及其创新上。

【案例】

一封基层教师的来信

尊敬的赵局长：

您好！局党委提出"四层面72字"工作要求以来，教育系统发生了可喜变化。

首先，校长们动起来了。以前，有时候几天都见不到领导，出现在学校里，也只是对老师们指手画脚，不进课堂，不钻业务。现在，他们忙着进课堂听课评课。而且，每周都给老师们展示自己每日的工作安排、工作记录等。这真是一种好气象。

其次，学生们读起来了。尽管以前也抓阅读，但力度没有现在这么大，时间有了保证，场所有了保证，图书有了保证，并通过开展各种活动激发学生读书的积极性。

再次，老师们研究起来了。一周一次的备课检查，两周一次的主题教研，一月一次的集体备课，都能够督促老师们主动去接触教育前沿的教学信息，赶着大家去学习。

总之，工作实实在在，有布置有检查。花架子少了，只要做的，都是有用的。

一位基层学校的老师
2018 年 4 月

倾听呼声知民生，一枝一叶总关情！围绕《一封基层教师的来信》，我们开展了"倾听民声，把脉教学，掌好方向，提高质量"的大讨论。这次讨论，倒逼我们重新审视自己的工作要求、工作标准、工作目标，收到了意想不到的效果。由此也让我们受到启发，得到了一种新的工作方法——枝叶关情工作法。

站在新时代，筑梦新未来。每一名校长都应肩负使命有担当，立足当下有追求，教书育人有情怀，时刻秉持"以德为先、育人为本、引领发展、能力为重、终身学习"的基本理念，紧紧围绕"规划学校发展、营造育人文化、领导课程教学、引领教师成长、优化内部管理、调适外部环境"六项专业职责，坚持"依标准、守规范，细管理、鼓干劲，把方向、提质量"的工作策略，扑下身子来干事，潜下心来育新人，以超前的视野、奉献的情怀、卓越的领导力，致力于建设管理规范、治学严谨、校风正、教风好、学风浓、朝气蓬勃、生动活泼的美好校园，培养德智体美劳全面发展的社会主义建设者和接班人，不断为经济建设和社会发展提供高质量的教育服务，为肥城教育的美好明天再立新功。

第三章
评价促进教师队伍建设

　　教师素质的高低决定着一个县域教育的发展水平。教师承担着教书育人的重要角色，是实施教育的第一要素和首要资源，应该说抓住了教师队伍建设就抓住了县域教育发展的根本。因此，锻造一支高素质、专业化、创新型教师队伍刻不容缓。

弘师德　重师范

"广大教师要做学生锤炼品格的引路人，做学生学习知识的引路人，做学生创新思维的引路人，做学生奉献祖国的引路人。"习近平总书记这一要求赋予教师"引路人"的光荣责任和使命，对教师队伍建设提出了明确目标。

多年来，肥城市委、市政府始终把教育摆在优先发展的战略地位，优先考虑教师编制，优先安排培训经费，教师的年龄结构、学历结构、学科结构更趋科学合理，教师队伍整体素质有了质的提升。但我们也清醒地看到，个别教师的价值观和职业观也受到个人主义、拜金主义等不良思想的侵蚀，教师队伍内部也出现了一些"微腐败"现象：一些教师身"在其位不谋其政"，备课不认真，教课不努力，敷衍塞责，得过且过，愧对国家、社会和家长的信任和重托；个别教师甚至触碰师德红线，把主要精力用在搞有偿补课、为民办培训机构拉生源、变相推销教辅资料这些"金钱交易"上，一心向钱，造成了严重的"内分泌失调"；有的教师不甘清贫，艳羡所谓的"富裕"生活，参与投资理财被起诉、工资被查封；更有甚者因不堪债务重负而"跑路"，搬起石头砸了自己的脚，"抹黑"了教师形象；有的甚至侮辱学生人格、体罚或变相体罚学生；有的教师把家长当成了"助理"，让学生家长代替自己批改作业、打印复印或抄写作业、盯班、陪着学生挨训等。在一些老师看来，干教育就是混饭吃，当一天和尚撞一天钟，有的连钟都撞不响，甚至撞也不撞；有的教师"教是为了晋上高级后不教"，只要评上职称就"挑挑拣拣，啥事不管"，拈轻怕重，任而不教，优哉游哉混日子、熬退休；在教育教学中，教研流于形式、不接地气、不成系列，只注重完善档案资料，教研演变成为教师的一种负担；教研方法"老一套"，让参与教研的教师失去了"兴趣"，甚至出现职业倦怠；有的课堂教学背离教育规律，教学效率不高，靠层层加重课业负担，挤占课外时间来弥补，影响了学生的全面发展、个性发展。

造成上述现象的原因是多方面的：一是教师素质参差不齐，有待整体提升；二是考核制度不健全，落实无力，缺乏政策引领和评价引领；三是群众关心的热点问题得不到有效解决，教师队伍的活力有待进一步激发。

"面对强大的对手，明知不敌，也要毅然亮剑，即使倒下，也要成为一座山，一道岭！"每次看《亮剑》，除了被独立团敢打敢拼的战斗意志和惊心动魄的战斗场面吸引之外，印象更深刻的是其中的"亮剑精神"。敢于"亮剑"是以李云龙为代表的军人所具有的军魂和血性，作为捍卫一方教育热土的局长，敢不敢"亮剑"历史积累的一些热点问题、焦点问题，来营造公平公正、爱岗敬业、风清气正的教育风气，是对我党性觉悟的重大考验。也正是基于这样的思考，我全力推进镇街教育办公室"瘦身"、职称评聘向一线教师倾斜、取消镇街教研室、选聘市级兼职教研员、招考新教师到镇街、遴选镇街优秀教师进城任教等举措，引导广大教师用心抓好主职主业，认真钻研业务，备好课、上好课、批改好作业、辅导好学生，真正下好了师资这盘"活棋"。广大教师教书育人的积极性得到了有效激发，进而为"弘师德、重师范"的评价与实施创造了条件。

一、内容阐释

教师职业是崇高的,教师面对的是祖国的未来,是每个家庭的希望,是实现中国梦的栋梁之材。教师肩负的责任和使命非常神圣,这对教师提出了非常特殊的要求。

教育是太阳底下最光辉的事业,教师是塑造人类灵魂的工程师。广大教师津津乐道的是自己培养了什么人才,成就了什么事业。校长以办出名校为荣,教师以成为名师为荣。这是我们的精神追求,是教育持续发展的灵魂,是提高教育教学质量的动力源泉。教师要崇尚精神追求,弘扬甘为人梯、无私奉献的精神。师德是一名人民教师应具备的道德规范和准则,师德水平直接影响着教书育人的最终效果。如果教师缺乏对教育事业的热爱,不能发自内心地教书育人,再好的外部条件也无济于事。可见"德"是为师之本、从教之源,必须下气力抓好师德建设。教师的初心就是教书育人,让我们的下一代成人成才,让我们的孩子成为未来实现中国梦的筑梦者,教师必须要有这样的责任担当和崇高情怀。教师要爱岗敬业。和孩子们在一起是非常快乐的事情,随着年龄的增长,这种快乐感将与日俱增,每一位教师都应把学生当作自己的孩子对待,喜欢他们,热爱他们。小孩生性好动,教育孩子不能由着自己的性子来,要有耐心。同时,孩子中也有特殊群体,离异家庭、贫困家庭的孩子更需要老师好好关爱。抓好"师德师风",要从"弘师德、重师范"做起。

(一) 弘师德

师德是教师的必备条件。"人民教育家"于漪说:"教师是天底下最为特殊的职业,今日的师德水准就是明天的国民素质","教师肩膀上的担子有千斤重,一头挑着学生的现在,一头挑着国家的未来。"目前,我国约有 1700 多万名教师，2.82 亿青少年学生，每天老师们都在重复做着一件又一件简单而平凡的小事，然而这些看似平凡、单调的"小事"却关系着千家万户对美好生活的期盼，关系着国家和民族的未来。从某种意义上说，教师是国家的"颜值担当"。

对于学生来说，教师高尚的道德品质是最生动、最深远的教育。教育教学不是单纯地传授知识，而是一个用人格塑造人格、用心灵唤醒心灵的过程。"随风潜入夜，润物细无声"，教师的言行举止时刻都在潜移默化地影响着学生。学生从教师身上直接接受的是思想道德、情感态度、意志品质、知识技能的启迪与教化。教师是一本没有字的书，一举一动、一言一行都是学生学习和模仿的对象。教师只有行为世范，为人师表，才能吸引学生、感染学生、教化学生，才能培养学生崇高的道德品质，才能鼓励、帮助学生树立远大的理想，才能促进学生全面发展、健康成长。同时，良好的师德是师生关系的"润滑剂"，师生关系直接影响教育教学效果，只有"亲其师"，才能"信其道"。

"春蚕何取，一桑始终。春蚕春蚕，万世可风。"我们应该认识到，教师只有发自内心地把"职业"当作"事业"，把课堂视为实现自我价值的重要阵地，"春蚕吐丝"般全身心地投入到教育教学工作中，才会在付出辛勤汗水的同时收获桃李芬芳。

（二）重师范

"师范"一词古已有之。西汉末年，杨雄在言论集《法言·学行》中说："师者，人之模范也。"他将"师"和"范"联系起来看，明确强调了教师负有塑造教育对象的重大责任。教师在传授科学文化知识的同时，还要对学生进行思想品德教育，教师是人类文化、科学知识的传播者，是人类传播文明、奔向光明的引路人。

作为我国古代伟大的思想家、政治家、教育家，孔子是中国历史上教师的光辉典范，他提出的"学而不厌，诲人不倦"的教学精神，已成为中国教师的优良传统。孔子说："其身正，不令而行；其身不正，虽令不从。"充分说明教师行为世范的重要意义。古人云："经师易求，人师难得。"一个优秀的老师，应该是"经师"和"人师"的结合体，既要精于业务"传道"，又要研究方法"解惑"。"学高为师，身正为范"，道出了一名合格教师除了要有扎实的专业知识、较高的文化水准外，更重要的是要有良好的道德素质。也有人说成"学深为师，品正为范"。可见，"重师范"不是简单的说教，而是一种精神的体现，一种知识内涵和文化品位的体现。

在人工智能高速发展的时代，求知途径繁多，学生的知识储备大大增加，教师只有潜心治教，乐思善学，与时俱进，才能无愧于人民教师的光荣称号。正如习近平总书记所说的，"扎实的知识功底、过硬的教学能力、勤勉的教学态度、科学的教学方法是老师的基本素质，其中知识是根本基础。学生往往可以原谅老师严厉刻板，但不能原谅老师学识浅薄。'水之积也不厚，则其负大舟也无力。'知识储备不足、视野不够，教学中必然捉襟见肘，更谈不上游刃有余"。

二、评价措施

习近平总书记要求全国广大教师要做"有理想信念、有道德情操、有扎实知识、有仁爱之心"的"四有"好老师，切实为发展具有中国特色、世界水平的现代教育，培养社会主义事业建设者和接班人做出更大贡献。他说，一个人遇到好老师是人生的幸运，一个学校拥有好老师是学校的光荣，一个民族源源不断涌现出一批又一批好老师则是民族的希望。可见，"重师范"对中国教育、民族昌盛、社会和谐稳定的重要性。我们围绕师德师范采取了以下措施：

（一）关于师德教育

查看教师道德表现，查阅学校开展师德教育的相关资料，抽查教师学习笔记，对学科教师道德表现进行负面清单问卷调查并评比排序。

（二）关于典型培养

查看学校开展典型培养的计划、安排，查阅学校开展师德典型评选及作用发挥等活动的相关资料。未树典型或作用发挥不好的，扣相应分数。对开展活动情况进行负面清单问卷调查并评比排序。

（三）关于基本功训练

查阅教师"三字一话（画）"、课件制作等基本功训练的相关资料；现场对部分教师进行"三字一话（画）"、课件制作等抽样考核，对开展活动情况进行负面清单问卷调查并评比排序。

（四）关于教风建设

多方面、多角度考查学校教风建设，现场观察与查阅教风建设方面的相关资料相结合并进行评比排序。

三、实践成效

我们在"弘师德""重师范"两个层面取得了明显的实践效果。

（一）弘师德——育人先正己

教师的思想道德品质直接影响着"立德树人"根本任务的完成，广大教师只有严格遵守教师职业道德，严谨治学，廉洁从教，甘做学生铺路石,甘当学生发展人梯,才能成为学生爱戴、人民满意的好老师。

1. 强化领导,夯实责任

(1) 夯实管理责任。加强对师德建设工作的领导,严格按照"属地管理"和"谁主管、谁负责"的原则夯实管理责任,层层签订师德建设责任书,坚决打好师德建设工作攻坚战和持久战。若因监管不严、执行不力出现教师违规违纪行为,教育局严肃追究相关单位及领导的责任。对"在职教师有偿补课兼职取酬问题",则按照中共肥城纪委机关、肥城市监察局、肥城市教育局、肥城市公安局联合下发的《关于开展在职教师有偿补课等侵害群众利益不正之风问题专项整治的通知》精神进行处理。我们清晰界定了"对参与有偿补课教师的处理层次(初次违规的、再次违规的、三次以上违规的、须从重处罚的)";"对学校及校长等责任人的处理也做出了严格规定(学校发生一起有偿补课的、发生两起的、发生三起以上的)",就是为了形成一个齐抓共管、责任共担的良好机制。

(2) 分层逐级管理。各学校师德师风建设领导小组根据教育局要求,充分利用校行政办公会、全体教职工大会,广泛开展职业理想、职业道德、工作纪律、从教行为等教育活动,倡树和谐教育、幸福教育新风尚,引导教师时刻牢记教书育人的神圣职责,依法履行教师职责和义务,恪尽职守、勤奋工作,争做人民满意、家长放心的好老师。

(3) 落实公开承诺。学期初,由学校组织召开全校教师和家长代表参加的师德建设动员大会,教师代表向全体教师发出"树师德新风,育创新人才"的倡议,全体教师面向学生和家长代表进行承诺宣誓。在学校门口显著位置张贴教师照片及个人承诺书,向家长和社会公开,旗帜鲜明地表明强化师德建设的立场和决心。

2. 完善制度,提升水准

(1) 建立师德档案机制。建立师德档案,公平公正、实事求是地记录教师道德表现情况,既如实记载年度师德考核结果以及受到的上级表彰，也如实记载违反师德的表现和处理情况，客观反映教师的师德表现。将各类考评结果作为教师评优树先、职称评聘的前置条件和重要依据。

（2）完善师德考核机制。严格制定《师德考核方案》，以教师为评价主体，教师、学生和家长多方参与，对教师的职业道德、教学行为、教育质量等进行多维度、多元化评价，师德考核不优秀的，年度考核不得定为优秀等次。

（3）落实师德监督机制。实行家长推门听课和家长开放周制度，聘请家长为师德监督员，设立家长举报邮箱、举报电话；对在课堂上发现的或家长通过其他方式举报的违规违纪行为，经调查属实的，追究当事人的相关责任。

（4）实行师德一票否决制。对有偿家教、侮辱学生人格、体罚学生等违背师德的行为"零容忍"，一经发现，严惩不贷；年内学校出现违背师德行为，群众反应强烈的，取消当年度评优树先资格，情节严重的报纪检监察部门依法依纪处理；对于出现3人以上违规被查处人员的学校，取消该学校文明单位奖，从而营造多数人监督少数人的氛围。

3. 培植师魂，文化浸润

"立德树人"是一个潜移默化的过程，与其喊破嗓子不如做出样子。教师是规范和道德的化身，也是学生在学校的"监护人"，教师的一言一行深深地影响着学生的健康成长。

（1）以传统文化"修师德"。将《论语》《弟子规》《三字经》等中华经典篇章作为师生共同诵读的重要内容，组织开展以"责任""传承""奉献"等为主题的系列师德教育活动；在广大师生中开展"四德评议"，倡树孝老敬亲、关爱他人的"四德"教育活动。

（2）以活动文化"炼师德"。将"师生相互承诺，共创和谐教育"宣誓承诺活动作为师德教育的重要内容，各学校在广泛征集、精心提炼的基础上，形成主题鲜明、立意新颖、富有特色且便于记忆传诵的"教师师德宣言",使之成为学校师德教育的文化标识,进一步鼓励教师增强干好本职工作的责任感和使命感,打造师德教育的精神高地。

(3)以制度文化"强师德"。深入开展"师德建设月"活动,大张旗鼓地表彰师德先进典型,积极引导广大教师修身立德、教书育人。进一步强化师德管理,优化评估机制,积极建立社会、家庭、学校三位一体的师德师风监督管理体系。每学期开展"千名教师访万户,师生情谊传万家"家访活动,学校对教师家访情况、教师关爱学生情况、教师教育教学情况等开展电话抽测、问卷调查等满意度测评,并将满意度调查情况列为师德考核的重要指标,对因师德不佳引起社会、学生、家长不满的老师,立即进行诫勉谈话;情节严重的,移交纪检监察机关予以党纪、政纪处分。

弘扬先进事迹,切实加强师德建设。各学校在节庆活动中突出师德第一标准,深入宣传表彰优秀教师典型,大力弘扬高尚师德。全方位、立体式宣传立德树人先进事迹,通过表彰会、报告会、专题研讨、主题讲座等多种形式,利用电视、广播、报纸、网站和"两微一端"等新媒体平台,弘扬主旋律,讲好师德故事。同时,深化落实新时代教师职业行为十项准则,健全师德建设长效机制,完善师德失范问题防范与查处工作体系,教育引导广大教师以先进为榜样,弘师德,重师范,勤教研,善拓展,活方法,提效率,不忘教书育人初心,牢记立德树人使命,办好人民满意的教育,做人民满意的教师。

4.活动引领,践行规范

随着家长、社会对优质教育"期盼值"的不断提高,教师只有牢记"为学生的终身发展服务"理念,遵守职业道德,履行工作职责,才能成为学生喜爱、家长满意的好老师。

(1)"学"——开展师德学习交流活动。统一部署,由学校组织教师学习有关教育法律法规,增强教师法律意识,提高教师依法从教的能力和水平。学习国家及省市各级制定出台的关于加强教师队伍管理的相关文件，组织观看《最美乡村教师》《感动中国十大人物》等专题片，学习先进人物的典型事迹。深入开展"讲述我的教育故事"和"弘师德、重师范——争做'四有'好教师"主题活动，用身边的真人真事感染人、教育人，引导教师树标杆、找差距、思进取，不断提高自身师德水平和职业修养。同时，对违反师德的问题及时查处通报，警示教师严守道德底线，不触法律红线。通过一系列师德教育活动，真正达到了以"学"养师德，以"规"约师德，以"案"警师德的目的，使广大教师在思想政治、道德品质、学识学风上以身作则，率先垂范，并以自己的高尚人格魅力教育和影响学生。

（2）"树"——开展师德评选展示活动。各学校每学期开展树标杆、学先进活动，评选"学生最喜欢的教师"、师德标兵、最美教师等；扎实组织"弘师德、重师范"教师演讲比赛，以感人的事例、动情的语言、激情的演讲，让教师和学生受到心灵的洗礼。把评优树先与弘扬先进相结合，营造树标杆、学典型、争先进的浓厚氛围。通过一系列活动，引导教师以职业道德规范严格自律，以先进典型的感人事迹时刻自励，最终将良好的师德融入教育教学实践中。我市桃园中学在实施"师表工程"中开展了十项评比活动，包括感动校园人物评选、师德标兵评选、教学质量先进个人评选、教科研先进个人评选、教学能手评选、优秀班主任评选、学生最喜爱的教师评选、优秀教研组长评选、优秀青年教师评选、校园巾帼标兵评选，成效显著。每项评选都把师德表现作为一票否决项。"师表工程"的推进实施，弘扬了师德师风，激发了教师争优树先的激情与活力。

（3）"评"——开展师德师风评议活动。各学校每学期都组织家长、学生及教师进行师德评议。通过召开家长会、"家长开放周"、家长志愿者进校园活动，组织家长对教师的师德风貌、从教行为等进行评议；通过问卷调查、座谈交流等方式，组织学生对师德师风进行评价；畅通校长信箱、监督电话等家校联系渠道，广泛征求社会、家长、学生对学校师德师风建设方面的意见或建议。及时开展师德师风建设自查自纠，让每位教师从自身出发，深入查找自己在师德方面的不足，看清问题，找准差距，扬长避短，改进完善，不断增强师德教育的针对性和实效性。

(4)"查"——严肃查处违反职业道德的行为。一方面，我们要求学校切实加强内部防控，真正做到"看好自己的门，管好自己的人"，对在职教师从事有偿家教"零容忍"，不打折扣地开展深度治理。严格落实属地管理制度，教体局、教育办公室、学校三位一体明察暗访，对辖区内民办教育培训机构进行不定期巡查，对发现的违规者严肃处理。另一方面，畅通家长举报渠道，严厉查处体罚学生、侮辱学生人格、推销或变相推销教辅资料等违规违纪行为，经查属实的，对当事教师严肃处理，绝不姑息。经常性地开展电话访问、入户走访、群众满意度调查等活动，重点了解是否有在职教师参与有偿补课，对发现的问题按相关规定及时做出处理。

（二）重师范——学高方为人师

我们全面贯彻党的教育方针，认真落实全国教育大会精神，实事求是地想，实事求是地谋，实事求是地干，坚持立德树人根本任务不动摇，全面提升学生素质，全面提高教育教学质量，努力办好人民满意的教育。我们持续强化措施，不断提高教师专业知识、学科文化素养，规范教师行为，真正将"重师范"作为教师队伍建设的重要环节，内化于心，外化于行，扎实推进教师专业成长，为学生终身发展奠定基础。

1. 加强岗位管理，注重教风建设

为便于局各科室依法行政、学校依法治校、教师依法从教，我们统一印发了《教育法律法规汇编》，《汇编》收录了现行教育相关法律法规政策、各级各类讲话等文件资料。各学校积极组织教师学习《汇编》，依法依规从事教育教学活动，营造"校长潜心管理、教师精心育人、教辅用心服务、学生专心学习"的良好氛围。落实教风建设"一岗双责"制度，所有干部既要抓好相应学段、科室业务工作，更要抓好党建工作，党员教师佩戴党徽进课堂，承诺践诺，带动师德师风建设。

2. 营造读书氛围，浸润教师成长

各学校充分利用图书室、阅览室、网络资源，有效利用学习时间、节假日开展读书活动，每学期开展"共读一本好书""我的教育故事"等教育叙事、教育案例征集活动及读书交流活动，以读促写，以写促思，以思促教，逐步让读书学习成为一种常态、一种习惯，为提升教师素养、促进教师专业成长提供一方沃土。我市孙伯镇中学扎实开展系列读书活动，努力促进教师专业知识的积累和学科素养的提升。学校为每位教师购买2—3本教育书籍以供随时阅读，校长带头自己掏钱为教师买书；建设微信学习平台，老师们在平台上分享文章、图片，传递学校班级管理信息，随时学习，随时提醒，构建学校和谐大家庭。71名教师每人自主选择一本书，谁选的谁先看，继而交换着看，最终每人都能看到71本书，从而获得71个智慧启迪。学校创办了《文苑》校刊，发表教师的教育教学心得、生活点滴等文章。学校倡导教师坚持写好工作日记，记录自己的教育点滴，反思自己的教学实践。不论篇幅长短，只要实事记写；不攀文采飞扬，唯求真情流露。学校定期检查《凝馨日记》的撰写情况，评比出各类等次，颁发心灵基金。这一做法已坚持了多年，教师个人日记达2000余篇。开展的读书方法讲座、好书大家荐、读书心得征文、"十大读书人物"、读书优胜级部、十大读书人物、书香班级评选等活动，丰厚了专业知识，浓郁了文化氛围。

3. 开展基本功比赛，促进师能提升

各学校扎实开展"三字一话（画）"、课件制作等教师基本功训练，将教师基本功训练成果纳入年度考核。各兼职教研员按照学校教学计划中的有关要求，制定本校本组的基本功训练实施步骤，具体操作中要求教师不断总结经验，学期末写出案例及心得。教研组、学校考核领导小组定期考核评价。教师基本功训练活动的开展，为老师们搭建了学习、交流、提高的平台，大家在活动中交流、在交流中学习、在学习中成长。

4. 既"扶志"又"扶智"，助推教师专业发展

一般来讲，教师的专业发展要经过入职教师、合格教师、优秀教师、知名教师四个阶段，但仅有少数教师能完成这四个阶段，多数教师停留在第二阶段或第三阶段，成长为学科名师、教学能手、学科带头人的凤毛麟角。因此，学校将助推教师专业发展作为"重师范"的重点任务之一，努力构建一个个教师发展"孵化器"，通过教师的自身"增高"促进学生的健康发展。

一是走出去，请进来，在大师的熏陶下前行。优先保障教师培训，积极组织校长、兼职教研员和优秀教师外出参加全国高端论坛、学术及培训会议等；实施名师发展基地项目，邀请全国知名教育团队、优秀教育专家，走进肥城，对全市语文、数学、英语、化学等学科骨干教师进行面对面的培训与指导。目前，中国数学学会——基础教育委员会、中国外语教育与研究中心——中小学英语教育研究中心，已在我市建设了数学、英语名师发展基地。

二是众人划桨开大船，在团队的互助下飞翔。成立青年教师发展团队，定期召开会议，聘请校内外名师为青年教师做报告；师徒结对，相互听课，青年教师在"师傅"的指导下撰写教育教学心得或反思；每学期举行一次课堂大比武和青年教师"成长沙龙"，让青年教师在团队带动下提升素质，快速成长。有的学校实行了"四步走"，助力青年教师专业发展。第一步是定目标。"心多大舞台就有多大"，是想成为名师还是想做庸师？学校鼓励教师阅读常作印老师的《不做庸师》这本书，学习他

近年来对教育的敏锐思考。第二步是善学习。虚心向"师傅"、老教师、教育名家学习,丰厚自己的专业知识与学科素养的"双翼"。第三步是能坚持。勤奋脚踏实地地走好脚下每一步,扎实做好教学中每一项工作。其实成功的道路上并不拥挤,因为能够坚持的人并不多!第四步是讲策略。勤奋敬业是成长的奠基石,读写结合是成长的加油站,挑战自我是成长的催化剂,教学反思是成长的纠偏仪。或许尽一生努力,也不一定能成名成家,但只要倾情地实践过,深入地思考过,这付出的过程,就是最大的收获。

三是三人行必有我师,在名师的带动下成长。为解决学科短板问题,我市成立教师发展共同体,积极开展联片教研活动,以名师工作室为纽带,联系市内名师"手把手"指导帮扶。积极邀请外校名师到校指导薄弱学科教学,薄弱教师每节备课均要有级部、教科室主任、分管校长签字,学校还专门对薄弱学科进行追踪听评课;积极开展教师集体备课,利用教研组半天无课日,做好同伴互助。例如山东省初中语文名师助教活动在我市孙伯中学举行,省内名师于立国、王倩执教了公开课。两位名师各有所长,各具特色:于老师《端午的鸭蛋》一课教学中透着深厚的文化底蕴,王老师的言谈举止流淌着文雅的气质。在教学中,他们都注重品读,感悟情感。通过多种形式、有层次、有梯度地指导学生进行朗读训练并抓住重点语段指导学生进行细细品读感悟,切实做到以读代讲,读中感悟。于老师追求"文""意"兼得,融情感体验于语言文字的理解品味中,课堂上传达出浓浓的真情,学生在同文本反复对话的过程中,体验流淌在语言文字中的人文情感。王倩老师处理"吱"字的读音时把"吱"字用短音和长音进行比较,使学生充分体会到高邮鸭蛋油多的特点。两位老师与孩子们一起享受课堂的美妙,共同沐浴语文的阳光!省语文教研员张伟忠博士进行了精彩的点评。

"令公桃李满天下,何用堂前更种花。"在家长和学生心目中,教师是社会的典范、学生的楷模。正如习近平总书记指出的，好老师是在教学管理实践中、在教育改革发展中锻炼成长起来的。他希望每名教师都能成为符合党和人民要求、学生喜欢和敬佩的好老师，希望每个孩子都能遇到好老师。今天的学生就是实现中华民族伟大复兴的主力军，广大教师就是打造这支中华民族"梦之队"的筑梦人。我想，立德树人是教师的根本任务，"弘师德、重师范"是教师的立身之本，教师的职责就在于通过言传身教，培育一代又一代德才兼备的合格人才。

勤教研　善拓展

中共中央、国务院《关于深化教育教学改革全面提高义务教育质量的意见》中提出，"发挥教研支撑作用"。在信息繁杂、高速发展的当今社会，我们只拿着过去的"干粮馍馍"已经喂不饱求知若渴的学生。考虑到肥城实际，对接我们在中小学调研中发现的问题，"勤教研、善拓展"显得尤为重要和紧迫。

一、内容阐释

教研活动是贯彻党和国家教育方针，落实学校教学计划、教学常规，开展学科教学研究的"活水之源"；是激励教师研究课堂教学，促进现代教学技术与课堂教学深度融合，提高教师课堂教学水平的重要手段。大数据时代背景下，学生可以通过互联网等多种途径获取各种信息和资源，教师不再是绝对的权威。这就要求教师要在掌握教材知识前提下，更新、填充、扩大自己的知识库。为此，我们提出了"勤教研、善拓展"的要求，并实行"扁平化"教研管理制度，扎实开展"草根式"教学研究活动，努力提升教师自身素养，丰富教科研成果，逐步培养出一名名知识渊博、能力出众、紧跟时代步伐的新型学科带头人和教育专家。

（一）勤教研

将教学研究的重心下移，注重教学经验的总结、教学理念的提升和教师的专业发展，通过"接地气"的教学实践研究解决教学中的实际问题，这既是课程有效实施的有力保证，也是深化教育教学改革的重要举措。特别是通过开展"草根式"教学研究，可以提高课堂教学效率，夯实关系教师成长和学生发展的"教"与"学"的基础。

1. 勤教研是教学改革的"催化剂"

"教育教学要改革，教学研究要先行。"教学研究是教师以提高课堂教学水平为目标，积极主动探索课堂教学过程中的规律、方法并以此解决教学问题的研究活动。教学研究的重要作用，就是为教育教学改革提供科学的理论依据。当前的教育教学改革，对教师的教学能力提出了前所未有的新要求，新时代教师除了具备优良师德、扎实知识和教学能力外，还应具备深入研究本学科教学，并能通过专业的教学语言表述教学经验和教研成果的能力。因此，教师必须深化教学研究，不断改革教学方法，提高课堂教学效率。

2. 勤教研是提质增效的"润滑剂"

一味地靠加班加点、强化训练，而不研究教学规律、学生成长规律和教法学法，表面上看是提高了一点分数，好像教学质量有了提升，但实际上并不利于甚至阻碍学生素质和能力的提升。作为一名教师，要想提高课堂教学质量，就要研究课程标准、知识架构和教育对象，研究教育规律和教法学法，吸收、内化并以此指导教学实践，从而转化为提高教学质量的内在力量。

3. 勤教研是教师成长的"触媒体"

"弦歌不辍，薪火相传"，教育事业需要一批又一批的青年教师传承，青年教师要想在短时间内提高课堂教学水平，积极参与教研活动是很有必要的。教师多参加教研活动，多动脑筋思考问题，多动手写点东西，是提升教研能力的需要，也是提高业务能力的重要途径。参加教研活动，要交流发言，要写教研论文，要督促自己不断学习充电，如此，业务水平和教学能力、学术水平和科研能力、自身素质和思想境界、教育事业的认识水平必定有"质"的飞跃，进而成为学科骨干、学科带头人甚至名师、专家。

（二）善拓展

一名好老师应该具备扎实的专业知识储备、开阔的人文视野、深厚的教育理论功底，要像永不干硬的海绵不断吸纳知识的源头活水。如果一味地满足现状、故步自封，就是一个"营养不良"的老师，教学也会"苍白无力"，就意味着要落伍于现代教育发展，也不会受学生的尊重和爱戴。因此，教师必须不断学习和积累，随时保持"充电状态"，加快"新陈代谢"，善于构建知识体系，拓展知识的内涵和外延，努力培养出更加出类拔萃的人才。

1. 善拓展有利于提高教书育人能力

"神女应无恙，当今世界殊"，学习如逆水行舟，不进则退，稍不注意就会被时代的浪潮远远地甩在后面。作为教师，如果还让自己的思想停留在旧理论、旧框架里洋洋自得而不愿自拔，那么就会逐渐失去在教学上的话语权。实践充分证明，只有教师善于拓展才有可能教会学生拓展，只有教师自身的知识库丰盈了，才有可能完成"灌溉"的任务。

2. 善拓展有利于架构学科知识体系

上课首先要吃透教材，了解每一本教材的知识架构是什么，某个知识点在全套教材中出现过几次、难度是如何逐步加深的，在某个阶段学生需要掌握的知识点都有哪些、分别需要掌握到什么程度等。这就好比游览景点，只要景区导览图了然于胸，自然知道哪些景点要重点游览，哪些可以一带而过。也就是说,讲授教材的过程是一个循序渐进、螺旋上升的过程,教学过程中要充分挖掘知识与知识之间的有效衔接,围绕知识架构这条主线讲授知识,如此才会收到教如"庖丁解牛"、学如"顺水行舟"的良好效果。

3. 善拓展有利于探索先进教育方法

教师的一句话有时会影响孩子的一生。教师不能满足于现状,不能消沉于现实,应努力去寻找最适合学生的也最适合自己的教育方法。这就需要每个教师认真反思自己的教育教学行为,积极去书中、去有经验的教师那里学习经验、寻求帮助,并逐步内化为适合自己的教育方法。在讲求实际效果的基础上,讲究教育的艺术,在教育生涯中不断摸索,攀缘、前进。有了好的教育方法做铺垫,让教育更贴近艺术,课堂教学才能事半功倍,学生才能更加"亲其师,信其道"。

二、评价措施

"勤教研、善拓展",是我们结合培养学生目标需求,结合肥城教学实际需要,结合城乡学校特点,及时提出的改革课堂教学、提高教学效益的重要举措。为促进工作的顺利开展,我们制定了相应的评价方法。

(一) 教研管理

重点查阅校长听评课相关资料及相关人员的工作记录,每周不少于三节,每周每少一节扣相应分数(因公出发除外);发现造假的,一票否决。

(二) 常规教研

查阅兼职教研员组织开展学科教研的工作记录,抽查相关教师参与教研活动的记录，并评比排序。

（三）教师培养

查阅学校教研队伍建设、教师梯次培养、教师专业发展与培训、班主任培养与经验交流的相关资料，缺项的，每项扣相应分数，并评比排序。

（四）师能水平

重点查阅教学流程设计、问题设计、"知识树"构建、知识拓展、大阅读渗透（语文）等备课内容，并评比排序。

（五）成果展示

重点查阅"草根研究"、学生知识拓展方面的情况，并及时推广典型，作为特色项，记入教师考核。

三、实践成效

教师责任重大，社会对教师的期望值和关注度也高。干一行，爱一行，专一行，既然选择了教师这份职业就要树立"主业"意识，把精力用到教学上，潜心钻研业务，研究教育教学规律，研究学生成长规律，研究备课，研究课堂，研究作业。研究才能出效率，有效率才能减负担。

教给学生一杯水，教师要有一桶水，教师的一桶水不能是椰子汁，而要是有丝络、网状结构的"宝葫芦"。因而，教师要深入研究知识体系和网络架构，既能对体系整体把握，也要对知识点深入剖析，既见森林又见树叶。只有这样，教师职业才算回归到本源，才会达到用渊博的知识、高尚的人格言传身教、教化学生心灵的目的。为此，我们多措并举，引领广大教师勤教研、善积累。

(一) 勤教研——教师专业发展的必由之路

教育实践不是固步不前，一成不变的，它是随着人类社会的进步而发展的。教师上好一堂课，仅仅依靠个人已有的专业知识是完全不够的，教师毕竟不是作存储之用的"移动硬盘"。通过"勤教研"不断提高教师的专业素养，增强其课堂教学的能力和实力，使其教育教学高屋建瓴、得心应手，获得更好的教学效果。

1. 推广网络教研——让教学研究"活"起来

随着互联网、信息技术及电子设备的发展，新一代的信息技术（大数据、移动互联网、云计算等）逐渐融入现代教育，既给教师的教育教学研究提供了"海量"资源，也给教师搭建了一个个不受时空限制的教研平台。实践证明，以计算机和网络为支撑，运用博客、论坛、专业网站、QQ、留言板、电子邮件等网络载体探究学习、交流研讨问题，具有信息容量大、交流范围广的优势，让教学研究"活"了起来。

(1) 数据平台提供"资源支撑"。利用"智慧教育云平台"开展形式多样的教研活动，分学科按章节上传备课、课件、学案和习题，组成门类齐全的资源库，实现资源共享；利用微课云平台进行教研，将平时教学中遇到的困难和问题及时上传，全市同学科的教师都能参与讨论和研讨，分享独特的见解，有效提高了课堂教学效果。

(2) 同步课堂搭建"远程平台"。利用基于互联网的同步课堂，实现城乡和镇域内教研的无缝连接。同步课堂因其"在线实时传输、线上线下多向互动"的特点，成为网络教研、视频会议的新平台。借助同步课堂开展教研活动，"线下备课——线上观课评课、互动交流——线下反思"贯穿始终，在线互动、实时交流，打破传统的"会议模式"，实现学校、教师、学生间"以点带面、三位一体"的资源共享。

(3) 网络教研实现"智慧互联"。组建教研组微信群,任课教师把备好的课件上传到教研组微信群,教研组成员随时在群内发言、交流并修改,既简捷又方便。再由教研组长整理集体备课中的修改建议,并形成集体备课资料,下发至教研组成员。通过网络备课讨论,教师在任何时间、任何地点,都能和其他教师交流教学思想、教学设计,不再像传统集体备课那样受人数、时间、资源、地点等多种因素的制约。同学科教师通过网络讨论、交流,明确教学重点、难点,查找在教学中可能出现的问题,探讨解决问题的办法,交流教学方法,真正实现了资源共享。

2. 加强常规教研——让教学研究"真"起来

(1) 强化集体备课。坚持提前备课,形成"自主备课——集体研讨,二次修改——过程完善——再次备课"的集体备课思路。同时,积极推进"一次备课多次修改"的做法:个人备课,集体教研修改一次,形成通案;制作课件修改一次;上完一个教学班根据发现的问题修改一次;上完所教教学班总结反思修改一次。教师在交流反思中不断完善提升。

(2) 重视课例研究。各学校深入开展"三课两评一反思"课例研究活动,一人主讲,组内成员从不同视角观课议课。开展师徒"同课异构"活动,师傅先上示范课,展示完毕,大家找亮点、挑不足,商讨改进的地方,形成新的思路,由徒弟再上展示课,然后大家点评。系列活动的开展,激发了教师打磨课堂、优化课堂的热情,最大限度地提高了课堂效率。

(3) 落实观课议课。先由一名教师执教研究课,课后,执教教师谈教学设计与反思,其他教师围绕课例分析研讨,反思交流,听课教师结合自己的教学实际,修改完善形成适合自己的课堂流程。活动期间,录制教学全程视频,形成视频资料,然后就教师教学中的具体问题,进行专题研讨。通过系列观课议课活动搭建教学平台,展示学校教师的教学理念,互听、互评、互学,互相提高,把学校的教学水平再提高一个层次。

（4）倡导主题教研。由各教研组结合教学实际提出共性问题，教研组长根据教师情况确定中心发言人，教研组成员紧扣教材教学建议与学科指导意见，展开讨论，商量对策。每次主题教研活动，大家都能直击问题，坦诚交流，智慧碰撞，取得意想不到的收获。同备课组教师还可随时随地进行"子课题教研"，研究每个篇章的知识架构，研究怎样深入挖掘课堂知识点，拓宽学生知识面，切实为提高课堂教学效率和促进学生发展奠定基础。

【案例】

富有特色的"六步十环跟进"主题式课例研究

肥城市实验小学桃花源校区开展的"六步十环跟进"主题式课例研究活动很有特色。活动共分六步推进。第一步，成立语文、数学、品德、科学、艺体五个学科组，老师们根据自己的兴趣与专业特长选择参与一个学科组，每组选出一位知识面广、组织能力强、理论素养高的教师为组长，每个学科组结合本学科特点总结提炼一个主题，分层分段对主题进行研究。第二步，组织教师学习与主题相关的理念、专著、案例及相应专业材料。第三步，主备人就主题说课，然后小组成员从课标要求、内容特点、学情分析、目标确定、教学过程等方面发表补充意见，全组讨论，集体商定后确定教案。第四步，各小组在组长的带领下展开主题式课例研究活动，集中听课、评议、反思、提出修改意见，之后再一次通过观摩执教教师的课堂教学加以验证。第五步，执教教师先行反思，观摩教师结合听课过程中发现的问题展开研讨，并形成改进意见。第六步，集合改进意见，梳理心得，积累教学智慧，提高教师驾驭课堂教学的能力。

主题式课例研究活动创造了分享合作与支持的条件，增进了教师之间的沟通，使大家在活动中了解他人，了解自己，参与人员分享各自的经验，共同讨论解决教育教学中的困惑。这种"一课多案"的主题式课例研究活动促进了教师专业快速成长。

（5）组织联片教研。各共同体学校定期开展"联片教研"活动，针对教学实践中教师最关心的或最让他们困惑的教育教学问题，来确定研讨主题、中心发言人，其他教师根据主题和中心发言人的发言进行交流发言，从而达到解决教育教学疑难问题、提升教师专业水平的目的。以"草根"教研为平台，衍生出"草根"专家报告会、教学观摩、教师座谈会等多种主题研讨形式，以身边的"草根"为专家，树标杆，找差距，定措施，促提升。

【案例】

学校发展共同体常态化开展联片教研活动

依据《肥城市关于初中学段"深化联片教研建立学校发展共同体"实施意见》和《肥城市初中学校发展共同体章程》的要求，由龙山中学校本部与东校区、安站中学、老城中学、潮泉中学、杨庄社区学校6处学校组成的肥城市初中东部共同体，本着"主体平等、合作共赢、优势互补、互惠发展"的原则，发挥各自优势，在学校管理、教学研究、教师成长等方面，积极开展了多形式、多渠道、有特色和有成效的线上线下共同体联动活动，如校级小课题展示活动、航模展示活动、语文大阅读和展示活动、在物理课堂教学中如何激发学生的学习兴趣主题研讨等成员校联谊活动，每学期十余次。龙山中学作为牵头学校及时协调相关情况，及时解决遇到的问题。活动结束后各学科组及时总结，把相关信息发至龙山中学教科室，由龙山中学教科室编制成教研简报统一下发到各成员校。东部学校共同体的联片教研活动已成为常态，有效提高了教师的教研水平。

共同体的联片教研活动让领导干部和老师们开阔了视野，实现了校际优势互补，激活了学校的内部管理活力，充分开发、利用、共享教育资源，积极推进了课程改革，提高了教师的专业水平，促进了县域教育的均衡发展。

（6）做实教学反思。课堂教学是"遗憾的艺术"，再优秀的教师，再完整的课堂，也有瑕疵，往往是设计教案时自认"完美"，实施后疏漏不找自见。教学反思是一次有意义的自我剖析和自我对话，通过教学反思，教师阐述自己对教育的理解，叙述自己对新理念的感悟，哪怕是课上一项有意义的活动、一个有意义的教学设计或是一个失败的教学环节……都是一种极富价值的教研形式，其中蕴含的教学智慧、课堂艺术，往往能在同学科教师中引起强烈的共鸣。学校将教师的优秀教育叙事、教学案例、教学反思汇编成册，多年累积成为学校"草根"教研的文化积淀，既有利于教师个人成长，又有利于不同学科教师相互学习借鉴。

【案例】

让学生做主课堂　让课堂亲近社会

开学伊始，孙伯中学就把"打造优质高效课堂"的主旋律重新提上工作日程。基于这一日程，我们政史教研组继续锁定组内"赛课"制度，力求使学生做主课堂，让课堂亲近社会。

接下来，请随我走进我所执教的《生命最宝贵》一课吧。

"生命是地球上最美丽的花朵，同学们，高原因为有了鹿群而生动，海底因为有了鱼类而富于生机，世界因为有了生命才更加精彩！"

激情澎湃地导入新课后，我邀请一名学生阅读大屏幕上的《小鱼的故事》。坐在最后一排的李睿主动请缨，他往上托托眼镜，长期教学形成的对课堂的敏感让我立刻意识到了"危机","李睿同学请坐！字有点小，咱找第一排的同学起来朗读好吗？"

哪知他摇摇头，"别价啊，老师，这故事我知道，上小学时就听过呢！"

"还在语文课上改写过！最后小男孩帮他老爸挣广告费去啦！再没救过小鱼的生命！"……孩子们七嘴八舌。

"呃……"本来还想就此展开有关"做法"的大讨论，现在预设环节硬生生被扯断了，我的课堂陷入僵局。怎么办？怎么办？台下还有听课的诸位同仁呢！越慌张越紧张，越紧张越语无伦次，我极力掩饰我的无奈，草草进入下一个环节，连接下来的课堂也感觉没了分量。挨到救命的下课铃声响起，我飞快地奔出教室，泪水在眼眶里直打转。

下午第二节课教研，我端着本子正襟危坐。我首先叙述完课堂流程，然后硬着头皮自我调侃："老实说，我找的课堂材料真是老掉牙了，都没跟上娃娃们的步伐。太丢人了，真抱歉给咱们组抹了黑。"话音落下，我的脑门渗出汗来。我暗自揣测：接下来会有怎样的"血雨腥风"呢？

教研组长雷春华老师开口了，"没关系，'磨课磨课'嘛！你想，谁的课无须打磨能成精品？"

我紧咬着嘴唇点点头。

"是啊，晶晶的课堂语言很精彩，教态很随和。另外，学生敢说、敢质疑其实从另一方面证明咱的课堂气氛融洽。"这是吕东华老师的声音。

……

听着大家的赞美之词，一种温暖的感觉油然升起。亲爱的队友，感谢你们的包容！

"生命教育的话题可以从大处着眼，从小处入手，由现象到方法，把学生学习、生活的小环境与当下社会的大环境巧妙融合。"

"根据教学目标明确教材知识与学生生活经验的联系点，你不妨试试引导他们以回忆现实的方式获得最直接的感受。"

年长的张永老师接过话茬:"这个建议不错。材料是学生发散思维的源泉,咱们的教学过程就是一个不断整合的思维过程。年轻人接地气,相信你能挖掘出与学生的相通之处!"

……

午后的阳光倾洒在办公桌上,光影交错间或张或弛。教研活动结束后,带着大家中肯的建议,我不禁陷入了沉思:自 2004 年参加工作起,我就任教美术,总共有七八年的时间,转教思想品德不过是近两年的事情。有赖于美术课的引子,我自认能跟我的学生打成一片,可是……

我的思绪飞荡开去——

依稀记得,读初中时琼瑶的《梅花三弄》热播,当时班上女生不约而同喜欢《水云间》里的"杜芊芊",念想"犹记小桥初见面"。长头发的淑女族散开"马尾巴"绕两条细细的"小麻花",短头发的假小子也禁不住在怀里揣块小手绢装模作样,芊芊的一切无不成为小女生们暗自模仿的对象。女生目光里飘起细雨,男生表情间多了柔和,当时我们拿着红笔在身上偷描梅花,一笔一笔不厌其烦……

2004 年春暖花开,我在课堂上偶然发现一名女孩挽起的衣袖下隐约露出弯曲的伤口,竟是"小丸子"三个字!原来,女孩爱看动画片《樱桃小丸子》,并希望自己能跟小丸子一样俏皮幽默讨人喜欢,所以一贯乖巧安分的她敢于把偶像的名字刻在手臂上!刻,用的是铅笔刀啊,很难想象这个女孩是如何忍受血肉之痛的……

读过一个真实的故事,有名初中女孩痴迷《灌篮高手》里的"樱木花道",暗自发誓去日本找他,嫁给他;年龄渐长,当她最终发现樱木花道的现实版原型是美国职业篮球 NBA 中的篮板王罗德曼时,"日本之梦"开始转移,她发愤图强通过了托福考试去往芝加哥大学;可到了之后,她发现罗德曼根本不住在芝加哥,失落之余还了解到罗德曼的负面新闻比比皆是,于是决心做好学业,做好自己,日后冲击诺贝尔奖……

这些案例不鲜活吗?这样的材料学生能没兴致吗?我憧憬着我的课堂:《播种友情》《迈好青春第一步》《知识让人生更亮丽》……

再联系当下,初中生热情的青春里面也不乏自私、叛逆、早恋、轻生、厌学……种种问题令老师、家长叫苦不迭。思想品德课是爱的课程,是育人的教育,它可以力挽狂澜!我骄傲地坐直了身体,心里豁然开朗。

今后的课堂上,我总是努力寻找最好的"点"。这些近点、亮点、活点、草根点不仅仅来源于我自己的经验累积,也离不开通过各种渠道对学生的密切关注。与此同时,我们的教研过程有信任,有评判,有互补,有提升。学科组长李现柱常说:"如果着力追求每节课都像公开课那样堂堂精彩是不现实的,何不多想想咱们的赛课制度要的是什么。"

——这便是梦开始的地方。我希望我的课堂有个性,有灵性,有浓浓的烟火气息。

——这,是我们想要的。

(7)推广课题研究。根据学校实际,积极组织参加省级、市级、县级课题研究,成立以学科组骨干教师为成员的课题研究小组,各任课教师积极参与"子课题"研究。研究成果及时与学科组教师分享并鼓励教师应用于教学实践,真正实现"研究成果通过教学实践得到检验,教学实践通过研究成果得到提升"的双赢效应,从而有效推动了高效课堂的落实和实施。近年来,市教育局积极探索网络环境下校际教学教研融合新模式,广泛开展新型教学和教研模式研究与实践,努力推进我市信息技术与教育教学的深度融合,助力教师的专业成长,实现了优质资源共享和薄弱学校教育教学的全面升级,全面加快了教育信息化工作进程,极大地促进了我市教育高位均衡发展。通过大家的努力,取得了一系列成绩,由市教育和体育局申报的《创新思路校际合作助推肥城市教育高位均衡发展——网络环境下开展校际合作的应用实例》案例，被省教育厅评为全省基础教育信息化应用区域典型案例。我市新媒体新技术创新课例，在山东省新媒体新技术中小学创新课堂教学实践交流展示评比活动中分获一等奖、二等奖、三等奖，获奖比例位居泰安各县市区之首，彰显了我市信息化工作综合推进力度和教师的信息化应用水平。

3. 重视"草根"教研——让教学研究"亮"起来

我始终坚持认为："草根"教研是一种唤醒，是一种"土生土长""生生不息""自下而上"的教研，是一种"接地气"的教研。"草根"教研引导教师从教育教学中的问题和困惑入手，以问题解决、经验总结为研究目标，选取教育教学中的"小角度""小问题"，吸纳和利用有利于解决问题的方法，汇集"草根"教研的丝丝光芒，逐步实现改进教育教学方法、提高教育教学质量的目的。

（1）选题具体化。"草根"教研的起点在于发现问题，我们鼓励教师深度叩问教育教学的细节，梳理具体的教育场景中、教师切磋交流中、与家长和学生沟通交流时所发现的问题和困惑，从中挖掘、提炼有价值的具体问题进行研究，寻找解决问题的具体办法，在每一次总结经验、反思不足中成长、成熟、发展。

（2）形式多样化。结合教育优质均衡发展的强力推进，在教研活动中全方位、多角度地整合教育资源，积极推进城乡之间、学科之间联片协作，改变原有的"讲座式"教研模式。一是开展"自我反思式"教研。鼓励教师将教学实践与自我反思相结合，让教师对自己的教育教学行为进行审视、质疑、思考和评价，通过总结成功的经验，探索解决问题的方法，减少工作的盲目与草率，改进自己的教学行为。二是开展"同伴互助式"教研。日常教育教学中，教师往往会面临一些共性的问题或普遍性的困惑，我们鼓励基层学校、学科组教师将其作为"微课题"进行研究，引导教师通过集体研讨、网络教研、论坛交流等方式开展"同伴互助式"教研,使教师逐步掌握一定的科研方法,提高教师将教研与日常教学工作有机结合的能力。三是"专家引领式"教研。一方面,我们以市、县教研活动为契机,积极组织同课异构、课例研讨、主题教研等教研活动,引领教师向专业化发展;另一方面,注重挖掘并培养小有成就的"草根专家",建立名师工作坊、学科工作室,引领教师向智慧化发展。

(3)成果多元化。"草根"教研的成果可以是一份研究报告,也可以是一堂展示课、一个教学案例、一篇教育论文,鼓励教师用最擅长的形式将自己的研究成果展现出来。但我认为最大的成果是成长,通过一次次的思维碰撞,教师发现自己的教育智慧有了质的飞跃,对原来一些熟视无睹的教育现象有了自己的想法,闪现出教育的智慧之光。

4. 引进高端智慧——让教学研究"新"起来

课堂是人才培养的主阵地。转变教学方式和学习方式是实现人才培养模式多样化的基本途径。根据"四层面72字"工作要求,广大中小学校坚持"科研兴校""科研兴教",注重教科研工作,勤教研,不断引进国内最先进的理论及实践研究成果,让教学研究"新"起来。

【案例】

全市中小学音乐专职教师素质提升集训成效显著

音乐是人类的第二语言,没有国界,具有强大的生命力和感染力。学校音乐教育是落实党的教育方针的具体载体,在教学过程中,要以习近平新时代中国特色社会主义思想为指导,深入学习贯彻习近平总书记关于教育的重要论述,从中华民族伟大复兴、党和国家事业发展战略全局、人的自由全面发展、学生教育规律和成长规律高度,从有利于提升人的一生快乐幸福指数的角度,进一步提高对学校音乐教育地位、功能、价值的认识。习总书记强调,音乐教育可以陶冶情操、美化心灵、启迪智慧、愉悦性情，促进学生全面发展，对增强学生的社会责任感、审美能力、综合素养具有其他学科教育不可替代的作用。音乐教师的首要任务是完成音乐教育教学工作，把课程落实好，把课堂做扎实，把活动搞丰富，让音乐伴随孩子幸福快乐成长！一学年以来，全市音乐教师爱岗敬业、开拓进取。在认真完成学校教育教学工作的基础上，出色完成我市多次大型文艺演出任务，多名师生、多部原创作品荣获省级奖项，丰富活跃了校园文化和肥城文化。

为进一步提升音乐教师的综合素质和专业能力，打造一支师德高尚、业务精湛的音乐教师队伍，提高我市中小学艺术教育的整体水平，2019年7月，我们聘请山东师范大学张力教授、泰安知名舞蹈专家对全市中小学（含民办学校）专职音乐教师进行素质提升培训。本次培训为期10天，主要内容是合唱指挥方法及声部训练，基本功训练及成品舞蹈教学，共有212名音乐专职教师参加培训。

培训班开班仪式于7月8日上午在实验小学桃花源校区举行。体卫艺科秦小平宣读了《肥城市2019年中小学音乐专职教师素质提升培训实施方案》，强调了培训目的、培训内容、具体分工等。桃园镇初级中学教师陈超代表全体学员做表态发言，郑重承诺在培训期间一定遵守纪律，认真学习，刻苦钻研，学以致用。开班仪式结束后，丰富的培训课程如期而至。全体参训教师分成两个大组，分别在实验小学桃花源校区和白云山学校接受合唱、舞蹈等专业培训。

7月18日下午，为期十天的肥城市2019年中小学音乐专职教师素质提升培训班圆满结业，在实验小学桃花源校区报告厅进行结业汇报。本次结业汇报中，教师合唱团、舞蹈团完美演绎了《幸福新起点》《我爱你中国》《耕耘》《奋进新时代》四部作品。合唱团声音连贯，"以情带声，以声传情"，舞蹈团在铺满花瓣的舞台上深情演绎，为大家带来了一场听觉与视觉的盛宴，现场掌声不断。

合唱团学员代表尹燕岭、舞蹈团学员代表武雯艳做结业发言。两位教师非常珍惜这次培训机会，表示将延续这次培训的热情，永葆对音乐艺术的执着，将本次培训的收获带到教学工作中去，转化为教育教学的实际行动，平时加强学习充电，以专家为榜样，为进一步提高学生的音乐素质而努力奋进。

参训的教师纷纷表示，本次培训就像一场涵盖音乐技能、音乐理论、课堂教学等方方面面的学习盛宴，通过培训，大家无论是思想上、知识层面上，还是技能技巧上都获得了新的认识和提高。最重要的是内心深处被唤醒，对艺术之美有了更高层次的追求。参训教师深刻感受到，作为在一线教学工作的园丁，更应该有对教育事业的热爱，对专业的严谨，对学生的责任感。他们承诺把新的所思、所学运用到工作之中，用深情的爱去教育引导每一名学生，让爱的音符流淌进所有孩子的心灵。

好老师不是天生的，而是在教学管理实践中、在教育改革发展中锻炼成长起来的。"勤教研"围绕提高课堂教学效率，研究教材、研究知识架构、研究训练题目、研究教学方法、研究学习方法，教师在不断学习中进步，在不断实践中自我完善，教师专业素养不断提升，一定程度上从师能方面为提高课堂教学效率、促进学生全面发展奠定了坚实基础。

（二）善拓展——拓展教师成长新空间

学校发展的原始动力是教师的发展。只有拥有一支高效、团结、精干的教师队伍，一个学校才能充满活力，才有持续发展的动能。"善拓展"是教师专业发展的必修课，一个不善于拓展的老师，其知识视野是狭窄的，其教学方法也必然是僵化的。助力教师"善拓展"，就必须从多个方面拓展教师的成长新空间。

1. 开展教师大阅读活动

"问渠那得清如许？为有源头活水来。"阅读是最好的学习方式，只有不断读书才能与大师产生心灵的碰撞，才能充实自己的头脑，开阔自己的视野，提高自己的理论水平，丰富自己的经验。为此，我市在广大教师中开展了轰轰烈烈的大阅读活动，并对各学校在考核评比上予以体现、在物质条件上予以支持。在这些措施的激励下，广大教师的读书学习热情被调动起来，营造了教师读教育专著、写心得体会的书香氛围。

【案例】

大阅读在山区校园开花结果

2018年1月1日，伴随着新春的脚步，又一届"书香成果展"在肥城市孙伯中学拉开帷幕。读书笔记、生活日志、剪报拼贴、书卡画报……各类师生读书成果琳琅满目。与此同时，"读书人物"评选也再次拉开帷幕……

大阅读活动正演变成师生"致心质美"的生活方式，正引领全校向"书香满堂"看齐，再看齐。

学校每座教学楼的楼层入口处都有一个红色的书橱，里面的书籍题材多样，不仅有《三国演义》《红楼梦》等中国名著，也有《把信送给加西亚》《谁动了我的奶酪》一类的外国经典，除了《晨读时间》《经典美文》这样的小清新，更有《苏菲的世界》《后楼梯：大哲学家的生活与思考》等颇具深度的哲学名作……

这些书籍来源广泛，除了学校图书室的专项配备，还包括教师、家长、学生等的自愿分享。书橱不上锁，存书量却与日俱增，正可谓"思想橱""文明橱"。"走廊书橱"是学校专为学生"随时阅读"精心打造的礼物。

北面一楼是教师图书室和教师阅览室，门前是新建成的孔子文化广场。前台上的借阅记录整整齐齐，一行行手写小楷密密麻麻……管理员张吉勇老师不无骄傲地告诉我们："别看俺们农村中学的'藏书屋'不大，'胃口'倒真不小呢！"书架上摆着各式书籍，学校管理系列、教师专业发展系列、教育理念系列、教育经典名著系列、新教师系列等等，分门别类，方便广大教师依据需要自主选择。

走进办公室，少有人闲聊，却时常听到书页翻滚出最优美的小曲……原来，学校的每位教师必须在办公桌的醒目位置摆放两本书，以做到"信手拈来细品读"。而学校也将此作为每天的专项检查项目之一，以严格的规范化促进常态化的习惯养成。

学校每学年会根据广大教职工的意见修订完善《教师读书方案》。依据这一方案，他们通过教职工选举组成读书委员会，确立读书分组，以此调度教师开展扎实有效的读书活动。每周一例会前进行"小故事，大道理"读书交流；每周集中一次"集体大阅读"并填写读书卡；每学期举办两次读书论坛；每学年组织一次"十大读书人物"评选盛典……

"从读到写"是一个注重情趣陶冶和情感转化的过程。自2011年以来，每周五一早收教师日记并展开评选是学校雷打不动的一项规定。小小一本日记，每天记录个人的工作状况、教学反思、生活感悟等，旨在坚持中"精益求精"。学期末累积评选出"十佳教师日记"，并作为该校工作绩效评价的一项重要指标记录在案。

还有他们自主发行的小报《文苑》，不要"流水账"，杜绝"简报式"，鼓励广大教师在此展示才情，交流经验。尽管学校资金紧张，但还是给在《文苑》上发表文章的教师付稿酬。如今，学校的《文苑》已出版三百余期，一页页墨香润泽了教师们的心田，有力助推着教师的专业发展和素养提升。

"丁零零……"下课啦，原本安静的走廊书橱处竟然成为最热闹的一角。学生们三个一群，五个一伙，或坐在长凳上，或倚在窗户旁……有的沉浸在传统的睿智中跌宕起伏,有的陶醉于未来的新奇里惊叹连连……他们"边走边读",乐在其中。

有人戏称"考考考,老师的法宝",有人质疑"作业多了,无法挤时间读书"……的确,长久以来,我们总在不知不觉以"教学质量"去衡量一所学校而常常忽略了"教育质量"。其实"教书""育人"本就是一个整体,教学成绩应当是学校素质教育水到渠成的结果,任何摒弃学生自身发展的教育都是无稽之谈。

学校提出"零作业"与"快乐课堂"的管理模式,号召全体师生坚决抵制课下作业,向课堂四十五分钟要效益。如今,遵循市教育和体育局提出的育人目标,即便是双休日或者节假日,任课教师的作业布置也须向班主任报备,然后经学校教导处审核后才能布置给学生……这个学校的考场也敢于"无人监考",实践证明,学生在自我规范中更能领悟"诚信教育"的真谛……当学生从一摞摞的作业、试卷中解放出来,当学生真正成为自己的主人翁时,他们才有充分的时间和兴致投入到真正的大阅读之中。

"相约经典,牵手好文",学校为学生量身设计了一系列读书活动。首先在常规的语文阅读课上,由语文教师专业指导,教学生"爱上读书""学会读书";同时注重各个学科间渗透,引导学生将阅读作为一种全新的学习方式,像历史课上的"秦朝那些事儿",道德与法治课上的"时政小评论",物理课上的"阿基米德是这样的人"……在教与学的转换中,学生领悟到了课堂不一样的韵味。

走出课堂,他们定期开展"书海拾贝""图书超市""口吐莲花"美文播报、"翩翩少年初长成"即兴演讲、"经典C大调"校园话剧……说学逗唱层出不穷,大阅读的系列延伸性活动趣味横生。学校的汶水文学社已有十多年的历史,从社刊《云帆》试行至今,文学社的发展壮大也着实见证了浓郁书香在整个校园里氤氲、沉淀、升华的历程。小社员们积极联系本地日报社，外出参与社会实践，"采风""拍客"……每次都能收获满满的快乐与惊喜。

在大阅读活动中，孙伯镇中学的读书委员会还广泛深入每个家庭内部，将读书理念深入浅出地传达给每位家长。他们帮助构建起"家庭小书架"，鼓励亲子共读书，从而将丰富多彩的读书活动从校内拓展至校外，实现读书工程上的"小手拉大手"，共同体会智慧碰撞的魅力。

曾几何时，关于阅读，坊间流传着这样的观点：阅读乃师生应该具备的基本功而已，很难成为一种"校园文化"；阅读不过是为了提高师生尤其是学生的读题解题能力而已，很难达到"怡情长才"……毫无疑问，这些观点恰恰走了"羊肠小道"。

在肥城市大阅读的背景下，阅读不只是提升学生学科驾驭能力的小事，更是关乎学校育人理念的大问题。当阅读由一场偶然遇见的怦然心动演变成一种贵族式的生活习惯，它便足以成为一所学校文化的风向标。

基于大阅读的背景，孙伯中学继续以"书"呵护着"打基础、养习惯、善积累、激兴趣、勤实践、提能力"的莘莘学子；继续用"书"打造着一支"弘师德、重师范、勤教研、善拓展、活方法、提效率"的教师队伍……——所以他们"致心质美"，孜孜以求。

2. 认真组织教师远程研修活动

山东省教师远程研修活动已经持续了多年。各学校非常重视远程研修这个平台，每次都精心组织，充分准备，保障供应，严格考核，保证广大教师能够安心认真地参加研修，得到上级领导的高度评价。

每当研修任务来临，兼职教研员便牵头，按学科组认真组织。在集中研修阶段，各学科组认真观看经典课例，现场组织评课说课，集中交流观课报告，并把优秀观课报告发到相关教师工作群交流学习，避免了走形式、走过场等不良现象的发生，确保了研修活动的实效性。2019年

10月,我市成功承办山东省"互联网+教师专业发展"工程小学综合实践活动省级工作坊现场会。11月,我市小学科学骨干教师在山东省"互联网+教师专业发展"工程小学科学省级工作坊现场会执教公开课。通过远程研修,我市教师的教研水平不断提升,在省内崭露头角,产生了一定的影响力。

3. 抓好教师梯次培养

由学校根据自身实际确定教师梯次培养类别,确定梯级定位、攀登机制、评选标准和奖励内容。梯次培养,助推教师自我完善和发展,提升了教师整体素质。2019年,我市有四位教师入选山东省第四期齐鲁名师建设工程人选。

4. 实施青蓝结对工程

各学校精选骨干教师与新入职的青年教师结对,每学年开展青蓝结对帮扶活动,并由校长亲自盯靠,多措并举抓实活动的过程性管理。活动开展过程中,从常规工作做起,开展"备课展评""作业展评"等基本功训练活动;借特色活动提升,开展"师徒同课异构""教学论坛"等活动;充分发挥骨干教师的带动作用,组建"青年教师成长促进团队",形成"名师引领、群建共长""以老带新,以新促老"的团队成长模式,通过"富脑强心"推动青年教师快速成长。

5. 抓好课堂结构变革

在全面落实课程方案,开全课程、开足课时的基础上,扎实推进新华书店进校园工程,强力推进大阅读与课堂教学的有机结合。各学校积极探索新的课堂模式,实行了"5+40"(小学是35+5)的课堂结构改革,即每节课先进行5分钟的阅读成果分享再进行正常的课堂教学,目的是引导中小学生多读书、读好书,不断积累知识,提高听说读写、思辨赏析能力,让学生在阅读中汲取营养,在实践中砥砺品行,为学生成长奠定坚实的人生基础。

课堂是提高质量的主阵地,教师要在激发学生兴趣、提高课堂效率上下大力气,稳扎稳打,一个山头一个山头地占领,一个碉堡一个碉堡地攻破。在知识能力拓展方面,一是开好实验课,增强学生的动手能力。二是联系时政,开展好社会实践活动。语文、思政教师要认真学习十九大报告、全国教育大会精神,让学生利用好自己专属的分类作文模板。三是指导好奥赛,数理化科目做到每周一练,通过练习一些难度较大的题目或奥赛试题,提高学生学科素养和能力。

在教材知识体系拓展方面,各学校学科教研组按单元、课、节逐层构建知识框架,研究建立教材知识架构与体系,明确重点、难点、易错易混点和考点,让学生既见森林,又见树木,从整体上把握知识,实现教师高屋建瓴地"教"、学生脚踏实地地"学",切实提高教学效率。在教学中,指导学生构建思维导图,培养其发散思维能力和自主学习能力,进而提高学习的效果。

6. 校本课程助推社团建设

学生社团是具有共同爱好和特长的学生聚集在一起而形成的集体组织。校本课程是由教师集思广益、采集课程资源,发挥集体智慧和力量开发形成的。社团活动依托校本课程,校本课程助推社团建设。学校举办的社会公益类、兴趣爱好类、学术科技类、理论学习类等社团活动,既丰富了校园文化,又锻炼了学生能力,提升了他们的综合素质,充分展示了学校的生机和魅力。

【案例】

拓展学校课程资源助推社团活动结硕果

桃园镇晒书城小学拓展学校课程资源,助推社团活动开展,结出了丰硕的课程果实。

一是孔子教育思想与当代学校文化相结合,实现环境文化育人。以校园文化环境建设为突破口,通过内涵式发展引领学校的整体发展,既突出特色又与时俱进,努力为学生创建和提供一个国学经典殿堂,在潜移默化中对学生进行人格塑造与文化熏陶。

二是资源开发与文化传承相结合,实现资源熏陶育人。学校挖掘"晒书城"这一独有的文化遗产,立足于生态,将综合实践课程校本化,确立了"人与自然""人与社会""人与自我"三大主题的"大环境教育"校本课程。先后开发了《针织桃花》《布艺桃花》《丝网桃花》《桃乡小导游》《圣迹游览》《君子之韵》《孔子传礼晒书城》等系列化校本教材。

三是课程开发与社团活动相结合,实现课程融合育人。实施以"让国学经典走进校园"为主题的校本课程,开展了低年级文明礼仪教育、中年级"孔子小故事"课程、高年级"走进孔子"课程分层实施的校本课程教学;根据学生兴趣爱好,组建学生社团,将原有的综合实践活动课程、校本课程和地方课程打破课时限制并重新整合,设计安排了"'晒书城'的由来""儒家文化对周边社区的影响""走近孔子"社团活动。

四是利用国学经典诵读、演绎,实现文本文化熏陶。积极开展国学经典伴我行活动,让孩子们诵经典、写经典、悟经典,写出心得体会。依据"孔子晒书"的故事,创编了校园情景剧《孔子传礼晒书城》,通过"论语经典诵读""孔子小故事""唱论语"等活动,激发学生诵读的热情,增加学生对中华优秀传统文化的认知和热爱。

7. 地方课程为学校添彩

肥城地处山东中部、泰山西麓,因西周时肥族人散居于此而得名,西汉设县,至今已有 2200 多年的历史。肥城是"文宗史圣"左丘明故里、"商圣"范蠡隐居之地、孙膑屯兵之处,也是闻名中外的"中国佛桃之乡"。同时,肥城也有汶阳镇的"大汶口文化",安驾庄镇的"望鲁山"

传说,安临站镇的东陆房烈士陵园、泰安毛公山红色文化博物馆等爱国主义教育基地,王庄的牛肉、粉皮等名吃,仪阳镇的"龙山文化"等地域文化资源。肥城市各中小学校积极开发这些地域文化资源,将优质的课程资源形式融合到各学科的课堂教学中,丰富了学生的学习生活,凸显了地方文化的魅力,为学校生活添了彩。

"行之力则知愈进,知之深则行愈达。"教学既是一个充满知识的"万花筒",又是一门开放的艺术。作为一名教师,既要做好"引路人"这一特殊角色,更要通过"勤教研、善拓展"做到知识的正确引导和多渠道拓展,从而实现学生自主学习、合作探究能力的提升,进而提高教科研水平,最终实现提高课堂教学效率的目的。

活方法　提效率

"方法是成功的钥匙。"每一位在教学一线的教师都能感受到：让学生乐意听你的课，充分调动学生的学习积极性，让他们参与教学，要讲方法；活跃课堂氛围，要讲方法；提高学习效率，要讲方法；指导学生学习，要讲方法；培养学生道德品质，要讲方法；规范学生学习行为，要讲方法……

一、内容阐释

中共中央、国务院《关于深化教育教学改革全面提高义务教育质量的意见》中指出："坚持教学相长，注重启发式、互动式、探究式教学，教师课前要指导学生做好预习，课上要讲清重点难点、知识体系，引导学生主动思考、积极提问、自主探究。"在充分调研和论证的基础上，我们提出了"活方法、提效率"的要求，并以此为提高课堂教学效率、减轻学生课业负担、促进学生健康成长的重要手段。

（一）活方法

"科学知识是点成的金，量终有限；科学方法则是点石成金的手指，可以产生无穷的金。"教育家蔡元培用形象的比喻强调了教学方法在教学中的重要作用。教学实践证明,科学的教学方法对于学生感知知识、掌握知识、发展思维、开发智力有重要作用。同时,科学的教学方法能使学生在道德、情操、审美意识等方面得到更好的发展。

1."活方法"是融洽师生关系的重要纽带

学问必须合乎自己的兴趣方可得益。无论什么课程,兴趣是最好的老师,只要利用正确的教学方法激发学生的学习兴趣,学生就会自发地对学习产生浓厚的热情。学生学习兴趣浓了,学习热情高了,会自然而然地"喜欢"上这位老师的课,师生关系融洽了,课堂教学效率势必会有大幅提升。

2."活方法"是完成教学任务的重要保障

教学方法是完成教学任务的"金手指",对于实现教学目标具有重大意义。当教师按照教材确定了教学目标,明确了教学任务之后,就必须灵活运用富有成效的教学方法,否则完成教学任务、实现教学目标的愿望就要落空。许多教师教学效果好,学生掌握知识牢固,大都得益于教师对教学方法的创造性应用。同样的教学内容,不同老师的讲授效果不一样,除了教师的知识水平和教学态度外,更取决于教学方法的不同。

3."活方法"是提高教学质量的根本保证

一种教学方法蕴含着一种教学理念。未来的教学必须充分体现学生的主体作用,重点也不只是传授知识,而是引导学生如何获取知识,更重要的是怎样形成能力并解决未知问题。在教学活动中,"满堂灌""填鸭式""机械重复式"的注入式教学方法已经落伍,这种事倍功半的陈腐方式再也无法存在下去。广大教师只有不断学习先进的教育理念,更新教学方法,努力提高课堂教学效率,才能让学生在有限的学习时间里获得最佳的学习效果。

（二）提效率

近年来，我市中小学校课堂教学改革走过了一段漫长的探索之路，从"五课型达标"到目标教学，从学习洋思中学的"日日清、周周清、月月清"到学习杜郎口中学的自学展示，各学校逐渐构建了适合本校的课堂教学模式，例如桃都中学的和乐课堂、汶阳中学的情智课堂、桃园中学的博雅课堂……现在看来，无论哪种模式、哪种思想，归根到底都是为了提高课堂教学效率，这是我们的课堂追求之本。新的形势，新的环境，新的需求，更要求我们把"提效率"当作首要任务来抓。

1. "提效率"是提高教学质量的基本途径

课堂教学是教育教学的中心环节，教学任务和学习任务应在课堂上完成。不在提高教学效率上投放主要精力，而去搞"课内损失课外补"，这是一种本末倒置的方法。教师只有抓住激发学生兴趣、提高课堂教学效率这两个重点，稳扎稳打，逐个攻破，才能真正谈得上教学质量的提高。

2. "提效率"是减轻学生课业负担的根本措施

《教育部等九部门关于印发中小学生减负措施的通知》指出，要切实减轻违背教育教学规律、有损中小学生身心健康的过重学业负担，促进中小学生健康成长。造成学生课业负担过重的原因很多，一方面，家长期望值不断增高，盲目跟风参加补习班或请家教给孩子增加课外负担；另一方面，课堂教学效率低，学生上课"吃不饱"，只有课下再补"餐"，这就增加了学生的学习负担。因此，只有课堂教学效率提高了，教学任务在课内完成了，才不会占用学生的课后时间，学生负担自然就减轻了。

3. "提效率"是促进学生"全面发展，学有所长"的必需条件

习近平总书记在全国教育大会上指出，"培养什么人，是教育的首要问题"，"要努力构建德智体美劳全面培养的教育体系，把立德树人融入

教育各环节，贯穿教育各领域，教师要围绕这个目标来教，学生要围绕这个目标来学"。只有不断提高课堂教学效率，将主要教学任务在课内完成，学生才能有更多的精力和时间参加德智体美劳的各项教育活动，我们的教育才能实现"全面发展，学有所长"的育人目标。

二、评价措施

我市中小学校对教师都有一个评价体系，从德能勤绩等方面设计得也比较全面，但实际操作中，我感觉过程管理趋于弱化，师德、师能评价拉不开档次，学生分数仍然起着决定性作用。绝不能将学生分数作为评价教师教学能力和业绩的唯一标准！因此，我们下决心抓好"评价引领"这个教师管理的牛鼻子，修订完善教育综合督导评估方案、教学工作评价办法，充分发挥教育督导"把方向"、教学评价"管过程"的作用。将学生评教、家长评教纳入评价体系，强化社会监督，认真解决社会关注的热点问题。科学运用评价结果，在职称评聘、评优树先等方面发挥应有的作用。

活方法、提效率，最终还要落实到课堂上，落实到教学的每一个环节之中。制定科学、有效的评价方案，才能确保这一要求落地生根，实现效果最大化。

（一）课堂教学

学校推荐和随机抽取各一名教师，随堂听取观摩他们的课，同时查阅学校日常管理课堂教学的相关资料并评比排序。

（二）课堂管理

抽查教师关注学生课堂表现的相关记录（不是堂堂做记录，不是记录每个学生,重点记录个别学生的异常情况,为学生综合素质发展报告提供过程性资料),同时查阅学校日常管理相关工作的资料并评比排序。

(三)学习指导

查阅学法指导、心理疏导、励志教育、兴趣激发等方面的资料并评比排序。

(四)学生管理

重点查阅班主任撰写的学生综合素质发展报告等相关资料并评比排序。

(五)作业管理

抽查教师批阅学生作业精细度、认真度,同时查阅学校控制作业量等日常作业管理的相关资料。发现超量布置作业的,扣相应分数;作业批改不认真,错批错改的,每人次扣相应分数,上不封顶。

(六)满意度评价

重点对教师教学态度和教学水平等方面的情况进行问卷调查。

三、实践效果

教育不能急功近利,教育是一个潜移默化的、浸润式的过程。我们的培养对象是孩子,在培养孩子方面要做到"打基础、养习惯、善积累、激兴趣、勤实践、提能力"。

（一）活方法——教学有法，教无定法

通过每天、每堂课的坚持，运用科学方法提高课堂效率，让孩子们把课堂上的知识牢固掌握好。这一系列目标，对教师提出了更高的要求。为此，我们通过以下措施，优化教师的教育教学技能与艺术，真正让教师在课堂上灵活运用各种方法，让我们的课堂更加有效更加高效，让我们的学生不仅掌握知识，更加提高能力。

1. 落实团队研究，创新课堂方法

教师在专业知识、教学经验、人生阅历等方面存在差异，对同一节课，不同的教师有不同的构思、不同的教法。

（1）同课异构。"同课异构"在对教材的把握和教学方法的设计上强调"同中求异、异中求同"。首先，教研组共同确定教学内容，进行集体备课，分析教材，确定教学目标和教学重难点，然后教研组内教师分别备课上课，教研组成员集体听课、评课、交流、反思。从中真正能够看到不同老师对同一教材内容的不同处理，由此打开教师的教学思路，真正实现资源共享，优势互补。2019年3月28日，在"青年教师课堂大比武"活动中，刘红玉老师和张刚老师的《短文两篇》同课异构就是很好的例子。刘红玉老师先让学生讲自己阅读过的《夸父逐日》的故事，以此导入新课。在教学过程中，注重了对学生预习的检查，检查形式多种多样，有小组检查、同桌互查、上黑板板演等。朗读课文的形式也是多种多样，先放录音听范读，然后让学生练习读、指名小组读、全班齐读，在反反复复读的过程中学生自然"悟"出作者的写作意图，整个教学过程流畅、有序，基础夯得实实在在，"悟"得真真切切。张刚老师的新课导入语是这样设计的："'日''月'自古就是文人墨客吟诵的对象，他们为我们留下了不少文质兼美、意蕴悠远的古典诗文。想一想：我们知道的有关'日''月'的诗句有哪些？"如此优美、韵味十足的导入语将学

生的激情一下子点燃,他们踊跃举手发言,听课教师都被师生的精彩对话感染。学生回答后,张刚老师又总结:"今天,我们一起走进颇能显示巴金艺术风格的优美散文诗《日》和《月》,去感受其中言志、言情的动人风采。"整个教学过程中,张刚老师深厚的文学底蕴、耀眼的文学才华体现得淋漓尽致。这两节课有一处共同的不足——对于学生的表现老师没有给予及时的、恰如其分的评价。通过这次"青年教师课堂大比武"活动,大家看到了年轻教师的成长与进步。

(2) 城乡联合。为激活课堂教学,实现资源共享,我们推出了城乡联合的战略构想并付诸实施。具体做法是:将市直学校作为龙头,辐射、带动镇街相关学校,实现资源、效益最大化。比如初中学段,龙山中学校本部与东校区、安站中学、老城中学、潮泉中学、杨庄社区学校6处学校,本着"主体平等、合作共赢、优势互补、互惠发展"的原则,发挥各自优势,在学校管理、教学研究、教师成长等方面,积极开展了多形式、多渠道、有特色和有成效的线上线下共同联动;小学学段,由5处市直学校辐射、带动镇街相关学校,形成了5个城乡联合体。

(3) 案例会诊。教育案例是教学中的有趣故事、突发事件、师生成长的经历。案例的采集和写作过程不仅仅是记录自己的教育教学经历,更可以使教师深刻地认识自己工作中的重点和难点,为教师之间分享教育教学经验、加强沟通提供一种有效的方式。案例会诊,有利于促进教师对自身行为的反思,有利于提升教育教学专业水平。

2. 注重个人成长,探索课堂方法

教育实践活动表明,科学方法可以调动孩子们学习的积极性,提高课堂效率,更利于孩子们把课堂上的知识掌握牢固。

(1) 优化课堂方法

实践中,我们探索了以下方法:

问题探究法。教师引导学生提出问题,教师组织和指导学生独立开展探究活动，探求问题的答案而获得知识。

示范教学法。在教学过程中，教师对动手操作内容进行现场演示、操作、讲解，强调关键步骤和注意事项，学生边做边学，较好地实现了师生互动，提高了学生的学习兴趣和学习效率。学校高标准配备教具、实验器材，凡教材涉及的教具一定要使用，演示实验必须要做，这有利于增强学生的体验，提高学习效果。

情境教学法。在学生具备了一定的专业理论知识后，在学生动手操作前，教师模拟情境进行引导，再进行讲解和训练，有利于学生明确操作的注意事项，进一步增强操作训练的实效性。学校要求理化生的分组实验要有记录、实验过程照片，并严格按照教学常规管理要求，将其检查结果计入教师年度考核之中。

学习指导法。学习过程一般由制订计划、预习、上课、复习、作业、总结和课外学习等环节组成。教师要指导学生自觉按照各个环节的常规要求学习，运用正确的学习方法，养成良好的学习习惯，打好知识基础，提高学习效率。

【案例】

把竞赛机制引入课堂

王瓜店街道初级中学语文兼职教研员赵燕发现很多学生进入初中后，似乎失去了刚开始学习时的那股热情，听课时情绪不佳，只有少部分同学关注课堂，相当一部分学生，包括优秀生和学困生都似乎成了"流浪汉"，只是埋头做着自己的事情，不参与小组学习，另外还有部分"似动非动"的"边缘人"。因此教学进度慢，成效不高，令人头痛。

怎么才能更好调动学生们的参与热情呢？一次，在讲《我爱这土地》时，她把竞赛机制引入课堂。在备课时，她做了充分思考，设计了许多内容，如课文背诵，作家艾青的简介，字词的读音、解释，"土地""风"

"河流""鸟"等的象征意义，语句的理解，诗歌的写法，等等。通过课前预习和课堂交流，学生聚焦老师提出的课堂抢答，参与气氛非常活跃，尤其是课堂检测环节，学生表现得特别积极主动。在学生自主学习和小组群学之前，赵老师先通过大屏幕告知学生抢答和必答的题目，然后小组展开自主学习和组内群学，对必答题目分工，三分钟准备后以小组来展示，级别低的同学回答分值高，参与人数多的小组额外奖励分数。可喜的状况出现了，每个学习小组都立即活跃起来，积极参与小组的交流讨论，到抢答时，连原来对听课无所谓、学习成绩不理想的同学，也高高地举起了他们的手。赵老师有意多给他们机会，让他们来回答，这些学生回答的正确率也比较高。赵老师在称赞的同时，也让同学们为他们鼓掌。他们激动得满面红光，两眼都像小星星般闪亮。

同学们回答问题的积极性在不断高涨，课堂进展得也很顺利，原来要讲解近一节的内容，多半节课就分析完了，而同学们似乎还意犹未尽，于是赵老师又另外添加了几个针对性训练题，效果也很不错。最后下课时，班内百分之九十的同学都能背诵诗歌内容，效果非常好，这是以前不曾有过的现象。

而且，那些对语文不大感兴趣的，也仿佛变了个样，在课前就私下问老师下节课的问题是什么。赵老师就告诉他们，掌握常规的学习内容就行，只要好好预习，准会得高分，他们就兴致勃勃去准备了。

自此以后，竞赛机制成了赵燕老师语文课堂的长效机制，除此之外，赵老师还不断采取一些别的小奖励措施来辅助，效果很好。

同时，为更好调动学生的参与激情，赵老师在古诗文背诵和情感诵读环节适当参与，与学生比赛，看谁背得快、背得多、背得有感情等，又辅以适当的音乐烘托气氛，这样一来学生的兴趣极高，效果非常好。

后来，赵老师发现在预习和复习的时候，课代表和小组长也经常采用这种方法来检测同学们的学习成效，同学们的学习热情很高，学习效果良好，不再像原来那样懒懒散散，无精打采了。

　　由此赵老师想到，"竞争机制"对激发学生兴趣是有极强的催化效果的，于是尝试"课堂抢答积分制"，以学生的自然分组为单位，课堂提问或复习以每组轮流回答或抢答的形式展开，答对的为该组计分并当堂公布每组得分结果。通过抢答激发学生争强好胜的意识，这样人人积极思索，举手抢答，课堂焕发了生机与活力，学生的激情也淋漓尽致地表现出来，同时巩固了所学知识。

　　（2）强化自我反思

　　反思是教师成长的翅膀。教师只有不断反思，才能实现由经验型教师向学者型教师的转变。教师对教学进行反思的方法很多，常见的有两种：一是写教学反思和教学日记。教师要对自己的教学行为或认识进行分析，随课撰写教学反思。二是课后与学生座谈向学生征求意见，对照学生意见反思课堂上存在的问题；在录播教室录下自己的一节课，课后反复推敲，反复对照，反复研究。总之，教师既要总结成功经验，又要找到失败教训；既要记录教学活动，又要记录学生的学习情况；既要记录自己的体会和感想，又要构想下一次教学。

　　"活的人才教育不是灌输知识，而是开发文化宝库的钥匙，将我们知道的教给学生"，"教师之为教，不在全盘灌输，而在相机引导"。教学方法意义重大，没有科学的教学方法，课堂教学的可操作性也就不复存在。不同的方法就像不同的交通工具，虽然各不相同，但都能在特定条件下，达成预定目标。总之，只有"活方法"才能让教师高效率地教学，学生高效率地学习。用高效教学方法来引导和支持学生高效学习，是减轻学生课业负担、提高教学质量的必由之路。

（二）提效率——课堂教学的最高追求

提效率，重效益，是我们的工作追求。评价教育最好的指标就是人民群众的满意度，办好人民满意的教育就要最大限度地维护广大人民群众的利益。对于学校来说，课堂教学应处于各项工作的中心地位，要时刻围绕教学抓工作研究、抓工作部署、抓工作落实、抓工作服务，人财物要优先保障教学，主要精力要投放教学，评优树先要倾斜教学，职称评聘要看重教学。对于教师来说，精心育人，把精力用到教学上，认真钻研业务，重点备好课、上好课、批改好作业、辅导好学生，把立德树人贯穿始终，把教法研究和学法研究作为教师发展的"两翼"，进而为学生成长插上腾飞的翅膀。我认为，只有用制度管人、靠机制办事、凭考核奖惩抓落实的良好运行机制，才能激活教育这盘棋，才能让无私奉献、勤奋工作，有业绩、有品德、有水平、有能力的老师工作有目标，事业有奔头。形成这样的局面，效率也就真的提高了。

1. 用好课外功夫，精心备课

古人云，"凡事预则立，不预则废。"课堂教学作为教学的关键环节，具有较强的科学性和连续性，必须精心预设，否则就达不到理想的效果。备课是教师上好课的前提，是提高课堂教学效率的关键。因此，学校必须把备课放在教学管理的首要位置，既要把备课作为教学的重要环节抓实抓好，还要把教师的备课作为业务检查的重要内容，作为业绩考核、职称评聘的硬性指标，鼓励引导每位教师精心备课，努力提高课堂教学效率，减轻学生课外负担。

（1）研课标，读教材。认真钻研所教学科的课程标准，明确教学任务、教材编写体系和结构，准确把握各个单元之间的前后联系，明确教材重点、难点、特点。教师还要结合所教学科开展广泛深入的阅读，随时补充营养，打下深厚的知识基础，做好充足的教学准备。

(2)守规律,知学情。现在学生的学习渠道多了,他们的预习能力以及预习到的知识远远超出教师的想象,如果教师备课预设不充分,对课堂教学的起点把握不准,课堂教学将会无所适从。教师要按照主体性原则、发展性原则,分析学生已有的知识经验,分析学生对即将学习的新知识的接受能力,采用适合学情的教学方法;要根据学生年龄特点、性格特点、智力特点,制定适合学生的、有助于他们能力发展的教学设计。

【案例】

"教"中"研""研"中"教"的生物课堂教学

每周四上午,王瓜店街道初级中学的生物教师都雷打不动地在教研活动室进行生物教研活动,时间持续三节课。引导老师们在"教"中"研",在"研"中"教",不断发现问题,研究问题,解决问题。

一是面对初一、初二学生不同的学情,有针对性地指导生物学科学习——《初一学生如何学好初中生物学》,让学生了解生物学的特点,知道学习的主要环节,掌握科学的学习方法;《初二学生如何提高生物学习成绩》,引导学生树立正确的生物学观点,掌握科学的学习方法。由此提升学生的生物学素养,提高课堂教学效率。

二是开展"知识体系与分层训练"的研究。市教学研究中心下发知识体系与分层训练的材料后,我们及时打印成册,发给任课教师,教研中作为教研主题,进行深入研究和领会。大家共同学习《思维导图的绘制方法》,系统了解思维导图的概念、原理、绘制思维导图的步骤以及思维导图的基本类型。在教学中对学生进行思维导图的制作培训,复习时,让学生设计章节的思维导图,将知识点串成知识链,形成知识网,使学生对知识能做到提纲挈领,融会贯通;引导学生总结知识的内在联系,形成严密的思维习惯。同时,任课教师参照学业水平测试的题型编制每章的分层训练题，对学生进行达标测试，力争做到章章清，不留后遗症，不做夹生饭。

三是为减轻学生的课业负担，我们商定生物学科不布置课下书面作业。为此，我们把"如何提高课堂效率"作为主题开展教研活动，广泛搜集资料，结合个人的课堂教学实际，积极探索提高课堂效率的策略和方法。

四是针对初二年级授课时间紧、教学任务繁重的状况，初二年级的任课教师把研究近三年有关地市的学业水平测试题作为教研主题，深入剖析试题结构，准确把握各章节的考点；针对题型和内容，预测出题方向和形式，并设计相应的随堂训练题，提高课堂教学的有效性，实现课堂效益最大化。

（3）严要求，讲规范。根据市教学研究中心下发的备课要求，兼职教研员制定了符合学校实际的备课规范，各科教师认真遵照执行。备课重点突出十项内容：教学目标（重难点）、学法指导、教具（课件）准备、旧知检测、导学（导学案或情境预设）、交流展示（质疑点拨）、拓展延伸、巩固检测、学习总结（教后反思）、板书设计等。优秀教师或能力强的教师可以对集体备课共案进行个性化修改或备简案，新入职教师或经验欠丰富的年轻教师必须备环节齐全的详案。

（4）抓评价，促整改。各学校业务科室制定备课检查评比制度，每月进行一次常规检查，及时反馈问题并责令整改，期末组织学科组教师互评备课等常规业务资料，科学合理、公平公正地评价教师备课资料，并将评价结果记入教师成长档案，计入年度考核成绩。另外，将备课列为职称评聘的重要内容，作为检验教师是否在教学一线从事教育教学活动的指标之一。

2. 抓住课堂时间，用心上课

课堂上，教师必须突出学生的主体地位，积极转换角色，由知识的传授者转换为学生学习的引导者、促进者，课上坚持以学生为中心，合理分配课上时间，提高课堂教学效率。各学校严格按照教师职业道德要求，制定上课行为规范，并依据规范对教师上课行为进行不定期巡查，确保教师按规定上好课。

（1）重标准，讲规范。严格按照课程表上课，不得随意缺课、调课；上课不迟到、不随意外出、不提前下课、不拖堂；上课要讲普通话，语言精练、生动；板书布局要合理，书写工整，字迹清楚；尊重学生，不得出现辱骂学生、体罚或变相体罚学生等违规违纪行为。

（2）抓"两头"，带"中间"。抓"前头"，指导学生预习抓基础，预习不充分不上课；抓"后头"，达标测评要实用，依据目标，每课必测；抓"中间"，时刻关注学生的学习状态，密切注意学生是否存在"假学"现象。

（3）精练讲，精细练。教师坚持将立德树人渗透到教学环节中，精练阐述教学内容；根据教学任务要求，精心组织教学的各个环节，不讲与教学内容无关的内容；教师要根据学科、教学内容及学生的特点选择教学方法，启迪学生思维，培养学生的能力；精心选择练习题，注意讲练结合，精讲精练，适时对学生进行激励性评价，充分调动学生的积极性和主动性。

（4）探外延，勤反思。教师结合课堂教学内容，合理设计"拓展延伸"，密切其他知识与学科知识的联系，拓宽学生知识面；新课结束后，组织学生总结所学知识，认真撰写教后反思，注意发现教学中存在的问题并及时加以改正。

3. 设置有效作业，精心批阅

（1）分层设置作业。布置作业紧扣教材，注重类型化，不留简单重复作业，注重根据学生的不同水平，分层布置作业，作业量要适度，要有利于学生理解和巩固所学知识，有利于学生分析问题和解决问题能力的培养，有利于学生智力发展。

（2）控制作业数量。严格控制课外作业量，按照《山东省中小学教学基本规范》规定的科目和时间设置作业。班主任负责把控、协调每天作业总量，确保不给学生增加课外作业负担。

（3）精细批改作业。作业要全批全改，批改要认真细致，要迅速及时，错题要及时讲评、订正，体现二度修改，对部分后进生尽量做到面批面改。

4. 及时纠偏，耐心辅导

（1）关注习惯养成。一是注意引导学生形成坐、立、行、听、说、读、写等良好的学习和行为习惯。二是引导学生养成预习的好习惯。预习就像"火力侦察"，能提前发现或消灭听课中的"拦路虎"。三是引导学生养成"记课堂笔记"的好习惯。记好课堂笔记是提高听课效率的重要方法。教学中，引导学生眼到、耳到、心到、手到，即"要看、要听、要想、要记"。四是引导学生用好错题本。

【案例】

化学学科组多措并举促学生习惯养成

安站中学化学学科组多措并举，就培养学生良好学习习惯，开展了有益的探索。

一、利用随堂笔记和思维导图，过好教材关

教材是我们平时学习的工具，也是中考命题的依据，教材知识点零散，要求教学要"细""实""到位"，粗糙就是"空"，不实等于"零"。基础知识掌握得好，中考就可以得高分。平时教学中，要求各学科均设立课堂笔记，以方便学生对基础知识、重点知识和难点知识的掌握梳理，提高捕捉重要信息和浓缩信息的加工能力。每个单元新课结束后，组织学生从多种维度构建知识树或思维导图，从宏观上构建起知识网络体系，帮助学生进一步加强对所学内容的整体把握。这样通过整理课堂笔记和设计每章节的思维导图，全方位把握好教材。

二、利用好典型习题，达到举一反三

典型习题能达到"一题多解、多题一解、揭示规律、举一反三"能力训练的目的。尽量在多媒体上展示中考计算题、探究题的答案，与学生一起分析答题格式、答题要领，指导学生掌握非选择题的答题规范，防止非智力和非知识性问题失分。

三、利用好演示实验，突破实验探究难点

对基本实验现象的考查、经典实验的考查是中考的必考内容，尤其是实验探究题，已成为近年来中考的热点、得分的难点。这就需要我们熟练掌握化学实验基本操作，并能用规范的书面用语表达出来。因此，在平日的教学中，演示实验就显得尤其重要。

四、利用好错题本，重视纠错、查缺补漏，提高复习效率

"一看就会，一做就错。""明明会的咋又做错了，实在是太粗心了。"这是我们常听到的学生失分的理由。其实粗心并不是罪魁祸首，主要还是一知半解，没能熟练掌握解题技巧，缺乏反思总结。而错题本是反思总结好的工具。利用错题本，把重要的题目和易错的题目好好归类，从经常性的错误中找到自己的薄弱知识点，做好查缺补漏，争取在中考时不再犯同样的错误，这样的反思自学要经常做。特别要重视做题过程，规范答题步骤，书写工整，养成好的做题习惯，只有这样才能提高复习效率，达到事半功倍的效果。

五、利用好周末作业，重视每一次测试

重视测试，认真组织每次周末检测、单元测验、月考、阶段性检测、期末模拟考试，力求每次考试对学生来说都是一次适应，之后做好试卷

分析，分析得失，总结经验教训。我们备课组通过研讨分析了市直中学和镇街中学学生成绩差距大的原因，发现镇街中学学生主要差在了双休日家长监管的方面，为此，对于双休作业的设置，每周只编制一张高质量的化学试卷。这样既减轻了学生的作业负担，又提高了学生的学习积极性和学习效率。

（2）重视学生辅导。一是根据学校实际，组织学科教师制定《学生学习指南》；二是有计划、有重点地开展培优辅差，重视学生个性差异，重视对学习暂时困难学生的辅导帮助；三是关注特殊群体学生，对他们付出特别的关爱，真正把他们当成朋友，尊重他们的人格，聆听他们的心声，理解他们的需求，相信他们的能力，温暖他们的心灵，培育他们健康成长。

【案例】

南栾分校马娟老师的"心灵有约"

记得有一次，我班有一位同学写了一篇《我的妈妈》的作文，文章空洞无物，没有抓住人物的特点来写，而且语句极不通顺，许多词语也用得不准确。我突然心血来潮写了这样的评语："你的文章，老师从头到尾认认真真地读了一遍又一遍，发现文章存在这样几个优点：书写认真，作文格式准确无误，标点符号也用得十分正确。但美中不足的是：内容不具体，不能抓住人物的个性特点来写，有些语句也不太通顺。孩子，生活是一切写作的源泉，是你写作的素材，希望你今后做一个善于观察生活的孩子，为你今后的写作积累宝贵的材料。"谁知，他看完评语，竟然在评语后面写上了这样一句话："谢谢老师对我的夸奖，我以后一定会留心观察生活，做生活的有心人，我的作文水平一定会提高的，请老师相信我。"

真是"山重水复疑无路,柳暗花明又一村"!我正愁怎么调动学生写作的积极性呢,没想到短短的评语能让学生喜欢上作文。从此以后,每次批阅学生的作文,我都会在习作后面进行点评,指出其存在的优点与不足,并在后面附上一些名人名言来激发学生的写作兴趣。久而久之,学生从我的作文评语中受到了启发,对写作的兴趣也有了较大提高。

为能更好地引起学生对作文评语的关注,我给作文评语取了好听的名字,比如"心灵有约""沟通桥""老师对你说""真心寄语"等。有的学生由此受到启发,在作业本中与我交流写作的困惑、学习的进步以及生活中的问题。并且也起了好听的名字,如:"我有悄悄话告诉你""老师,我想对您说""我的心里话"等。

记得我班曾有这样一位同学,母亲是聋哑人,生活不能自理,父亲因为要照顾母亲,不能外出打工,家庭生活拮据。这位学生就自暴自弃,作文写得一塌糊涂,字迹潦草。针对这种情况,在作文评语中,我除了对她的作文进行指导外,还针对她的表现写了这样的话:"最近,你对学习有所松懈,老师看在眼里,急在心里,如果在生活和学习上有什么困难,老师很愿意帮助你,因为你一直是位很乖巧、很努力的好孩子,是老师心目中的好学生,老师好喜欢你上课专心听讲、勤奋好学的劲。"接下来,她在"我的心里话"中这样写道:"老师,谢谢您对我作文的评价与对我心灵的安慰,我的感谢是发自内心的,您就像我'会说话的妈妈'一样,关心我,我一定会加倍努力。老师,请您相信我。"看到她发自内心的表白,我这样回复:"孩子,看到你发自内心的真实感受,老师觉得你长大了,懂事了,老师为你感到高兴。老师的这种高兴也是发自内心的,老师期待着你一天比一天有更加精彩的表现!"就这样,在我不断的激励下,她像变了一个人似的,学习的劲头足了,脸上也露出笑容了,在上学期期末考试中,她取得了优异成绩。现在的她,充满了自信,多了份坚强。作文批阅唤起了学生的写作兴趣,点燃了学生的写作热情,激活了学生的创造思维，架起了师生情感沟通的桥梁。

"课上四十分，课下要动真。"课堂是否高效，关键在教师，在教师研读教材的功夫，在教师对课堂的精心设计，在教师对教学的科学规划，在教师对教材的精心取舍与提炼。教师只有不断地钻研教材、理解教材，仔细琢磨教学的"用力点"，根据学生的认知和成长规律选择课堂教学的"切入点"，站稳提高课堂教学效率、促进学生健康发展的"落脚点"，才能全方位促进学生健康快乐成长。

教师层面"18字"要求的提出，目的就是激励广大教师自觉坚守心灵和精神家园，坚守职业道德底线，带头弘扬中华传统美德，带头践行社会主义核心价值观，甘为人梯，甘做铺路石，以"捧着一颗心来，不带半根草去"的人格魅力影响和带动学生，以"问渠那得清如许，为有源头活水来"的学术造诣开启学生智慧之门。引导广大教师贯彻落实党的教育方针，遵循教育规律和学生成长规律，立足立德树人的总体目标，抓好备课、上课、批改作业、辅导学生这些主职主业，培养基础宽厚、习惯良好、品质优良、兴趣浓厚、学有潜力的学生。

"星空浩瀚无比，探索永无止境。"在知识爆炸的当下，人民群众对教育的要求从"有学上"变成了"上好学"，这些新期盼、新要求充分体现出一支师德高尚、业务精湛、充满活力的教师队伍对于办好人民满意教育的重要意义。作为教师，只有把教育当作毕生为之奋斗的事业，志存高远，甘为人梯，乐于奉献，不断加强师德修养，努力提高自身各方面的素质，给学生树立起良好的师表形象，才能无愧于"人类灵魂工程师"这一光荣而神圣的称号。

第四章
评价促进班主任队伍建设

　　班主任思想品德素质、业务水平和工作能力的高低,对学生个人的健康成长、对优秀班集体的形成、对整个学校教育教学质量的提高起着至关重要的作用。我认为,"班主任"是学校中全面负责一个班级学生的思想、品德、学习、健康和生活等工作的教师的总称。

　　加强班主任队伍的管理理所当然地成为学校教师队伍管理的重点,在整个教育教学工作中具有特别重要的地位。发挥好班主任的作用,促进学生健康成长,是学校内涵发展的重要课题。

联家校　知生情

我曾看过一则"望子成龙"的案例，案例中的家长曾给过孩子很多强制的"爱"。比如周末，给他安排一整天的课程，压得他喘不过气来，他稍有退步家长便会大发雷霆，甚至动用家庭暴力，家长常常能看到孩子眼中的怨恨与不满。每当孩子厌烦的时候，家长又是好言相劝，又是物质奖励，把家长以为的"特殊的爱"强加在孩子身上。直到有一天，家长发现物质已不再有吸引力，学生开始极力地避开家长。"学习"，无情地拉开了家长和孩子的距离……后来，这位家长参加了学校组织的教育心理学的培训，经常与班主任沟通，就这样，家长重新找到了爱的方向，认识发生了很大的转变：作为家长要让孩子在兴趣的驱动下主动学习，而不应把自己的意愿强加到孩子身上，不应让孩子在焦虑与紧张的氛围下生活。家长先从放下自己的期望开始，尊重孩子的兴趣。孩子最终重拾学习兴趣，爱上了学习，亲子关系也融洽了。从这个实例中，足见家庭教育和学校教育的配合是多么重要。

近年来，我市一直坚持组织"千名教师访万户、师生情谊传万家"活动，取得了较好的成果。但家校互联依然任重而道远。我在全市教育系统领导干部会议上提出：我们作为教育工作者，要尊重教育规律，尊重孩子成长规律，根据各学段不同特点，把握重点，因材施教，促进学生的全面发展。

为搭建家校沟通平台，让家庭教育接地气，汇人气，提心气，扬正气，市教育局与电视台通力合作，开设"家校共育，伴你成长"大型家庭教育互动栏目，邀请知名家庭教育专家、中小学校长、老师、家长、学生代表等做客直播间，分享家庭教育故事、剖析典型家教案例、传授亲子沟通经验、推介科学教育理念，为千家万户提供家庭育工作指导和帮助。2019年1月22日，大型家庭教育互动栏目第一期《家庭教育势在必行》正式上线。肥城教育官方公众号平台"肥城教育发布"对"伴你成长"栏目跟进进行了系列报道。

节目播出以来，在全体师生、家长朋友和社会各界中引发热烈反响，受到广泛好评。

一、家校同向，凝心聚力

联家校，即以班主任为桥梁和纽带，家庭与学校之间积极联系、互相沟通，从而实现家庭教育和学校教育的合力共为。

（一）家校携手，共育花朵

家庭作为学生的第一课堂，是学生起始教育的关键点；学校，即学习的处所，是促进德智体美劳全面发展的教育场所。家校有其共通之处，即都为了一个目的：育人。

【案例】
家访弥合孩子精神创伤

在我市某中学组织的一次家访活动中，班主任通过家访了解到2015级女生若茜刚分班来到班级时，正处于母亲意外去世的悲痛中，父亲再婚后，该生经常回姥姥家。刚分班时若茜学习成绩在班级名列前茅，班主任观察发现该生性格较张扬，喜欢受到关注，精力旺盛，具有较强的组织能力，但是学习有些浮躁，不踏实。

在这种情况下，班主任扮演了母亲的角色。在她伤心难过时，班主任会拥抱她，摸摸她的头，甚至让她伏在身上放声大哭；在她发泄情绪时，班主任会陪着她，聆听她的心声。学习中，对她提出更高的要求：目标是级部前五十名，课堂状态要最佳，回答问题要踊跃。针对她学习浮躁的毛病，要求她注重夯实基础，抽查她的基础知识掌握情况，提醒她学习必须踏实认真……

两年过去了，班主任与她一起哭过、笑过，还帮助她处理早恋的困惑……临近高考，她性格开朗了许多，稳重了很多，一如既往地坚持复习。最终，若茜如愿以偿地过了一本线。

（二）靶向一致，达成共识

苏霍姆林斯基说过："教育的效果取决于学校、家庭的一致性，如果没有这种一致性，学校的教学、教育就会像纸做的房子一样倒塌下来。"在家校联系的过程中，教师要站在学生的立场上看问题，考虑学生的感受，对学生发自内心地认可、关怀，避免学生形成逆反心理，只有这样，才能更好地对学生进行教育；老师对家校联系的事项要进行理智分析，和家长认真沟通，达成教育共识，从问题的本质出发解决问题，以达到家校联系的教育目的。教育的根本目的在于促进学生的成长进步，在家校联系的过程中应注意运用以教育为主、批评为辅、表扬和批评相结合的教育方式，使学生在家校共同的呵护下健康成长。

（三）精神引领，有效沟通

"完备的教育模式是'学校—家庭'教育，学校和家庭是一对教育共同体。"我国研究家校合作的专家马忠虎认为，家校联系是指对学生最具影响的两个社会机构——家庭和学校，形成合力对学生进行教育，使学校在教育学生时能得到更多来自家庭方面的支持，家长在教育子女时也能得到更多来自学校方面的指导。

1. 以校联家，服务学生

第一，走近家长，搭建家校联系平台。

新形势下，教师要放弃过去以自己为中心的本位思想，走下讲台，走近家长，征求家长对学校工作的意见，以取得最佳教育效果。

【案例】

家校同心，共促孩子转变

镇街小学的宿老师是一位兢兢业业、认真负责的典型代表，他带新生班级的经验值得我们学习。新生入校后，他做到了一周熟记全班同学的名字，两周熟悉所有学生的家庭状况，四周跟所有同学的家长见一次面，摸清学生及其家庭的情况，以采取相应的对策。每位同学的联系方式，他至少要留四个。

学生子正说话含混不清，上课坐不住，坐姿不端正，学习跟不上，期中考试语文和数学都没有取得理想成绩。在宿老师的强烈要求和建议下，子正的妈妈放弃了在服装厂打工的工作，回到家里专心照顾孩子。在老师、家长和子正的共同努力下，子正成绩提高很快，平时的单元测试三次均考了优秀等次，期末考试语文、数学都达到了优秀，并被评为"三好学生"。

每个学期末，我们都会采取电话回访的形式，进行教育满意度调查，要求各学校校长必须亲临现场，就社会各界普遍关心的教育问题、办学行为及教师工作情况进行电话调研，调研结果作为考核学校班主任工作的一项重要指标。

第二，加强宣传，寻求家长的理解与支持。

学校教育工作是非常复杂的，教师的工作是非常辛苦的，但因为多数家长不了解，更谈不上对教师的理解与支持。我们有的教师生活并不富裕，还能拿出钱来帮助学生；放学一个小时了还在辅导学生；为住宿生早晚无偿上自习……这些家长并不了解，要宣传给家长。另外，学校取得了重大成绩，也要加大宣传力度，以扩大学校影响，使学校能乘势而上。

我市镇街学校张老师利用微信，每天总结学生在学校的表现情况、作业情况并及时发送给学生家长，实现了家校有效互动。同时，开展家长与孩子"同读一篇文章""同讲一个故事""同做一样家务""同写一个汉字""小手拉大手"等活动，家长与孩子一起学习、一起成长、一起进步；他还利用微信为家长答疑解惑，指点迷津，赢得了家长对学校的理解与支持。

第三，多措并举，开展形式新颖的家校联谊活动。

无论是家访、家长座谈会，还是家长学校的培训讲座，都要准备充分，要有针对性，要开展一些形式新颖的活动，如家长进课堂、主题班会、班级文体活动等。很多教师利用休息时间与家长电话交流，到学生家走访；建立家校恳谈会，每个月与家长书面交流一次……

【案例】

善意的谎言维护了学生的自尊

第三高中的一位教师在工作中发现，一个学生将手机带到了学校，趁老师不注意打游戏、上网聊天，学习呈退步的趋势。原本想在家长面前狠狠数落一下该生，但当教师看到他的家长时，却百感交集。学生家长穿着满是泥巴的布鞋，胳膊上还有几道划痕。谈话一开始，更让教师不知所措。

"老师，我一看见你们的电话就害怕，就知道孩子惹老师生气了！"听家长这样说，教师深受触动。他告诉家长："让你来不是因为孩子违规违纪，而是孩子压力太大了，想交流看看如何让孩子减压，快乐学习。"听了教师的话，家长、孩子都很惊诧。

家长走后，教师又适时对该生进行了教育，让他体会父母的艰辛，意识到沉溺游戏、荒废学业的后果。后来，这名学生再也没带手机来学校，学习加倍努力，在2018年的高考中考出了理想的成绩。

教师节前夕，教师收到了该生的来信，信末是这样一句话：感谢老师用善意的谎言维护了我的自尊，唤起了我做人的良知！

2. 以家联校，了解学生

家庭是孩子成长的第一环境，学校应为家长联系学校搭建沟通的桥梁，以求得良好的教育效果。

第一，发挥好家委会作用，及时解决教育中的热点难点问题。通过家委会及时向家长转达学校对家庭教育工作的相关要求，并征求家长对学校工作的意见和建议，以取得学生家长对学校工作的理解与支持，使学校和家庭之间的关系更加融洽、更加协调。

第二，发挥好家长学校作用，改善家庭教育环境。通过家长学校把学生学习生活中的问题和家庭生活中的问题综合起来研究，家校携手，共同分析探讨问题出现的原因，找到解决的方法，帮助家长改进家庭教育策略，优化家校共育环境。

第三，发挥好学校开放周（日）作用，促进孩子健康成长。比如某中学，在开放日活动中，由家长主持召开主题班会，与学生面对面交流；通过查看优秀学生作业、试卷、导学案、读书笔记等，使学生家长从细处了解到学生的学习状态；通过参与教研活动，让家长走近教师，了解教学研究常态，感受教师严谨的治学态度；通过推门听课，使家长关注教师的课堂教学，关注学生的课堂学习；通过开放学生的课间活动，使家长了解到学生的所需所求，关注学生的健康成长；通过开放学校的常规检查，使家长体验学校严、细、实、恒的教学管理；通过参观图书室、阅览室、实验室、微机室等功能教室，使家长关注学校的发展。短短几天，学生家长参与活动达到2440人次，总参与率达到80%，收到家长的反馈意见达到1255条。经过抽样统计，开放日活动家长满意率达到100%，其中约36%的家长明确提出继续举办教学开放活动的要求。

二、知生联情，润物无声

习近平总书记说，"今天做祖国的好儿童，明天做祖国的建设者。"中小学生处于身心发展的重要阶段，他们的成长，需要来自学校、家庭、社会的多种养分的滋养。

（一）尊重学生，突出主体意识

学校是学生成长的灯塔，为其指引方向；家庭是学生成长的摇篮，为其提供庇护的港湾；社会是学生成长的引擎，为其输出全方位的动力能量。

（二）面向全体学生，一个都不能少

很多学校尤其是农村学校不乏特殊学生，诸如家庭贫困学生、道德问题学生、学习问题学生、单亲家庭学生、心理障碍类学生等，班主任

应和家长联起手来,用爱慢慢熏陶和感染他们,不松手、不放弃。

【案例】

留守儿童,一个也不能少

肥城市一处农村学校的某个学生,引起了班主任李老师的关注。他性格比较孤僻,脾气暴躁,稍有不满就出口骂人,甚至动手打人,没有集体观念,学习也漫不经心,上课与老师唱反调,不遵守学校纪律,迟到早退现象严重,老师和同学们渐渐对他失去了耐心和希望。

面对这种情况,班主任李老师对他进行了全面了解。通过家访得知,他是一位留守儿童,从小跟随爷爷奶奶生活,父母在北京打工并且已经离异。他仇视周围,缺乏安全感,更缺少关爱。于是,李老师决定走感情路线,见他没有作业本和铅笔,李老师默默地为他送上,并且叮嘱他有什么困难可以随时找老师帮忙;在学习上,他取得一点点的进步都在课堂上进行表扬,并不断鼓励他;及时引导其父母多多与他电话沟通,尽量多地给孩子爱的关心;在儿童节的时候,鼓励其父母为他录制了一个微视频,展现了远在他乡的父母对孩子的牵挂和希望,他颇受感动,泪如雨下。

自此以后,他开始慢慢地接受周围,融入班级,愿意遵守学校的规章制度。李老师还帮他制订了学习计划,并让同学和班干部监督他的日常言语和行为。他变得越来越好了,当李老师再次与他谈话沟通时,他诚恳地对李老师说:"老师,谢谢您对我的付出,今后我会改正缺点,与大家融为一体的。"

每个孩子都有自己的特殊性,班主任要做的是不放弃,不抛弃,多了解学生的家境,通过家长的协助让孩子从新的角度认识自己,进而激发孩子的无穷潜能,改变孩子的人生。

（三）以培养目标为抓手，力促学生全面发展

全面发展，才能成就人才；及时发现闪光点，才能促进学生成长。在智育方面，很多学校充分利用大阅读活动，开展亲子阅读、师生阅读；为班级配备精美的书橱，充实图书角，营造书香氛围；评选出"书香家庭""书香儿童""书香班级"，进行表彰和宣传，使全体学生在这种氛围熏陶下进行学习；指导学生参加"小哥白尼""创客""中小学生机器人"等各种大赛，激发学生学习信息技术的兴趣。

在德育方面，许多学校举办了家长大讲堂，讲百家共成长，讲各类学生和家长的志愿者活动；重阳诗会，话重阳，讲孝道；讲时代榜样故事，将"红色基因"代代相传，并邀请革命先辈讲历史，培养学生的爱国情怀……家校共携手，大手牵小手，文明一起走。

在美育方面，学生为老师们制作教师节贺卡，"弘扬尊师重教精神，发展学生个性"；助残捐款做海报活动，"让艺术点燃生命中无限的可能"。

在体育方面，举办家校配合的徒步越野比赛，"最美的课堂在路上，行走的课堂在脚下"；学校体育课学生体质测查，邀请家长们参与……

【案例】

大手牵小手，文明一起走

我市某小学，一位成绩特别优秀的班长对老师说："老师，妈妈不让我打扫班级卫生，因为太脏了，而且会影响学习。"

班主任听后很震惊，但没有立刻反驳，而是在家长会上，与家长探讨养成良好品德的重要性，并给家长们讲了新东方教育集团董事长俞敏洪的道德培养励志故事，让家长认识到如果一个人从小养成乐于为人民服务的意识和习惯，往往会铸造起他未来的灵魂和精神大厦。

开完家长会第二天，那位班长主动找到老师，请求给她增加劳动任务，以后再没有任何一位同学劳动时偷懒、怕脏、推卸责任了。

我们组织精干力量，对全市各个学校进行视导评估，对优秀学校颁发荣誉证书，对问题学校督促整改，优化了育人环境，扩展了育人渠道，提高了育人效果。

树班风　扬个性

和谐共生、积极向上的班风，为每一名班级成员个性的发展提供了丰沃肥厚的土壤，每一名班级成员个性的合理张扬和发展，也必然促进群体风貌的形成和完善。"树班风、扬个性"既是我们对班级管理提出的具体要求，也是班级管理的有效途径。树班风，扬个性，二者相辅相成，不可分割。

一、多措并举，培育优良班风

在班风建设中，我们尝试引导各中小学校班主任从目标激励、建章立制、榜样示范、文化培育等方面入手，努力建设和谐共生、团结互助、责任担当的班集体；营造勤奋进取、文明礼貌的班级氛围；养成遵守纪律的行为规范，展示热爱班集体的精神风貌。

（一）目标激励，规划引领

"向一流看齐，做最佳自己。"这是每一个班级管理者都应对学生提出的目标憧憬。目标应该既有长期性又有阶段性，既有指引性又有规划性。作为班级管理者要根据班级特点与学生一起在交流和探讨中制定适时、适人和适当的目标。在新班级组建伊始，班主任要详细分析本班的学习基础、男女比例、个性特点等要素，明确班级的优势和弱点，共同制定班级发展目标，包括学习成绩，以及运动会、歌咏比赛、会操比赛、演讲比赛等的名次，在时间跨度上做出详细规划，分列阶段性目标，统一做成表格，发至学生、家长和任课老师手中，使之成为激励和引导班级发展的"路线图"，指引班级前进方向的"北极星"，吸纳各方力量的"磁针石"。对学生个体，首先要明确优秀学生标准，从学生身边选取典型人物，把他们的学习品质、生活习惯、组织纪律、品德修养等在班级展示，让学生内心产生"见贤思齐""景行行止、心向往之"的渴望，树立自己的发展目标，然后根据自身实际，结合全面发展的需要，制定自己的成长"路线图"。

如高中班主任将每位学生的学习目标分解为学校月考目标、本市期中考目标、省联考目标、泰安期末考目标等，注重切实可行，具有远景性、激励性，能激起学生高昂的士气、坚强的信心、持久的恒心、不屈的雄心，这样学生就会沿着提前勾勒好的成长轨迹，不断去矫正或超越每一阶段的自己，为良好班风的培养注入永恒的动力。

在对班级进行评价时，我们注重以下三个方面：

1. 奋斗目标具体化

要把国家的教育方针、学校的培养目标具体化为班级目标，再根据集体中个体的具体情况而内化为个体目标，层层分解目标。班主任从班级实际出发，带领其他任课老师、班干部、学生共同参与，民主决策，制定符合本班班情的具体建设目标。

2. 奋斗目标系列化

把班级奋斗目标分为远期、中期和近期目标，有轻有重，有急有缓，根据实际情况，有计划、有步骤地实施。每完成一个目标都要对前期工作进行总结，肯定成功的，指出不足的，一步步地为更高目标的顺利实现打下稳固的基础。

3. 奋斗目标优势化

要抓住机会，将班集体的优势融入目标，以鼓舞士气，让学生朝着更长远的目标努力。

（二）建章立制，自主管理

班级管理要遵从"用规治实现自治"和"管是为了不管"的原则，促进班级工作有序运行，促进学生底线思维的养成和良好习惯的累积，从而实现自主管理、自主运行。

我认为，在管理班级之初，班主任应采取民主集中制的方式来建章立制，建到学生需要之处，立到学生每一个生活和学习细节面前。首先听取学生意见，让学生写下在班级学习和生活中见到的不良现象，搜集整理后把这些现象列成纲目分发给学生，让学生就每一种现象进行讨论，哪些会给别人造成妨碍或伤害，哪些会对自己的学习和成长有不良影响，哪些会有损班集体荣誉，哪些会有损学校声誉，哪些会造成社会不良影响，哪些需要坚决杜绝，哪些可适可而止，对每一种不良现象可分别采取什么样的惩戒措施。意见汇总后便形成了班规班纪。这一过程既民主又科学，是反思的过程，是学习的过程，也是领悟的过程，如此形成的班规班纪得到学生的首肯和理解，实施起来自然有条不紊。班规面前，人人平等，只要学生有违纪行为，依据班规坚决纠正。

在具体实施过程中，要注意"刚柔并济"，对学生的错误，除了依据班规做出处理外，还要耐心引导，春风化雨，努力做到"偏爱学困生、严爱优等生、博爱中等生"。"人无刚则不能自强，不能自强则不能成功；人无柔则没有亲和力，没有亲和力则会陷入孤立。"在班级管理中，用真情去感召，用制度去约束，适时评价，树立先进典型，平抑不良倾向，爱在该爱时，严在当严处。

在对工作评价时，我们提出了"民主建制、阳光运行、规范自主"的评价标准，重点看是否具备以下四种机制：

1. 竞争机制

班规的执行要求组内人人有竞争，组间有竞争，责任人间有竞争。

2. 协调机制

一是为学生开辟一条师生交流沟通的绿色通道，学生有什么问题可以直接和老师说，老师做学生管理班级的助手；二是学生自主处理班级内部问题，主要由班干部协调处理。

3. 引导机制

学生的教育大多在于引导。通过制度使学生明确什么事情可以做、该如何做，提倡一种积极、健康、向上的生活态度。所以班规里有奖有罚，通过正面的规则来表达大家的期望。鼓励往往会比单纯的处罚更有效。

4. 监控机制

一个班级要想实现学生自主管理，不能不放权。放权之后，如何发挥舆论的作用进行约束，是一个很重要的课题。放权不等于不管，而是让大家来管。通过谈话座谈、抽样调查、查阅资料来获取以上内容。

（三）弘扬正气，榜样示范

班级正气的形成，离不开班主任老师的以身示范，班主任应从自身做起，做好榜样。班主任的敬业精神、负责的态度、行事风格、语言特色，乃至一颦一笑、一举一动都在潜移默化中影响着学生。"教师想把学生造就成一种什么人，自己就该首先是这种人。"

【案例】

量化管理带出好班风

桃都中学杨秀娟老师每次进教室一低头,学生都情不自禁弯下身子看自己的脚下,若有纸条立刻拾起,因为稍慢一些,老师可能就走到跟前弯腰拾起,所以杨老师所带的班级值日生不用扫地。除了教师的榜样示范,还会评选榜样:根据《中学生守则》和《中学生日常行为规范》,结合学校的管理要求,对每一名学生的所有在校行为进行赋分量化,由班干部和任课教师共同操作。赋分的项目包括值日情况、纪律、好人好事、课堂表现、作业完成情况、运动会、各种竞赛、考试成绩等。各项赋分采用求和的方法,每周一汇总一公布,既有小组的得分也有每一位学生的得分,给每一个小组和每一位学生一个客观公正的评价,以此作为评优树先的重要依据。在年终评优选模时,依据"学生日常行为量化管理办法",学生自己计算,评选出优秀班干部、优秀学生、三好学生、进步学生等。对评选出的优秀小组和个人,通过网络等多种手段在学校、家长和学生之间广为宣传,传播正能量,弘扬新正气。

评价该项工作时,看是否遵从"赏识、激励、关注、榜样"的原则。赏识使人自信,激励使人进步,以赏识教育态度来关注与重视每一个学生,以榜样的力量带动全面进步;通过评优对学生进行多方面的正面引导,树立学生的自信心,使学生生动、活泼、健康、主动、全面发展;强调以德为首,学生的德行表现将作为各项能力评优的首要条件,淡化分数对学生的影响,注重过程评价。

(四) 文化熏陶,净心明德

苏霍姆林斯基曾经说过:"无论是种植花草树木,还是悬挂图片标语,或是利用墙报,我们都将从审美的高度深入规划,以便挖掘其潜移默化的育人功能，并最终连学校的墙壁也在说话，让小小的一块墙成为教育大大的一片天，让学生在浓郁的氛围中潜移默化。"

作为班主任，要有意识地从素质教育着手，规划好班级的文化建设，为学生营造良好的环境。我认为班级文化的布置既要有规范的共性，也要有多彩的个性，将班级文化建设落实到班级环境的角角落落。大体可以这样布局：教室的两侧张贴名人名言或者励志格言，从勤奋、惜时、守纪和做人等四个方面来勉励学生，同时也发动学生用自己的画作、书法作品等来点缀；教室的四角安排成佳文展示台、图书角、时事信息角、班级公约角等，其中佳文展示台长期展示优秀作文、学习心得；图书角安放学校统一配置的书柜，将各种图书分类摆放，让学生按时借阅；时事信息角不定期展示国内外新近发生的大事要事，校内和周围发生的新鲜事、趣事，让学生不仅会学习，还要心怀天下；班级公约角公布课程表、作息时间表、当日值日生等情况，增强班级管理信息的透明度；在黑板上方张贴班级的口号，让学生时常感受到班级目标的鞭策；教室后面要求小组每个月轮流出黑板报，培养学生的团队精神；还可设立温馨提示栏和悄悄话信箱。温馨提示栏的内容以天气预报、卫生保健、预防季节传染病的小知识为主，体现班级以人为本的理念；悄悄话信箱是师生情感交流的一个绿色通道，学生在学习生活上遇到困难或对班级管理有什么建议等都可以悄悄通过信箱告诉老师。此外，在书桌的左上角设立自我警示卡，卡上可以有自己的奋斗目标、座右铭、提醒自己要改掉的坏习惯等。

在评价该项活动时，主要从以下三个方面考虑：一是班级要有洁、齐、美、趣的学习环境，教室布置雅致有特色；二是班级有特色鲜明的班级文化标志（如班徽、班训、班牌）；三是班（队）会要主题鲜明，形成系列，且富有成效；四是开展丰富多彩的大课间活动、第二课堂、兴趣小组、社团活动、亲子活动等。实践证明，采取上述措施后，学生参与度高，家长参与的积极性高，社会各界反映良好。

二、深入挖潜，张扬学生个性

在班级管理中，帮学生在分析自身特点的基础上播下梦想的种子，使其心生向往，自主规划，编织未来，砥砺奋进。

（一）在自我审视中展示个性

为了激发学生对中国梦的认同，并将个人理想融入大国梦想，进一步激起学生对真善美的追求，班主任可与班委磋商，制定每个学期或学年的"梦想秀"活动。形式多种多样，内容积极向上，同学们可以展示自己的才艺、亮出自己的绝活，可以分享自己的经验、说出自己的梦想。其宗旨是张扬学生的个性，激发学生的热情，增加班级的正能量，以满满的快乐去面对学习和生活。针对不同的发展特点和需求，让学生近距离接触往届优秀学子，去感受他们身上的正能量，学习他们身上的闪光点，进而憧憬梦想成真的美好，激发学习热情。每个同学根据自己的实际情况提出自己挑战的目标，可以是学习成绩，可以是行为习惯等。只要成功就给予表扬和奖励。虽然有些是微不足道的小事，但前进一小步，习惯养成一大步。

特别是对于学困生，梦想往往有一种化腐朽为神奇的力量。在对学困生转化的过程中要注意三点：一是帮助学困生分析克服弱点，树立自信心；二是帮助学困生树立在学生中的地位；三是帮助学困生制定短期目标和长期规划，树立远大梦想，要在与学困生多次沟通、了解的基础上，和他们一起制订近期要达到的目标和为达到目标需采取的措施。"对学困生的转化应如春风化雨，润物无声，要充满信心、坚持不懈、持之以恒。"

在具体评价该项工作时，要综合考虑梦想的引导性、具体性、可行性和实效性，通过座谈，了解师生的精神状态，查阅相关资料来看落实情况。

（二）在活动体验中发展个性

以社团或兴趣小组的形式进行体验活动，可以激兴趣、挖潜能、展特长。组织有特长、有经验的教师担任指导老师，利用课余时间开展活动，各小组或社团的作品不定时展览，并通过网络媒体向家长和社会传播，使不同的才艺得以肯定和褒扬，以期促进同学间的感情更为深厚，沟通更为顺畅，友谊更为纯洁，也让他们感受到学习生活的丰富多彩，变得更加阳光。可开展以班级为单位的"班级艺术节"，通过艺术节开幕式、学生书画作品展览、文艺汇演、武术操表演等进行展示，班主任可邀请任课教师担任评委现场打分，评出一二三等奖，并给表演优秀的个人和班级颁发奖品。

我市某中学开展的"快乐周三"社团活动，立足于学生综合素质全面提升与发展，开发校本课程近80项，并组建起涉及文化、体育、音乐、美术、科技、航模等方面的23个学生社团。每周三下午第四节采用"校本课程选课走班"活动形式，以兴趣社团、小组为依托，让学生依据个人兴趣爱好选课走班，其内容生动，形式活泼，贴近生活，张扬了个性，促进了发展。据了解，在上级举办的航模比赛、"三棋"比赛、艺术展演等各类赛事活动中，该校每年有近千人次学生获奖。

在对学校评价时，我们注重活动的质量而不是单纯看数量、现场的表演制作、材料和证书等，注重看学生的投入状态以及家长和学生的反馈，而不是看活动人数，不单听学校的汇报，保证了评价的客观性。

（三）在班级建设中弘扬个性

作为班主任，要把班委组织这个机构打造成一个高协调、高效率、服从力和执行力强的人才聚集高地，让班委组织中的各个成员充分发挥自身优势，扬长避短，到最适合自己的位置做最适合自己、最有利于班集体的事情，而这一切都需要班主任慧眼识英雄和科学民主的选拔机制。选拔班干部，班主任首先要有一双慧眼，对学生进行认真观察分析，从行事风格、言语特点、集体意识、待人接物等方面进行评估，综合每个人的特点确定班干部人选进行试用或提名，尽力做到人尽其才，各尽所能。选拔机制一定要科学公开。也可给予每个学生均等的机会，学生按学号轮做值日班干部。其间，注意观察与引导。等几轮过去，学生管理能力的差异便显露出来了。那时，再在班级进行正式投票选举，让获票多、受同学欢迎的人正式成为值日班干部。当新一轮的班干部确定后，要马上召开班干部会议，明确他们各自的具体职责，帮助班干部制订好工作计划和奋斗目标。但是，他们分工不分家，要团结一致，协同作战，共同管理班级事务。可设置学习组、生活组、卫生组、体育组、纪律组、考勤组及艺术组等管理小组，具体负责相应工作。当班干部在管理工作中取得进步时，及时采取一些激励手段，如信任式激励、信心式激励、物质和精神激励等，给予适当的表扬，增强他们的信心。一旦他们工作出现偏差，要给予必要的点拨，帮助他们分析原因并解决问题。平时，让班干部放手大胆地工作，自主商讨和处理班级事务，以提升他们自治、自理、自立的能力，从而形成一个强有力的班委组织。

聚合力　促共育

教书与育人并存，育德和育人共行。班主任作为任课教师团队中的中心角色，主要任务是协调本班三级（班主任→班长→小组长）管理体系的关系，形成横向结合的命运共同体。

抓好教育工作，要统一思想，形成共识，合力共为，要围绕立德树人，凝心聚力，心往一处想，劲往一处使，多沟通，多理解，多配合，促进学生全面发展，其目的是营造一心一意谋发展、同心同德干事业的良好氛围。

一、聚教师协作组之力，在共育中促学生发展

良好的教育环境对孩子成长、成人、成才至关重要，创造良好的成长环境仅依靠班主任一己之力收效甚微，各方力量相互协调，和衷共济，才能发挥不可估量的作用。

（一）落实全员育人——担当教书育人重任，引领学生健康成长

按照习近平总书记提出的更高水平人才培养体系的要求，我在构建德智体美劳全面培养的教育体系过程中，重点把立德树人融入思想道德

教育、文化知识教育、社会实践教育各环节，因材施教，在全市构建和谐美好教育。

工作中，全员育人以问题为导向，优化队伍建设，抓实教学常规，打造系列特色活动。活动开展的宗旨，一是彰显教师的人格魅力，增强教师的亲和力；二是以教育教学为中心，以学生的个性发展为主线，充分挖掘学生的潜能，使学生在德、智、体、美、劳等方面得到发展；三是提升教师的教育教学理念，提高教师的教书育人水平，促进教师的全面发展，促进教育的可持续发展；四是调动全体教师教书育人的积极性，创建一种个性化、亲情化的"全员育人、全面育人、全程育人、全方位育人"的德育工作新模式。该活动通过摸底建档、谈心交流、个案分析等方式帮助学生解答疑难，排解苦闷，调节心理情绪，促进师生交流，提高了共育效果。

（二）加强师德修养——具备言传身教的业务能力，坚守甘为人梯的道德情操

传道授业的核心任务是立德树人。《礼记·大学》有言："大学之道，在明明德，在亲民，在止于至善"，并且提出修身、齐家、治国、平天下。"立德"是"树人"的前提和基础，"树人"是"立德"的目的与归宿。立德树人作为教育的根本任务，要求班主任与任课教师成为学生健康成长的引路人，师生、生生、师师之间相得益彰，促进教育向纵深发展。

平时培训、调研及视导工作中，我们将班主任队伍建设作为重中之重，邀请教育名家开设现场讲座、举办班主任经验分享论坛、拓宽班级协作组教师建言渠道等。各学校优化班级协作团队，以班主任为核心，历练了一批师能水平高超、师德修养优秀的专业教师队伍，齐力划桨，取得了高质、高效的教育效果。

1. 树立任课教师在学生中的威信，使学生"亲其师，信其道"

班主任是班级管理的中坚力量，协调好任课老师与学生的关系，使每个学生尊重信任老师，这一点至关重要。作为班主任，只管自己任教的科目，这样的教育是不全面的。从工作角度看，任课老师是班主任的同事；从教育角度看，大家是同一战壕的战友。有共同的目标，形成合力，才能最大限度地发挥育人效果。

在这种形势下，各学校都重视任课老师对班级工作的建议，善于倾听他们的心声，以便为班级的发展保驾护航。如果发现学生不尊重任课老师的言行，班主任会主动协调处理，让学生产生对老师业务能力的欣赏，对班级事务携手管理的认可，树立任课教师在学生心目中的威信。同时，任课教师也应主动深入了解全班学生的总体情况、个体差异及各自特长，做到有的放矢，减负增效。

协作组以班主任为支撑提高了服务意识，让学生成长进步、人尽其才。每一位老师都当家做主，点燃了学生奋发向上的火花，汇聚了班级力量；建立了平等、融洽、亲切、互相尊重的师师关系、师生关系，在不断发现问题和解决问题中，建立了班级管理的长效机制，提高了教育教学质量，"亲其师，信其道"成为现实。

2. 加强任课教师与学生之间的信息互通，融爱于教，摒除痼疾

为使任课教师与学生和谐共融，我们将班级协作组打造成横向结合的教学联合体。班主任细心观察每一个孩子，及时发现问题，对症下药。同时，班主任及时向学生转达任课教师对他们学习态度和学习成绩的赞扬及对他们的进一步要求，并向任课教师转达学生对学科学习的合理建议。这些方式促进了师生交流，不断完善了教学策略。

我市某中学部分班级在墙报中开辟了两个特色板块，一个是"班级那些事儿"，一个是"班级风云人物"，每月更新一次。活动的开展一举多得，为任课教师进一步了解学生开辟了渠道；有的班级搭建了丰富多

彩的平台，融爱于教，增进了学生与任课教师之间的感情。如在教师节，各科代表给任课教师送一张贺卡；新年来临，邀请任课教师参加班级组织的迎新年联欢活动；班干部主动邀请任课教师一起去学习或生活困难的学生家中家访……系列活动的开展，建立起了融洽的师生关系，有利于任课教师与学生增进感情，融爱于教，摒除了痼疾。

（三）强化学科并进——协调各学科之间的关系，培养学生多学科知识的迁移能力

为促使班主任协调好文化课、音体美及校本课程的关系，共同培育德智体美劳全面发展的高素质人才，学期初，加大对各学校课程开设情况的检查力度。学校使用教务系统软件把课程表送发至市教学研究中心，政府教育指导中心使用学校录播系统随机抽查或暗访，确保开足、开全课时。督查体系协调了各任课教师之间、各门学科之间的关系，协调了任课教师与学生的关系，有利于各科教师团结协作，取长补短。具体措施如下：

1. 搭建教师之间交流互通的平台

基础课与专业课之间受办公空间所限，缺乏沟通时机，为消除障碍，各学校以班级为单位建立了协作组，定期召开洽谈会。班主任与任课教师合力审视班级制度文化和学科文化建设的愿景，结合班级管理理念，加强班级文化建设与师生跨领域的渗透与联合，实现学科文化建设与艺术特长发展的联动。这一措施瞄准的目标是多门课的综合效应，集多学科人才于一体，发挥协同作战的优势。

2. 培养学生综合运用多学科知识的能力

面对门类繁多的课程，学生缺乏整体把握学科知识的能力，容易形成偏科现象。协作组教师引导学生站在"课程群"的高度认识学习，扩大学生视野，开拓学生思维，提高了学生分析问题与解决问题的能力。

多渠道育人汇聚了文化课教师、音体美教师各方面的力量，多措并举促进了学生健康成长。

为打破教师各自为战的壁垒，多数学校都成立了以班主任为"核心"的管理协会，形成一人牵头、人人参与的班级管理模式。班级管理协会深入交流新学期工作计划、学生思想工作以及提高教学技能的办法等。通过组织班级沙龙，共同分析本班教学与思想动态，提出教学改革建议和实施方案。这些做法彻底改变了学生思想工作及日常管理基本由班主任负责、任课教师只管教书不重育人的局面。

（四）整体优化梯队建设，助力专业发展

实施"全员导师制"，发挥"名班主任"的引领作用，建设一支高素质的教师队伍，尤其是班主任队伍十分重要。为此，我们注重教师的专业水平提升，从梯队建设入手，助力教师和班主任的专业发展。

以我市某中学教师梯队建设为例。为充分发挥优秀教师资源的引领、凝聚、辐射作用，学校从以整体求合力、策略求多变的角度，推动教师自身专业素质不断提升、演进和丰富，为学校教育教学蓬勃发展注入了生机和活力。分层递进模式解读如下：

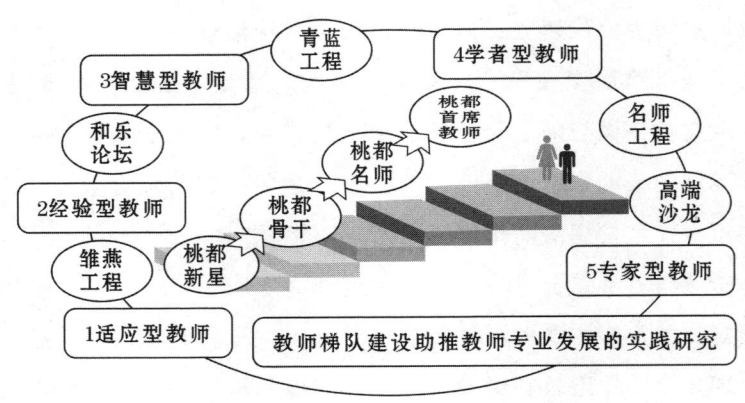

这一模式促进了教师理念更新和专业发展，促使新星教师追求发展、骨干教师快速提高、名师和首席教师高位引领，有利于打造高层次合作团队。其路径主要有——

第一步：营造成长氛围，更新理念，攻克教师专业发展的观念障碍。
第二步：加强师德建设，多措并举，激发教师专业发展的潜在内因。
第三步：重视制度建设，科学规划，保证教师专业发展的有序推进。
第四步：开展校本教研，科研兴校，丰富教师专业发展的重要形式。
第五步：搭建发展平台，任务驱动，唤起教师专业发展的自觉需求。
第六步：创新评价机制，捆绑激励，发挥教师专业发展的重要作用。
该校的具体做法是：

1. 引领：校园和乐论坛——交流互动促成长

通过搭建共同学习交流的平台，创设提升教师专业水平及理论素养的空间，以论坛促学习，以学习促研究，以研究促成长。论坛以班级管理及教学研究为主题，小视角大视野的讲座，使课堂教学中的小问题真问题得到有效解决。泰安教研网、肥城市政务信息网、肥城人民广播电台、《今日肥城》、肥城教育网均对此项活动进行了报道。

2. 依托：师徒青蓝结对——以老带新促双赢

每学年进行一次协作组师徒结对仪式，注重抓实活动过程管理。从常规工作做起，开展"备课展评""作业展评""粉笔字书写竞赛"等大练基本功活动；借特色活动促提升，开展"知心沙龙""师徒同课异构""业务能力测试"等活动；以综合考核做总结，从教学业务、教科研能力、过程性资料积累三个层面进行考核。

青蓝工程充分发挥了骨干教师的示范引领作用，不断打造一支结构层次化、实践专业化、发展可持续化的教师队伍。

3. 途径：搭建展示平台——教学展评厚底蕴

组织协作组教师建立电子成长档案，记录教育教学痕迹，敦促教师取长补短，电子成长档案成为教师成长的"助推器"和"资料库"；定期举办教师微课、说课、课件制作、硬笔书法、诗词朗诵、教师思维导图展评等比赛，为教师搭建展示风采的平台，帮助教师提升业务水平；开展四类课堂展示活动，使桃都名师公开课、骨干教师示范课、青年教师达标课、青蓝教师汇报课异彩纷呈；开展青蓝结对教师同课异构活动，让教师在教学设计、课堂组织、专业素养和教育智能等方面取长补短，使课堂"百花齐放，百家争鸣"。

实施"六个一"工程，博采众长拓视野。即上一节公开课、制作一个微课、写一篇教学反思、写一篇评课稿、写一篇读后感、找一条自己的亮点，引领教师不断反思教学实践的每个细节，勤学善思厚底蕴。

4. 辐射：名师行动引领，构建发展激励机制

以"名师行动"活动为主线，发挥骨干教师的辐射作用。一是以名师平衡计分卡为成长目标参照体系，制订个人专业发展规划和年度计划。二是把"读研写"作为成长行走方式，适时开展专业成长交流会，积极展示先进理念和成果。通过分享交流具有草根性、接地气的教学观点，启迪督促其他教师自觉学习完善，成为专家型、学者型教师。

结合班主任工作"由被动走向互动，从单一走向多元"的优秀做法，我们在教育系统实施"以赛促教，以晒促研"，构建了教师专业发展激励机制。不定期举办教师核心素养大赛、全能比武、班级成长论坛等活动，出台教学能手、学科带头人、名班主任、名师等各级荣誉评选管理办法。对名师、名班主任的考核，主要涉及师德师风、教学质量、班级管理、示范引领、科研工作等方面，采取个人自评、学校考核、县级考评相结合的办法进行。

为打造县市级班主任领军人物，培养"有思想、有经验、有个性、有风格"的名班主任，在市教育局框架引领与视导督查双轮驱动下，我们对获评人选进行动态管理，组织中期答辩，落实强师工程；尽力补齐

管理理论和特色梳理的短板。

（五）激活评价机制——捆绑考核压实责任，抱团提升有章可循

教师捆绑评价是发挥教师工作积极性和创造性的不竭动力，我们在督导评估中将此项作为参考指标之一。各学校出台了相应的教师岗位考核办法，将班级评价与教师个人评价"捆绑"，突出奖优罚劣的作用，明确责任，提高了忧患意识。

例如，我市某学校在教师考核中，班级管理按照常规、纪律、卫生、评价等划定四个等级纳入班级考核，此项在教师年度考核中占10分，班主任按班级管理四个等级分别得10分、9.8分、9.6分、9.4分，协作组任课教师的得分是所教班级的班主任的分乘以90%。

部分学校班主任考核按自评和学校统筹汇总考核，测评结果与班主任津贴分配挂钩，采取绩效等级划分，以班主任津贴的50%为基本津贴，50%纳入考核。一系列措施把任课教师和班主任"捆绑"在一起，提升了管理效能，将协作组集体成果与个人业绩挂钩，促进了班级向良性发展。

二、聚学生学习小组之力，在共生中促学生提升

学生层面聚合力的内涵，是以小组建设促合作学习。合作学习是激发兴趣、巩固成果、分享智慧的重要途径。知识在合作中积累，能力在合作中提升，精彩在合作中绽放，这有利于培育充满悟性、雅性、灵性的学生。

（一）班长轮值，班委组建知人善任

班主任全面了解班级学生，善于培养班干部，量才而用。平时班主

任全面统筹安排班级各项工作，善于抓住重点，培养"优生"；带动边缘，重视"潜能生"，让每位学生各就其位，才能使班级各项工作有机配合，有节奏地平衡协调，取得事半功倍的效果。

在调研中我发现，我市大部分学校推行值日班长轮值制度，每天1－2名值日班长与班主任协同管理，建立了由班委会、科代表、组长、组员构成的班级管理网络中心，各尽其职，才尽其用。轮值责任到人，细化到组，值日班长敢于担当责任，面对状况雷厉风行，班级运转顺畅协调。

（二）组长引领，以点带面榜样示范

我市正在打造新生态教育示范校，倡导学生主体、学情主导、教师助推。合作学习是打造教育新生态的方式之一，使学生到达合作互通、各显神通、融会贯通的境界。

自启动教学改革以来，各学校小组建设风生水起。小组成员的性别、成绩、水平、个性等有着合理的差异，使每个小组成为全班的缩影或截面。组内异质为互助合作奠定了基础，而组间同质又为各小组间展开公平竞争创造了条件。

组长作为小组的负责人，在合作学习中举足轻重。在组长的确定上，我们倡导由组织协调能力、口语表达能力、创新能力、学习能力等各方面相对优秀的学生担任，可以更好地发挥带头作用、组织作用、检查督促作用。组长负责全组的分工、协调、合作等工作，要充分调动小组成员学习的主动性和积极性，带领整个小组昂扬奋进，形成浓厚的学习氛围。同时组长还要具备服务学生的意识和强烈的责任感和集体荣誉感，保证小组合作管理的实施效果。在我市高效课堂改革推进会经验分享时，部分学校谈到，有的班级的组长为督促本组成员整体前进，经常以家访的方式了解组员在家学习状况，督促组员高质量完成作业并做针对性补

救,真正发挥了组长以身作则、率先垂范的作用。

(三)组内帮扶,群策群力并驾齐驱

班级小组荣辱休戚相关,在平时管理中小组成员都会树立大局意识,实现整体推进。一是积极的相互依赖,使小组成员确信他们"同舟共济";二是面对面的交互作用,确保小组成员能直接交流;三是个体责任,明确每个人的综合表现都与小组发展密不可分;四是合作技能,即与他人在小组中协同学习具备一定的组织能力、交流能力、协同能力、相互尊重的态度等。

为促进组内帮扶,我市部分中小学采取了一系列行之有效的措施,激发小组帮扶前进的动力和实效。

一是以"级部星级小组评选"活动为平台,发挥优秀学生的引领作用。通过搭建共同学习交流的平台,力求提升学生合作学习水平,发挥学生的主体参与性,实现学生的自我价值,形成"以合作促学习,以学习促研究,以研究促成长"的小组合作特色。

二是以"星级组长""星级科代表""星级班干部"评选活动为主线,发挥小组长、科代表和班干部的榜样示范作用。

三是以"组内异质,组间同质,传帮带活动"为依托,发挥优秀学生及小组的带动作用。充分发挥优秀合作小组在课上学习、课下预习、课外复习等方面的示范和引领作用,打造发展全员化的班级合作队伍,保证班级的快速、持续发展。

四是建立合作小组成长档案。借助档案积累与教育教学云平台相结合的记录方式,盘点个人专业成长的历程,全过程参与活动的准备、实施和研究,真实记录学生合作小组成长过程中的收获与困惑,在活动中逐步发现问题,探究问题,完善策略。

（四）动态评价，竞进成长激发活力

为实现智慧众筹、百花齐放，各学校在小组建设过程中植入了小组评价。小组评价是对小组学习过程和学生合作表现的监控，它作为小组建设的核心，是小组成员团结上进的动力源泉，是动态测控与衔接管理相结合的小组成长模式，是促进合作小组健康发展的重要环节。在课堂教学中多数学校实行了个人自评、小组自评、小组互评和教师评价相结合，星级联创、成长基金、小组晋级等多种方式的评价激励措施，激发了积极主动的内驱力，形成了你追我赶、百舸争流的态势，使班级汇聚合力，竞进成长，充满生机。

为实现小组评价的最优化，我市某中学实行了小组晋级柱状图及个人成长树动态评价机制，部分班级设计了小组和个人成绩变化折线图。小组评价日通报、周总结、月晋级。重在抓两头，促中间，看进步，实现"组内合作，组间竞争"。日常行为习惯和学校效果评价都纳入小组晋级评价机制，展示等各类评价实行等级加分制，以此调动优等生帮扶潜能生的积极性。为了对小组每个成员及时点评，部分班级还以组为单位，为每个小组成员制作了个人成长树，成长最快的个人即为小组星级个人。

我市某镇街中学以优促优，落实了星星联创系列活动。五星为：以挑战自我、成绩卓越为主体的"智慧之星"；以勤奋好学、成绩优秀为主体的"勤奋之星"；以坚定信念、昂扬进取为主体的"希望之星"；以学有专长、张扬个性为主体的"才艺之星"；以举止文明、道德高尚为主体的"文明之星"。"星级"评选活动的开展使学校形成了"赶、学、帮、超"的教风和学风。

也有部分学校的班主任善于从多方面多角度评价学生综合素质，目的在于培养人格健全、积极向上的学生。在不断实践过程中，不同的方法促进具有班级特色的评价体系的形成，取得了以评价推进班级文化建

设的显著效果。

还有学校在班级小组建设中推行了素质银行管理体系。一是开展"学生星级"评选活动，包括文明礼貌、遵规守纪、热爱劳动、环境卫生、团结友爱、学有所长、尊敬师长、诚实守信、勤奋自强、热爱集体等小明星，端正学生日常行为，让争做明星学生成为每个学生的奋斗目标。二是推行"素质银行"班级管理办法，通过"存储""增值"等形象模式，让规范性教育成为常态，促成学生良好行为的养成。

遍地开花的评价激励机制，使我市涌现了一大批名优班主任，开创了"群星璀璨耀教坛，和谐共进谋发展"的良好局面。

第五章
评价提升教辅服务质量

　　教育是一个有机整体，其间的活动不只是从事教学工作的教师的独角戏，教辅工作也是不可或缺的一部分，是教育教学工作顺利进行的基础，是确保学校安全与稳定的重要因素，是实现学校管理育人、服务育人、环境育人的重要保障。加强和改进教辅管理工作，为师生提供一个良好的教育教学与学习生活环境，对于推进学校内涵发展具有十分重要的现实意义。

优服务　强保障

改革开放初期,美国马里兰大学一位教授来华讲学时谈到,到中国来,最为欣赏的一条标语就是"为人民服务"。就学校而言,教育教学是学校的中心工作,其他一切工作都要服从并服务于这项工作,即教辅工作必须为教育教学工作服务,所有教师必须为学生服务。教辅工作服务质量的好坏,关系到教育质量的高低,关系到和谐校园建设的成效,关系到学校师生的生命财产安全。

一、评价要求的提出

通过走访调研以及日常检查,我们发现教辅工作在服务和保障方面存在着一些不良现象,这些现象深深触动着我。

现象一:走进一处离镇街驻地较远的小学,发现教室里有的灯耷拉着,窗户上的玻璃少了半块,北风呼呼刮着,上课的老师用一块小黑板挡住了玻璃破碎的地方。

现象二:到某学校图书室查看图书借阅记录,老师非常娴熟地从电脑上把借阅记录调了出来,我们循着借阅记录的足迹找到了借阅图书的学生,一问借阅情况,学生一无所知,可见这只是为了应付检查造的记录,是"假借阅",花大量资金购进的图书并没有发挥效益。

现象三:某学校办公室里放着一摞印刷的卷子,随口询问老师为什么没做,老师说:"学校没有纸,等印出来课早就上完了,预习题也就没用了。"

现象四:检查某学校固定资产在微机系统的录入情况,一位负责此项工作的后勤老教师说:"这东西我操作不了,我去叫×××。"

以上问题,充分暴露个别学校教辅人员对财物的管理不到位,服务意识和服务能力不强,设施设备没有物尽其用。

"教育教学工作要做好,教辅工作必须前置!"学校办公经费,首先要保障学生学习需求,即保障多媒体教学需求,其次要保障教师办公需求,最后要保障校园环境和秩序。我们要求各学校把教辅管理和服务工作作为学校管理的重要内容,纳入学校的总体规划;学校主要领导亲自抓,分管领导靠上抓,落实到学校教辅工作机构和人员,责任到人。局机关各科室各负其责,密切配合,齐抓共管,确保学校教辅管理和服务工作万无一失,为学校的建设和发展创造一个良好的环境。各学校树立"全市教育一盘棋"的思想,加强领导,协调管理,为师生的工作、学习、生活提供可靠的教辅保障。

二、评价标准及办法

我们把学校教辅工作纳入对学校整体工作的综合督导评估,进一步完善教辅工作的评价体系、评估细则、奖惩措施,完善教辅管理与服务工作的具体考核指标和细则,对于在教辅管理和服务工作中做出突出贡献的学校和个人,按年度进行表彰和奖励,以促进全市学校教辅管理和服务水平的不断提高，努力构建科学、规范、完善的学校教辅管理保障机制及服务机制。

（一）工作实绩

听取后勤工作实绩汇报，作为后勤考核评比的目录索引。

（二）教学装备

重点查看教学装备、信息化设施设备的购置补充、维修维护等方面的资料和现场使用情况，并评比排序。

（三）图书器材

重点查看配合大阅读和强化实验实践活动，相关图书器材配备、管理等方面的情况并评比排序。

（四）食宿管理

重点查看学校对食堂成本核算和管理、学生宿舍管理制度建立和落实情况并评比排序。

（五）满意度评价

服务对象对教辅人员进行负面清单和满意度问卷调查并评比排序。

三、推进措施及成效

我对教辅管理是这样理解的："管"就是对教辅工作建立管理制度、执行标准与流程，规范其运行；"理"就是解决教辅管理过程中存在的问题，确保管理得到不断优化，教辅工作顺利开展。教辅工作的最佳状态就是在管理中体现服务，在服务中落实管理，将教职工的积极性发挥到最大限度。

（一）优服务——管理就是服务

曾有报道，某幼儿园邀请上级部门的一个领导参加教师研讨课活动，课后，全体听课人员和授课老师到会议室进行研讨，大家落座之后，园长正要给领导倒水，领导却抢先一步倒了一杯水，端到授课老师面前，说："老师，您辛苦了，请喝水！"授课老师眼含泪水，一时无语，瞬间的静寂之后，在场的老师纷纷起立，报以热烈的掌声……事后，在谈起那杯水的事情时，领导语重心长地说："作为管理工作者，我们务必要牢记一条：管理其实就是服务。"

在局机关层面，我们严格落实上级要求，针对具体工作，研究制定相应的管理制度。我和分管局长以及相关科室人员，充分利用各种会议，反复强调提高教辅工作水平。

一是要求各中小学校进一步健全教辅管理组织，明确校长是教辅管理工作的第一责任人，负责学校教辅工作的管理、协调、指导和监督；分管校长和教辅人员是教辅工作的直接责任人，承担具体的学校教辅服务管理工作。

二是要求学校选派管理能力强、业务素质高的人员，充实到教辅管理岗位，定期开展专项培训，不断增强教辅工作人员的服务意识，提高教辅工作队伍的服务技能、整体素质。

三是要求各中小学校进一步完善教辅管理制度，健全以行政会议或办公会议为主的议事制度。在民主集中制原则指导下，科学、民主、有效地处理教辅工作中的重要、重大事务，增进团结协作，形成工作合力。

四是完善照章办事的工作制度。加强制度建设，明确工作职责，细化工作方案，使学校的教辅工作有章可循，有法可依。同时，严格落实岗位责任制及奖惩措施，实行奖勤罚懒，奖优罚劣。

五是落实目标管理责任制，形成一级抓一级、层层抓落实的工作格局，促进学校教辅工作的有序开展。

在学校管理方面，我们要求各中小学校严格落实工作要求，结合学校实际做好服务工作，确保教辅工作规范化、制度化、科学化、精细化。

【案例】

老城中学"五举措"提高教辅队伍素质

老城中学原有教辅人员平均年龄在54岁以上，存在年龄偏大、认识不足、业务素质不高和管理松懈等问题，虽然他们有强烈的服务意识，但对专业性较强的网络维护、园艺、机器运维等技能的掌握却不尽人意。

针对上述情况，学校一是把加强教辅队伍建设、提高教辅队伍素质纳入发展规划，建立了培训机制，明确培训目标，丰富培训内容，实行教辅队伍全员培训，将岗位培训与岗位职责紧密联系起来，激发内在潜力，全面提高教辅人员的综合素质和服务技能。

二是从全校教师中遴选了两名工作踏实、责任心强的教师补充到教辅队伍里，为教辅管理水平的提升提供有力的人才支持，逐步解决原有教辅队伍年龄老化、技能不足的问题。

三是规范制度，赏罚分明，建立完善了一系列教辅管理制度，包括教辅工作制度、财务管理规定、财务支出审核审批制度、固定资产管理制度、校产维护管理制度、公物损失赔偿制度、教辅人员考核评价细则等，进一步细化了总务主任、报账员、保管员、水电工、文印工等教辅人员的岗位职责，促使教辅人员积极高效地完成工作任务。

四是加强教辅人员的目标化管理，教辅人员分工明确，教辅主任负总责，其余人员各司其职、各负其责，分工张贴上墙，每日工作做好记录，认真填写"老城中学教辅人员工作日志"（学校打印成册），时间、地点、工作过程、结果及自我评价填写翔实,并配以图片加以说明。这既是平时的工作记录,也是以后个人考核的重要依据。只有分工明确了,才有工作的热情与积极性。

五是加强档案管理工作的规范化。明确了一名兼职档案人员,负责教辅档案的收集、整理、归档,注重过程性资料,做到每项重要工作,都有完整、准确、系统的文件材料并归档。

该校的典型做法受到了上级的肯定,2018 年 9 月,泰安市教育事业统计工作会议在肥城市召开,泰安及各县市区教育局计财科和负责教育统计的同志,分学段统计业务骨干,市直各学校、驻泰职业院校的统计负责同志,来到老城中学参观学习教育事业统计工作,对该校翔实、规范的事业统计工作给予了高度评价。

(二)强保障——保供给促教学

优良的服务、规范的管理,最终目的是为教育教学工作提供强有力的后勤支持,更好地为教育教学工作服务,让后勤努力的"因",结出教育教学工作育人的"果"。

1. 及时补充更新教育教学装备,强抓使用管理

我们对照《山东省普通中小学基本办学条件标准》,积极充实各中小学内设装备。目前,肥城市各学校实现了宽带高速上网,无线网校园全覆盖,市直学校、各镇街中心中学、中心小学建立了高标准录播教室、计算机室,多媒体一体机、电子白板进入课堂。局机关科室每年两次对各中小学教育教学装备现状及更新配备情况进行摸底调查,并督促学校做好教学装备、信息化设施设备的购置补充、维修维护等,确保了教育教学工作的正常开展。

【案例】

装备"建、管、用"促质量大提升

　　白云山学校以优质教育资源和教学装备建设为基础，以学习方式和教学模式创新为核心，全面推进教学装备高水平，促进教育质量大发展。学校建立了教学装备建设优先发展的资金使用策略，教学装备建设年经费超出学校全部经费的60%，确保硬件建设、平台建设和师资培训高水平实施。学校在建成千兆光网校园的基础上，针对原有幕布式多媒体设备老化、教学效果差的现状，下大力气更新设备，给每个班级、每个功能室都配备了触控一体机，共配备105套，总投资200余万元，让每一位学生都能轻轻松松地观看教师的演示，提升了教学效果。在教师人手一台笔记本电脑的基础上，根据老师的需求和电子产品更新换代快的特点，实现了教师笔记本电脑五年一更换，节约了老师的备课时间。

　　为提高设备的利用率，学校建立了以应用为导向的管理机制，要求每名教师、每堂课都要应用一体机进行教学，提前准备好教学课件等教学资源。校长和分管校长天天推门听课，狠抓落实，教导处把应用多媒体情况列入检查评价考核内容。一把手亲自抓，配以常规检查，纳入考核评价，促进了设备的高效运行。每台设备每天的使用时间超过了6个小时。学校定期对全体教师进行培训，让老师会用、规范用加巧用，既减少了故障发生率，又延长了设备使用寿命，切实提高了使用效果。

　　教学装备工作有力地促进了学校教育教学质量的提升，2018年，学校顺利通过山东省第二届信息化试点学校中期评估，并被评为山东省信息化建设示范学校。

2. 食宿管理制度完善、规范有序

　　学校食宿管理是学校教辅管理的重要组成部分，在管理育人中发挥着重要作用，对保障师生身体健康和生命安全，保证学校正常的教育教

学秩序，维护社会稳定具有十分重要的意义。

为加强和规范学校食宿管理，保障师生身体健康和生命安全，营造良好的教育环境，我们把学校、幼儿园的食宿管理作为重点工作来抓，由校长负总责、分工人员负全责，真正形成"学校领导带头管、负责人员分项管、全体师生协力管"的学校食宿管理网络。同时，要求学校充分发挥现有校舍、设施的作用，不断加强师生食宿设施的标准化建设，采取企业运营、自主经营和学生餐配送等多元运营模式，为师生提供良好的食宿条件，保证师生在校生活水平的不断提高。其中，富世康餐饮文化有限公司是肥城市政府确立的"放心厨房工程"承办企业、餐饮业的龙头，是餐饮服务的专业化机构。将学校食堂委托该企业运营，让专业的人做专业的事，既提高了效益、确保了质量，又做到了学生满意、家长放心，实现了互利双赢。这一模式，由学校提供厨房、餐厅、仓库等场地，委托企业进行专业化管理，学校进行把控监督，目前覆盖肥城二中、石横中学等12所学校，就餐人数达1.2万余人。有多年自主经营经验、有一批会经营善管理人员、社会信誉度高的学校，则采用"自主经营模式"，如肥城三中、汶阳中学等11所学校食堂采取这种模式。针对部分小学规模小、就餐人数少、经营食堂成本高的实际，采取学生餐配送方式，由大学校食堂辐射周边小学，如桃园中学等7所学校采用这一模式，辐射周边20多所小学。

为确保饭菜质量，市教育局采取节点管控的办法，要求各学校严格做好节点管控这个关键工作，引导学校食堂把管理的功夫下在平时，突出关键节点，严把关键环节，实行全程留痕，促进学校食堂管理秩序化、食品加工规范化、营养搭配科学化、饭菜供给优质化。一是严把食材采购环节，对所有食物的进货都索要发票和购物小票，对所有食材都留样备查，留样时间不少于48小时。二是严把食材加工环节，一方面，严禁工作人员无证上岗，落实每年定期体检制度和每天晨检制度；另一方面，抓实消毒记录和饭菜留样等档案建设，强化过程留痕。三是严把废材去向环节，对剩饭、剩菜和加工下脚料等废弃食材的产生、收运、处置全部建立台账，按相关要求留样备查。四是落实好校长陪餐制度，严格落实《学校食品安全与营养健康管理规定》，学校每天由校级干部带头值班、陪餐。陪餐的学校领导不仅要陪着学生吃饭，还必须提前进入食堂察看环境设施及操作人员卫生和饭菜质量，并在饭后记录下对每餐的评价和整改意见。目前，我市共有中小学校120处，在校生10.8万人，建设了高标准食堂36个，满足了3万多名中小学生就餐。

【案例】

<h3 style="text-align:center">让学生在自理中学会生活</h3>

桃园中学是一所农村寄宿制中学，该校根据陶行知先生"生活即教育"的教育思想，把食宿管理当作学生养成教育的重要形式，落实教学、管理、服务全方位、全天候育人，在服务中实现管理，在管理中融入关怀，让学生在自理中学会生活，在生活中锻炼自我，确保学生快乐学习、健康成长。

一、实施网格管理，落实承包责任制

优化管理模式，建立健全管理网络，将食宿管理细化明确，承包到人。食宿管理监委会和家委会负责食宿安全和卫生。监委会严格监控食堂、宿舍的消毒通风和卫生，全程监督食堂的进货和加工过程，确保食品安全。每周五审查下周食谱，实行配餐制，每顿保证有热汤，确保学生身体发育的需要，让学生吃得好，吃得饱，避免学生挑食和营养不良。家委会每天对食堂进行不定期检查，并实行陪餐制，从而保证了食品的安全卫生。学生自委会检查人员和值日教师，认真负责，确保学生就餐和住宿秩序。三会协作，对检查结果及时公布，发现问题限期整改，并实行日查、周总和月结，得分记入教师、班级考核，和老师的绩效工资挂钩，提高了管理者的积极性和管理的时效性，保证了就餐和住宿秩序。

二、利用活动推进，发挥比学赶帮的作用

为让学生学会生活、学会合作、学会学习，该校围绕"静、净、敬、竞"四字开展活动。

静。为培养学生的时间管控能力，保证学习效率，在宿舍开展"秒静"活动，在餐厅开展"食不言"活动。每学期的行为规范强化月，对学生的就餐、就寝等行为规范进行强化练习，教师、班主任亲自示范指导如何打扫卫生、整理内务；每天下课后学生立即回到宿舍，进入宿舍后立刻安静下来，不喧哗和打闹；洗漱、进入休息状态控制在30分钟内；就餐集合时做到"快静齐"，学生有序进入餐厅，就餐时不谈话，体现良好的秩序。

净。为让同学们吃得放心，睡得舒心，家长安心，食堂积极改进伙食，并获得"山东省清洁厨房"称号。在食品安全、卫生打扫、内务整理和餐具洗漱上努力做到"净"，寝室、餐厅干净卫生，预防疾病的发生。

敬。坚持"三节三爱"，突出"敬"字，敬畏环境，节约资源，尊敬师长，尊重父母汗水，开展"光盘行动""节约从我做起"等活动。不浪费一粒粮食、一滴水、一度电。

竞。开展各种评比活动，发挥"比"的作用，学校完善了《文明宿舍评比制度》《文明餐桌评比制度》，每月评比出文明宿舍和文明餐桌，在升旗仪式上对获奖的宿舍和餐桌进行大力表彰，捕捉典型，及时鼓励，点滴引导，发挥榜样的作用，极大激励了同学们比学赶帮超的热情。

三、落实文化育人，实现博学雅行

根据该校博雅文化总体要求，高标准设计了食堂、宿舍文化。将女生宿舍命名为"淑女斋"，男生宿舍命名为"君子居"，餐厅命名为"展雅厅"。精心打造室内文化。每个宿舍都有自己的文化，学生给宿舍起了如意的名字，如"雅士居""爱心屋""温馨小家"等；制定宿舍公约等；发挥自己的个性、特长，利用书画、手工品等，对宿舍进行精心设计和布置。这些极大地提高了学生对宿舍的认同感，激发了学生的积极性和主动性，催生了学生学习的热情。

四、开展三方协作，促进自主管理

学校将食宿管理作为班级工作的重要内容。作为食宿管理的重要力量，班主任高度重视，每天关注、解决住校生的生活、卫生、健康等问题，定期进行校纪校规、法制宣传教育工作，从生活和思想上关爱学生，培养学生的集体主义观念。班主任、家委会和自委会三支队伍形成合力，对住校生的管理教育，时间上不留空当，空间上不留缺位，要求上没有分歧，目标上协同一致，无缝培养学生自我管理和自我服务意识，让学生有可持续发展的动力。

3. 严格执行考核制度，奖勤罚懒

没有规矩，不成方圆。对于教辅岗位的工作人员来说，这个规矩就是各个教辅岗位的人员应遵守的岗位规章制度，其遵守情况如何，需要做出考核评价。为此，我们进一步完善了学校教辅工作的考核制度和奖惩办法，开展教辅工作满意度评价活动。我们对各学校教辅工作的满意度评价，主要采取实地调查、个别访谈和电话抽测的方式。由学校自行组织的考核，是对每个岗位、每个人的工作表现进行客观评价，也是鼓励先进、鞭策后进、提高办事效率的重要手段。考核突出两大重点：过程考核和民主考核。过程考核：教辅人员要认真履行岗位职责，保质保量完成工作，详细记载每天所做事情的经过、结果和方式方法，并做出自我评价。民主考核即由教师、学生评议各个服务岗位，评议每一个教辅人员的服务水平和服务态度，量化评分，记入教辅人员个人档案，作为他们期末考核的重要依据。通过考核评选出先进，对评选出的先进按

学校有关规定给予荣誉奖励。

【案例】

老城中学教辅人员考核办法

1. 考勤测评（占分值的20%）：全体教辅人员必须严格执行学校作息时间，按规定时间离校，不得擅离职守，考勤制度执行学校的有关规定。

2. 工作量测评（占分值的20%）：学校根据情况设定岗位，教辅人员服从学校安排，并能在该岗位上圆满完成工作，为满工作量。

3. 工作日志测评（占分值的20%）：根据"教辅人员工作日志"的记录情况由全体教师量化打分。

4. 教代会测评（占分值的20%）：教辅人员总结该学期的工作并写出书面总结，向教代会成员述职，由教代会成员结合平时工作表现量化打分。

5. 完成常规工作及迎接检查情况（占分值的20%）：从工作态度和履行职责两方面进行考核，满分为100分，教辅人员个人所扣分数从100分中扣除，最高分折算后为20分，其他人按照P/P高×20折算。

工作态度方面（30分）

（1）严格遵守岗位制度，准时参加学校的各种集体活动，工作时间不做与工作无关的事，违反规定的，视情况每次扣1—2分。

（2）准时出席学校组织的各种会议，无故缺席的，视情况每次扣1—2分。

（3）完成学校安排的各项工作。对于学校各科室安排的各项工作，都能愉快地完成，不服从安排的，视情况每次扣1分。

（4）与同事、学生相处和谐，态度和蔼，尽量让同事认可、学生满意。对态度恶劣、同事学生有较大意见的，视情况扣1分。

(5) 教辅（全体教职工）人员必须廉洁奉公，忠于职守，认真履行岗位职责，不允许将学校财产带回家私用、不损坏公物，违者每次扣2分。

(6) 违背师德师风准则，严重损坏教职工形象和学校声誉的，发现一次扣5分。

履行职责方面（70分）：

(1) 上级检查凡被通报批评的，每人次扣5分。

(2) 各功能室人员对损坏的物品、物件应及时维修，个人不能维修的，由学校派人维修。既不维修又不上报的，视情况扣1分。

(3) 教辅人员因工作责任心不强，造成学校财产流失、经济损失或重大事故的，由该工作人员承担全部责任和一切经济损失，并扣除5分。

(4) 各功能室人员应及时打扫整理好室内卫生及学校划分的各自卫生区，打扫不干净的发现一次扣2分，上级检查人员指出的，加倍扣分。

(5) 学校财产管理员必须做好学校财产的登记、微机录入和检查工作，部门管理员必须做好学校财产的记录、保管工作，对损坏和丢失财产的相关人员追究其责任，并要求照价赔偿。管理员未尽到职责的扣2分。

(6) 各部门管理员认真填写使用记录、物品领用借还登记，理化生实验员认真填写演示实验通知单、分组实验通知单等各种使用记录，填写不及时、不规范的扣2分。

讲公开　促勤廉

公开，是指面向大家，不加隐瞒，把事情公布出来。孔子曰"不患寡而患不均"，从社会角度说明了公平公开的重要性。2011年，中共中央办公厅、国务院办公厅印发的《关于深化政务公开加强政务服务的意见》中要求，"所有面向基层服务的医院、学校、公交等公共企事业单位，都要全面推行办事公开，主动接受群众监督"。学校工作是否透明，关系到能否调动学校教职工的积极性，能否促进学校的健康良好运转。学校教辅工作与经济挂钩，特别是财务收支是学校的敏感神经，如果细节处理不到位，极易造成不良影响。

一、评价要求的提出

虽然校务公开、财务公开工作已经抓了很多年，但是深入基层调研时，一些较为普遍的现象引起了我的深思。

一处学校在财务公开中只公开了作业费收费标准和费用收取情况，学校的其他项目均没有公开。细问得之，学校非教学支出比例较大，不敢公开，担心公开了会产生负面影响。

在一处镇街小学的公开栏上，张贴着半年前的公开内容，纸已经泛黄，字迹变得模糊不清。询问为何没有近期的公开内容，回答说那是应付检查弄的，今年的还没有弄。

公开是为了增强工作的透明度，这种单纯为了公开而公开的公开能否得到师生和群众的认可？这种有选择的公开，是否意味着学校的一些工作还游走在勤廉建设的灰色地带？如果学校工作不敢透明化，想公开就公开，没有检查就不公开，那这种公开除了给学校挣得面子还有什么用？

抓好校务公开的目的，就是推进学校勤廉建设。在到学校与师生座谈、茶余饭后与群众交流中，我也听到了对教辅工作的一些诟病，有的学校之所以管不好和教辅人员的工作有很大关系。有的教辅人员上了班就是喝茶看报，轻轻松松拿工资，人浮于事；有的庸政懒政，办事拖拉，该干的活不及时去干，该做的工作，也不及时完成，在一线辛勤工作的老师与之相比，心理很不平衡。再者，后勤保障工作不到位，也影响了一线教学，人为制造了一些矛盾。另外，随着现代化教育的建设发展，各级对教育的投入支持不断加大，教育形势也发生了翻天覆地的变化。学校是一个人、财、物以及权力运行相对集中的单位，特别是教辅层面，掌管着学校各项经费、财物的运行，在物资采购、财务管理、专项工程等方面拥有较大的自主支配权，这也就增加了教辅管理人员的职业风险。虽然过去说教育是清水衙门，但事实告诉我们，教育不是法外之地，廉政风险同样易发多发。因此，要抓好学校工作，必须把讲公开、促勤廉牢牢抓在手上，推动学校工作公开透明、勤政廉洁。

二、评价标准及办法

财务工作是学校的一项重要工作，离开了财务工作，学校的其他工作将难以运转。为此,在评价中,我们把学校财务制度、财务公开情况、学校资金支出结构、规范学校各类合同管理、学生资助情况以及社会各界对学校的利益诉求处置等作为评价内容,通过查阅账目、资料及内容核实等措施,量化打分排名,激励各学校加强财务管理,优化资金使用,严控资金支出,减少非教学性开支,不断提高资金利用效益。

(一) 财务公开

查阅学校财务全面公开相关资料,若有问题,此项不得分。

(二) 支出结构

每月5日前上报经费支付统计报表,对支出结构进行审核评比排序。

(三) 合同管理

相关经济合同要报备教育局审计科。自2018年2月起,新签订的合同(5万元以上的),学校要报局财务科、审计科,由局党组统一研究。不报研究的每一项扣3分,其他不报备的每一项扣1分。

(四) 资助管理

查阅资助政策落实情况资料,重点查看资助对象的认定、公开以及资助金的发放等资料并评比排序。

(五) 诉求处置

查阅教职工举报、社会群众举报的问题的调查处理情况。反映属实的,每人次扣1—3分并评比排序。

三、推进措施及成效

公开是推进学校勤廉建设的有效手段，也是保障群众知情权、监督权、参与权的重要途径。

（一）讲公开——公开促进公平

加强教辅工作必须把公开透明作为首要原则，贯穿学校教辅管理工作的全过程，我们通过完善公开制度、细化公开内容、规范公开程序、明确公开时限、处置公开诉求等措施，推进了学校公开工作的规范化、制度化建设。这样能有效调动教辅人员的工作热情，最大限度地助力学校发展。

1. 重大问题集体讨论、民主决策

实行民主管理，保障师生民主权利。教辅管理涉及每个教职工的切身利益，人、财、物、事都与广大教职工密切相关。为更好地体现广大教职工的意愿，我们要求各学校建立民主集中制度，并经常召开校委会、教代会、全体教职工会，对学校工作及时通报；建设项目、大额资金支出、人事安排、考核评定、职称晋升、评优树先等重大事项，由集体讨论决定，工作做到公开透明。

2. 财务公开，财务报表及时上报

学校财务是教职工关心的热点问题，为确保财务公开透明，让大家心里清楚明白，各学校健全完善财务公开制度，对学校的年初预算、每月的收支、招标采购等每月进行一次公开，提高管理效能，杜绝暗箱操作，增强财务工作的透明度。2018年3月，市教育局出台了《关于财务月报及财务公开工作有关事宜的通知》，明确规定：一是各学校每月5号前报送公用经费支出、累计支出、累计支出完成年度预算的比例，每年年初报送本年度公用经费预算支出说明，6月底报送上半年预算执行情况说明，12月底报送全年预算执行情况说明。二是学校财务收支公开公示制度。各学校要将经费预算及每月收支情况进行校内公开公示，每月数额较大支出和特殊事项开支要做文字说明，每月月底在校务公开栏公示，时间不少于一周。大型项目建设和大宗物品采购须报局发展规划装备科办理政府采购手续并张榜公示，教育局对支出结构进行审核评比排序，同等规模的学校重点考核偏离度，督促学校优化支出结构。公示制度深受广大教职工的欢迎，公示制度的建立加大了工作透明度，任何事情都能一清二楚，真正实现了阳光教辅。

3. 政府采购流程规范

我们要求各学校加强预算管理，科学编制年度采购计划，严格遵守采购审批程序。在编制年度预算时要严格按照《预算法》《政府采购法》和市《年度政府采购目录》，根据财力和实际需要，按照先急后缓、量入为出的原则，科学编制年度教育教学装备采购、校舍维修计划，合理安排预算资金。年度预算和采购计划报局财务科和发展规划装备科，审批手续完备后报审计科存档。自2018年9月起，政府采购在山东省政府采购信息公开管理平台上申报，政府采购手续变得更加规范。

4. 资助管理公开透明

习近平总书记曾强调，"教育很重要。脱贫致富，从根儿上还是要把教育抓好，不能让孩子输在起跑线上"。"让困难家庭孩子都能有学上、有书读"，是党和政府对贫困家庭孩子的关怀。为使义务教育阶段家庭经济困难学生资助政策落到实处，实现精准识别、精准资助，我们出台了《肥城市义务教育阶段家庭经济困难学生资助政策实施方案》，要求各学校成立贫困生资助领导审核小组，一方面通过主题班会、国旗下讲话、印制发放《学生资助政策宣传一封信》《学生资助调查表》、家访等形式加强政策宣传，确保每个学生和家长都对资助政策深入了解，在开展资助政策的过程中，要求学校务必特别重视对学生的思想教育和心理教育，引导学生正确看待国家的助学措施，不要有自卑心理，要诚实地根据自身情况申请资助，在得到资助后合理使用资助金；另一方面做好对资助对象的认定、公开以及资助金的发放工作，整个过程公开透明。首先对资助对象的认定规范化，明确家庭经济困难学生认定标准与程序。一是明确认定对象范围。对家庭经济困难学生进行细致分类，按困难程度分为"特别困难""比较困难"和"一般困难"三个等级：由省级建档立卡的贫困生，列为特别困难；未建档立卡，但有民政部门、扶贫部门的贫困证明、残疾证明等证明的，列为比较困难；其他家庭经济收入低于当地最低生活保障的列为一般困难。确保将家庭经济困难学生全部纳入资助范围，实现各个教育阶段学生资助政策体系全覆盖，帮助家庭经济困难学生顺利入学、顺利完成学业，确保家庭经济困难学生不因贫失学、辍学。二是明确认定工作流程。学生资助管理中心会同各中小学校，成立家庭经济困难学生认定工作小组，具体指导和落实家庭经济困难学生调查和认定工作。认定程序一般是：班级调查推荐——年级评议上报——学校认定工作小组初审——教育局学生资助管理中心审定。三是对资助对象信息化管理。建立受助学生信息库，管理系统将学生受资助情况进行汇总分析，形成每名受资助学生综合信息表（个人信息、受资助情况、联系方式等），生成受资助学生综合信息库。

5. 其他公开事项

除上述要公开的内容外，其他还需公开的事项有：

（1）学校的办学方向与发展目标和实施方案，近、远期发展规划。

（2）校长工作报告、学校办学思想、重大改革方案、师资队伍建设、教育教学质量。

（3）涉及教职工合法权益的有关改革意见、重要规章制度、奖罚条例等。

（4）干部、党员述职报告，教代会、党员大会的民主评议结果，党风廉政建设执行情况。

（5）上级单位及学校的表彰奖励、批评、通报。

（6）学校基本建设，校园环境改造，重大项目招、投标及建设资金使用情况。

（7）教职工工资晋升、职称评定、评优树先，各类人员岗位职责，年度（学期）教育教学考核结果。

（8）教师职业道德规范，师德师风建设。

（9）教职工聘任（用）实施方案，聘任结果及津贴发放办法。

（10）"三好学生""优秀学生干部""先进班集体""班队干部的评选推荐"。

（11）为特困学生捐款，所得捐款使用分配情况；为社会募捐以及所得捐款上缴情况。

（12）教职工和社会群众、学生家长关心的重点、热点问题以及其他需要公开的问题。

6. 公开产生的积极效果

全面推行校务公开，取得了明显成效，充分调动了广大教职工民主参与、管理和监督的积极性，最大限度地维护了教职工和学生的合法权益，有效地促进了我市学校党风廉政建设和民主管理工作。

一是增加了工作透明度，促进了校风建设。在工作中各学校紧紧围绕党风廉政建设，不断规范校务公开的内容和程序，增加学校工作的透明度。如对学校工程建设，实行招投标，收费执行"四公开"（收费项目、标准、政策、程序公开），力求从源头上和制度上抓好行风建设，不断加强学校内部管理，确保学校各项工作规范化。

二是发挥了教代会作用，增强了教职工主人翁意识。推行校务公开，其实质是加强民主管理和民主监督，全心全意依靠教职工办好学校，充分调动教职工的积极性。我市各学校积极推行教代会制度，教职工代表广泛征求师生、家长为学校提建议，充分发挥了教代会在民主评议学校领导干部、审议学校重大决策、建议学校发展规划等方面的作用。各学校还通过广泛发动教职工关心、参与、支持、监督校务公开工作，让教职工知校情、参校政、议校事，极大地激发了教职工的主人翁意识，学校上下形成了齐抓共管的局面，促进了学校工作健康有序发展。通过校务公开栏、意见箱、校长信箱、家长交流会等形式实行阳光校务以来，教师对学校的满意率达到了100%，社会、家长、学生对学校信任和支持率也大大提高。

三是密切了党群、干群关系，激发了广大教师的工作热情。实行校务公开后，增强了领导与师生联系，增强了学校与家长、社会联系，使师生及社会各界加深了对学校工作以及存在困难的了解，关心教育、支持教育的热情日益提高，激发了广大教师的工作热情，促进了教育教学工作的开展。

总之，实行校务公开以来，学校领导与教职工的民主意识进一步增强，干群关系得到改善，矛盾和误会及时化解，教职工的合法权益进一步得到维护。实践表明，实行校务公开，有力地促进了学校党风廉政建设和行风建设，促进了学校各项工作有序开展。

(二) 促勤廉——勤廉促进和谐

勤廉包含两个方面，一是勤政，二是廉洁。一所学校稳不稳定、团不团结，很大程度上要看教辅人员勤政廉洁抓得实不实、好不好，教辅人员能否心往一处想、劲往一处使，形成助推教育发展的凝聚力、向心力。因此，勤廉是教辅良性运行、发挥环境育人功能、提高服务质量的需要，也是推进教育事业健康持续发展的重要保障。一是勤廉能保证学校教辅工作良性运行。一所完全学校就是一个独立核算单位，大部分管理人员拥有一定人、财、物的管理权,特别是物品采购方面,具有总量大、分散、复杂、可控性差的特点,没有勤廉之风,就易滋生腐败。二是勤廉是学校教辅服务育人的重要保证。学校担负着学生智慧养成、人格形成的重任,他们对勤廉的认知,直接关系到国家的未来。学校教辅只有不断加强自身勤廉建设,积极营造勤廉为荣、风清气正的校园文化,才能充分发挥服务育人、环境育人的作用,潜移默化地引导学生树立正确的世界观、人生观和价值观。三是勤廉是提供学校优质教辅服务与保障的关键。能否充分调动教辅人员工作的主动性、积极性和创造性是提高教辅服务质量的关键。"没有正气,何来士气",只有做好廉政风险防范工作,营造一个风清气正的发展环境,教辅组织才会有号召力和凝聚力,教辅的管理制度才能够得到贯彻落实,而不是形同虚设,教辅人员才能真正树立主人翁意识,把学校当成自己的家,主动服务、爱岗敬业、无私奉献、追求卓越,为师生提供优质的教辅服务与保障。

基于以上认识,我们把教辅人员的勤廉工作纳入对学校的考核评价体系,突出校长、分管校长、后勤主任、报账员几个关键人,着重抓好教育、制度、监督、审计等关键环节,形成靠制度管人、用制度管事的良好机制。

1. 多措并举,健全勤廉风险预警机制

权力缺乏监督就容易产生腐败。只有把权力关进制度的笼子,才能保证权力的正确行使。一是教育倡廉,常打廉政"预防针"。加强对教辅工作人员的勤廉教育培训,敦促教育教辅人员树立正确的权力观、地位观、利益观,加强党性修养、廉洁自律;每季度开展一次勤廉教育专题党课,把廉政制度"灌输"到每名教辅人员的脑海,让廉政制度成为每名教辅人员的敏感神经、高危红线。二是谈话促廉,打好廉政"亲情牌"。坚持逢会必讲勤廉,逢事必说勤廉,建立经常性的干部谈话制度,实行沟通激励谈话、帮助提醒谈话、廉洁警示谈话等,帮助关键人算好经济账、家庭账、亲情账，让勤廉意识入脑入心。三是典型导廉，照好廉政"形象镜"。坚持正面典型示范教育和反面案例警示教育相结合，引导教辅人员自觉强化勤廉自律意识，向正面廉政典型学习，以反面典型为戒，照镜子、正衣冠，自觉纠偏纠错，始终保持风清气正的良好形象。四是机制保廉，编密勤廉制度"安全网"。各学校成立勤廉领导机构，做到重大问题集体讨论、民主集中、个别酝酿、会议决定，用制度推进勤廉建设，做到讲大局、守规矩。五是文化兴廉，倡树勤廉"正气风"。把廉政文化建设与校园文化建设结合起来，设立勤廉文化墙、文化专栏，举办勤廉故事会等，提倡"三种作风"，即"艰苦奋斗的作风、真抓实干的作风、联系群众的作风"，践行"三条标准"，即"把工作好坏作为评价人的首要标准，把服务好坏作为评价工作好坏的首要标准，把能否调动人的积极性作为评价制度、政策是否科学的首要标准"，营造浓厚的勤廉校园氛围。

2. 强化监督，加大勤廉政策执行力度

加强廉政建设是所有教辅人员的必修课。再好的制度，如果得不到落实，也是一纸空文。只有执行制度不走样，勤廉制度才能得到贯彻执行。要落实勤廉政策，就必须严格按制度办事、按程序办事，用制度和程序来强化勤廉意识，规范办事行为；牢牢树立以廉为荣、以贪为耻的思想道德观，办事全过程必须出于公心；要推进政务公开，增加工作透明度，只要涉及群众利益、群众关心的事情，都进行公开，有效杜绝暗箱操作和腐败现象的滋生。为此，我们要求各单位要按照勤廉建设责任制的规定，将勤廉工作与日常工作一起部署、一起落实、一起检查、一起考核，建立健全领导体制和工作机制，完善各项管理制度；严格执行教育收费项目和标准，杜绝乱收费行为；不以举办兴趣班、补习班、提高班、实验班、特长班等名义向学生收取费用；不乱订滥发教辅资料；严格执行财务管理制度，积极推进财务政务公开，认真组织群众评议，加大督查力度,严惩违规和腐败行为。

3. 问诊把脉,正确处置群众合理诉求

群众的合理诉求是教辅人员是否勤廉的风向标。对学生、家长、教职工、社会反映的问题,尤其是难点、热点问题,均应高度重视,把群众满意不满意、答应不答应作为衡量工作好坏的标准,细致入微地解决好群众的问题诉求。一是深入调查。摸准诉求人反映问题的真情实意,做到情况明、底数清,及时掌握问题的症结,做到实事求是。具体负责人带着诉求案件、问题、任务、感情,深入了解诉求人的诉求,查清案件的来龙去脉,想方设法帮助诉求对象化解矛盾纠纷,解开问题症结。二是及时办理。完善主要领导负总责,分管领导具体抓,职能部门统一管理,一级抓一级、一级对一级负责的工作机制,对反映的问题派出有关人员及时处理,绝不拖延;对合理的要求,千方百计做到让来访者满意,对不合理的要求,做深入细致的疏导和说服教育工作。对于时间较长的遗留问题或涉及人数众多、情况复杂且一时难以解决的重大疑难纠纷案件,一方面由局领导包案督查,明确责任单位和责任人做好群众工作,掌握动态;另一方面由主管科室进行调查核实,形成详细的书面材料,第一时间向上级领导呈报,取得领导重视和支持。三是及时回复。对具备条件的立即答复办理,并及时向诉求对象回复有关问题的处理意见;对暂不具备条件的,要在15日内书面答复办理;对不能或无法予以办理的,向诉求人解释清楚,确保件件有回音,事事有着落。四是及时归档,对已经办结的诉求事项,及时准确地进行归档整理,将诉求原件材料、拟办意见、领导批示、调查材料、处理结果等整档备案。

一系列勤廉政策的落实和对群众反映的热点、难点问题的及时解决,使得教辅服务工作一直在高效、安全、有序中运行,为教育教学工作提供了有力保障,为全面提高教育教学质量打下了坚实的基础。

提效益　保安全

效益指效果与利益，也指项目对国民经济的贡献，它包括项目本身所产生的直接效益和项目带来的间接效益。对于教育而言，它所追求的效益就是把人、财、物等一切教育资源有机整合，通过精细化管理，科学合理使用，使教育资源发挥良好的效益。

安全工作是一切工作的基础。校园安全事关全体师生的生命和财产，事关学校、家庭和社会的稳定和发展。没有安全稳定的环境，学校教育教学工作就无从谈起，教育质量的高低就无从谈起。安全工作必须细之又细，任何疏忽大意、麻痹都有可能造成安全隐患和问题，造成难以估量的损失，因此必须时刻绷紧安全这根弦，为学生的健康成长提供强力保障。

一、评价要求的提出

提高教辅服务质量，一直是我高度关注的问题。通过走访调研检查，我发现了一些问题：

问题一：有的学校经费使用不合理，大量的教育资金用在了校园美化、绿化上，表面上学校干净靓丽、美观大方，而教学方面支出所占资金比例却很少，非教学支出的资金大量挤占了教学资金，造成了教育经费使用不能突出教育教学中心的问题。教育质量是教育工作的生命线。教育质量不高，学校建得再好、搞得再漂亮又有什么用？

问题二：检查一所镇街学校的资产管理使用情况，账目上登记得一清二楚，实地查验却发现，已经配备半年多的仪器设备，还躺在包装箱里睡大觉，根本没有拆封。仪器设备配而不用，使用效率低下，那花钱配备仪器设备的目的何在？教育教学的质量如何提高？

问题三：查看一所学校的监控录像，发现只有部分摄像头在正常工作，其他摄像头呈现黑屏状态。询问学校是何原因，回答是前天下雨遭到雷击，造成部分摄像头损坏，还没有来得及维修。回答似乎合情合理，但仔细思量，安全责任重于泰山，校园监控是还原事件真相的重要依据，校内一旦发生责任纠纷事件，"关键录像"却丢失，学校该如何自处？

问题不一而足。这些问题充分反映出我们一些学校教辅人员的工作还不到位，还没有为教育教学工作做好后勤保障工作，教学设备、资金没有发挥出应有的最大效益和价值。面对这些问题，我们不能不深思。

就教辅层面而言，一方面教辅人员掌管着学校大量的教育资源，是教学工作正常开展的保障。教辅工作效益的高低，直接影响教育一线的工作成效。另一方面，教辅人员承担着重要的安全职责，学校安保器械的配备、校车接送学生安全、学校监控系统的维护、消防设施的维修维护等，都由教辅人员直接管理。基于以上认识，我把"提效益、保安全"作为教辅人员的重要职责，列入考评内容，充分调动教辅人员的工作积极性，一手提效益，一手保安全，坚持两手抓，两手硬。

二、评价标准及办法

提高使用效益是后勤保障工作的核心要义，无论资金、物品、人员，都要做到人尽其才，物尽其用。在评价中，我们把经费使用、资产管理、后勤服务、风险防控、师生安全列入评价体系，重点查看学校经费支出结构，固定资产的管理使用记录、维修记录，查看学校安全工作的防范措施，以考评的方式激励学校抓重点，抓关键，促进整体水平的提高。

（一）经费使用

对照年初预算，查阅分析学校公用经费支出、支出结构（占比）等方面的资料并评比排序。

（二）资产管理

重点查看学校对资产增加（减少）账目核算、清查、维护管理等方面的资料，账、卡、物相符的情况，并评比排序。

（三）后勤服务

重点查阅校舍维修、水电暖管理、购买社会服务等方面的相关资料并评比排序。

（四）风险防控

查阅学校对人、财、物风险点排查和防控方面的情况并评比排序。

（五）师生安全

重点查看校园人防、物防、技防等方面的情况并评比排序。

三、推进措施及成效

加强教育资源配置管理，优化管理环节和流程，让各种资源为教育服务，提高教育质量效益，实现教育效益的最大化，是我们追求的理想目标。

（一）提效益——重效益促管理

为全面提升教育教学质量，打好坚实的物质基础，形成规范有序的财产物资和校舍设施维护管理机制，延长财产物资的使用时限，防止浪费和损失，保证教育教学需要，我们要求教辅人员加强对学校财产物资的使用、管理和维护，切实做到物尽其用，发挥最大效益。

1. 经费使用

2018年初，结合全市教育实际，我们制定了《关于进一步加强中小学校财务管理的有关规定》，教育局成立财务管理中心，各学校往来账目、资金支出全部纳入财务中心管理，学校资金支出实行报账制，强化了对财务的管理。一是规范运行机制，明确任务目标。合理编制学校预算，严格预算支出，完整准确编制学校决算，真实反映学校财务状况；依法统筹教育经费，大额资金支出必须有预算资金安排，避免出现未经预算的大额资金，努力节约支出。二是严格财务管理，严肃财经纪律。各单位支出以"遵纪守法、厉行节约、量入为出、计划管理、注重实效"为原则，控制非必要的经费支出；学校支出严格执行国家有关财务规章制度规定的开支范围及开支标准，基本支出与项目支出不得混用；学校公用经费支出合理，基本支出预算中用于校舍维修、绿化养护、设备维护、教师进修培训等的经费必须专款专用不得挪作他用，强化风险防范，加强收入和支出管理。三是精打细算，量入而出。坚持勤俭办学的方针，贯彻实事求是的原则，全面安排与保证重点相结合，尽量做到少花钱、多办事、办好事，让有限的经费发挥更大的效益。同时，认真分析经费的使用情况，总结经验教训，探索管理规律，不断提高财务管理水平。

2. 资产管理

为加强各学校财产物资管理及校舍设施维护管理，充分发挥学校财产物资的使用效益，根据《山东省中小学校舍设施维护管理暂行办法》和《山东省中小学财产物资管理暂行办法》的有关规定，结合我市实际，制定了《肥城市教育局关于加强财产物资管理及校舍设施维护管理的规定》，对学校资产管理提出了具体的管理要求。

一是明确财产物资管理的职责。各单位主要负责人是单位财产物资管理使用的第一责任人，对单位财产物资的管理、使用负总责；单位分工负责人负责单位财产物资管理工作，并对单位负责人负责。教育局计财科、学校总务处是本单位财产物资管理的职能部门，对单位财产物资的管理负管理责任和经济责任。各职能部门配备专职财产物资总管理员，并视业务量大小设若干专职或兼职管理员，在职能管理部门的直接领导下，具体负责本单位的财产物资管理工作，形成一种专管、兼管、群管相结合的管理方式。二是参照省校产管理工作要求，学校设立财产物资管理总账、明细账，及时进行财产物资登记，防止漏登或错登。单位所有财产物资的丢失、非正常损坏，由单位第一责任人按责任大小追究管理和使用人员的管理责任和经济责任。三是按照上级规定，制定了资产管理的细则，对固定资产的分类、计价、增加、减少、账务核算、清查、移交等提出了明确要求，确保了学校固定资产管理的规范有序。四是各学校统一购买国有资产管理软件系统，对固定资产实现网络化平台管理，对资产增加、减少、变动、折旧等及时在平台上维护管理。每年暑假、寒假各进行一次集中清查，确保账目核算、清查、维护管理等方面的资料齐全，确保账、卡、物相符。

【案例】

规范财务工作　服务教育教学

潮泉镇初级中学认真落实教辅层面"优服务、强保障,讲公开、促勤廉,提效益、保安全"工作要求,后勤保障工作稳步推进;坚持从学校工作全局高度出发,以"后勤工作全力服务于教学工作"为中心,以"增强服务意识、提高服务质量"为原则,财务管理水平不断提高,真正做到支出合理、物尽其用。工作中,我们不断更新观念、完善机制,主要从"建立一套制度、强化两个学习、落实三个监督"等方面着手,使学校财务管理工作更加规范。

一、建立一套制度

常言道:"没有规矩不成方圆。"要想做好学校财务管理工作,必须有相应的制度做保障,这样才能有章可循。因此,我们以《肥城市教育局关于加强中小学财务管理的有关规定》和《财务管理文件汇编》为依据,结合学校实际,统一修订完善了《潮泉镇初级中学财务管理制度》,该制度包括"会计人员岗位职责""出纳人员岗位职责""物品购买制度""会审会签制度""财务公开制度""固定资产管理制度"等六个部分,对学校财务管理做出了明确的规定;同时成立了学校财务工作领导小组和民主理财工作小组,对较为敏感的工程建设费、零星维修费,以及差旅费、培训费、运动会等费用的票据及报销集中讨论审核。通过这一系列规定的实施,杜绝了学校财务管理中支出混乱现象的发生,切实推进了学校财务规范化建设。特别值得一提的是财务公开,我们不但公开收支情况,而且公开新的财务管理知识、票据鉴别知识、报销手续流程等,同时将热点问题如文明奖发放、绩效工资发放、个人所得税的扣缴标准等进行公示,在教职工和财务管理人员之间架起一座桥梁,减少了误解和矛盾,增强了互信和团结,收到了良好的效果。

二、强化两个学习

光有制度，没有落实等于纸上谈兵。要想全面落实制度，必须加强学校财务管理人员的学习提高。一是加强报账员提高学习。报账员是搞好财务管理的关键，其业务水平的高低将直接影响到学校经济活动的质量。因此我们定期组织报账员以及出纳员认真学习市局下发的财务管理方面的有关文件、制度及工作流程，更重要的是学习报账制度及发票鉴别，提高业务水平。除此以外，我们还经常从互联网上下载一些新的发票识别知识、发票报销常识、财务法规政策等，让广大财务人员学习。二是加强校长学习培训。校长是学校财务的第一责任人，我校十分重视校长在财务方面的学习提高。我们及时把局计财科和镇教办的财务管理精神认真细致地向校长做好汇报，并把报账知识、发票的开具和鉴别、操作流程等制成材料、卡片等，定期在班子会上学习研究，提高校长和分管校长的业务和管理水平，避免了盲目支出等浪费现象，提高了报账效率。

三、落实三个监督

为了避免财务管理流于形式，我们还十分重视财务监督工作。一是预决算管理监督。年初统一编制当年的财务预算方案，对当年的公用经费预算收入、支出做一个全面的计划，重大项目必须经班子开会研究并由民主理财小组表决通过。我们从商品服务支出的比例到其他资本性支出的比例，从培训费、取暖费的比例，再到水电费、办公费的生均、师均数额等，均给予量化评价监督。这样做，有效地控制了学校的随意性开支。另外，我们还规定每半年对实际支出情况进行一次公开，接受全体师生的监督，督促学校严格执行预算。二是日常管理监督。为了搞好日常财务管理，我们把票据的鉴别、会审会签、粘贴、报账单填制、报账时间及质量、及时对账等各个环节全部予以公开，这样既保证了财务工作在监督下顺利进行，也保证了财务管理的质量。三是年终监督。学校财务管理是学校的中心工作之一，因此，我们始终对学校财务的管理从严要求、从严管理，结合预决算监督和日常监督，建立和完善年终财务工作监督机制，通过民主测评、个别座谈等方式，接受广大教师监督，保证学校财务管理在良性循环轨道上发展前行。

综上所述，通过加强学校财务管理，不断创新各项机制，建立健全学校财务监督管理的网络体系，严格执行"有严格制度、有专人负责、有教师监督"的三位一体工作机制，使我校财务管理规范有序，受到了上级领导和本校广大教师的称赞。下一步，我们将继续紧紧围绕后勤保障的"18字"工作要求，不断创新工作思路方法，切实为全校教育教学工作的开展保驾护航。

3. 校舍维护管理

我市中小学校舍面积共75万平方米，其中楼房校舍71.6万平方米，平房校舍3.4万平方米。我们对校舍管理及安全工作高度重视，一是成立以我为组长，分管局长为副组长，各职能科室负责人为成员的校舍管理与安全工作领导小组，切实加强组织和领导，确保学校校舍管理到位、维修及时、校舍安全。二是做好校舍日常维护工作。市教育局每年拿出专项资金，用于校舍维修工作，为校舍维修提供资金支持。各学校成立校舍设施维护管理领导小组，配齐有关管理人员，严明责任，统一管理本校校舍设施维护工作。三是校舍管理及时归档。校舍档案是维护学校权益的重要依据，是学校发展的历史见证，反映学校建设历史的重要资料（包含批文、地质报告、施工图纸、图纸变更、施工记录、验收证明等资料）都应保存完好，目前我市各中小学都建立了完备的校舍档案。

4. 教学设备应用及维护管理

加强中小学教育技术设备、教学仪器、图书管理及应用工作，是提高管理与应用水平、促进国家义务教育优质均衡发展的需要。我们坚持

"积极利用、高效利用、创新利用"的原则,在立足于现有装备资源基础上,加大培训力度,不断提高教师对教育装备使用的重视程度和熟练程度,切实让教育技术装备成为教育教学工作的必用工具,快速提升全市中小学教育教学质量,促进教师专业发展和学生全面健康发展。在加强教学设备应用方面,我们的做法是:

首先,加强实验教学,提高实验仪器利用率。

(1) 开足开全实验课。各学校严格按课程标准要求,开足开全各科实验课程。能做分组实验的,必须分组实验,不能做分组实验的,必须进行演示实验,增加学生的实际操作机会,培养学生的动手能力。

(2) 提高实验开出率。凡教材要求在实验室内做的实验,必须在实验室内做,杜绝"教师讲实验,学生听实验"的现象。有条件的学校,可将实验室向学生开放,让学生在实验员的指导下,做一些课堂上没有做好或没有做完的实验,确保演示实验和理化分组实验开出率达到100%,生物、科学分组实验开出率达到90%。

(3) 开展各种实验教研和竞赛活动。定期开展实验教研活动,并有详细的教研计划。各学校领导坚持每两周听一次实验教学课,每学期召开两次实验教学专题研究会,会议记录存入学校档案。

其次,加强技术融合,提高电教设备利用率。

(1) 提高教师业务能力,充分利用电教设备服务教学。加强学科骨干教师培训,提高学科骨干教师的应用水平,尤其要提高教师利用新技术新媒体进行教学的能力。充分利用互联网、电子白板、校园网和录播室进行本校优秀教学资源的制作、开发、收集、储备,定期组织教师以年级、学科、章节或知识架构为单位进行归类和整理,形成校本资源库,并实现资源共享。

(2) 规范管理,提高信息技术教学水平。各学校严格按照国家、省、市教育部门规定的课程标准、教材、课时上好每一节课,计算机教师要求必须是专业专职教师,做到每学期信息技术教学有计划,教案完整齐全,教学内容详细。

再次,强化保障措施,增强设备利用能动性。

(1)加强组织领导。为提高电教设备、专用教学仪器和图书利用率,充分发挥其在教育教学中的重要作用,各学校成立了相应领导管理机构,并实行校长负责制,做到学期初有计划、学期末有总结、学期中有日志,认真对待,狠抓落实。市教育局加强对各单位的检查,如发现各类管理人员变更交接手续不齐全,仪器设备管理不善,造成无法使用、损坏、丢失、使用率低等问题,将对校长进行问责。

(2)强化队伍建设。各学校选派业务能力强、工作热情高、责任心强的专兼职教师担任电教设备、实验室及图书室的管理人员,做好相关业务的自学和参加上级组织的各项培训工作。提高技术人员的服务意识和管理水平,能熟练解决使用和管理过程中出现的常规问题,保证设备的正常运行。提高管理教师的待遇,在职称评聘、晋升、评优评先等方面,给予各管理人员与一线教师同等机会,充分调动其工作的积极性和主动性。

(3)落实经费保障。各学校在每年教育经费预算中,提前安排好电教设备保养维护费用、实验消耗器材药品的补充费用、图书馆藏资源的购置经费等,以满足教学活动开展的需要。

(4)加强设备维护管理。认真按照《县域义务教育优质均衡发展督导评估办法》(教督〔2017〕6号)工作指南要求,做好电教、仪器、图书的规范管理,健全各类账目和档案。制度装裱上墙,仪器分类摆放,图书按类上架。做到定期盘点、科学存放、及时维修、进货入账、损失入册、用房固定。实验室、仪器室和图书室的"防潮、防盗、防火、防腐"工作到位,安装防盗门窗和排风扇,加强安全检查和开窗通风,完善消防设备,及时排查隐患。各功能室管理人员要定期对各类教育装备进行维护，使用人员要掌握基本的设备使用保养维护知识。

（二）保安全——安全重于泰山

在上级安全部门的指导下，我们把中小学安全管理工作放在教育教学工作的重中之重，认真贯彻落实各种安全会议精神，坚持预防为主、防治结合、加强教育、群防群治的原则，通过安全教育，增强学生的安全意识和自我防护能力；通过齐抓共管，营造学校教职工关心和支持学校安全工作的局面，严防死守安全底线，切实保障师生安全和财产不受损失，维护学校正常的教育教学秩序。

1. 建立健全安全工作责任制

一是成立领导组织。按照党政同责、一岗双责的工作机制，管行业必须管安全、管业务必须管安全的工作要求，成立了以我为组长，分管副局长为副组长的安全工作领导小组；市教育局设立安全科，具体负责全市教育系统的安全工作。二是建立健全安全工作责任制。市教育局和学校层层签订安全工作责任书，明确了中小学校（园）长是学校安全工作第一责任人，分管领导和安全专干是直接责任人。学校安全工作事事有人抓、处处有人管，各负其责、各司其职、全员参与的工作机制初步建立。三是加强安全保障。全面落实校方责任险、学生意外伤害险，做好兜底安全防范保障。

2. 强化学校安全宣传教育

通过全方位、多渠道开展学校安全宣传教育，培养全体师生的安全意识和法治意识，提高广大师生的安全防范能力。一是：通过开设公共安全教育课程，积极拓展校园安全宣传阵地，抓好常规安全教育；每学期组织一次安全逃生演练活动，增强学生自救能力。如建设校园安全教育体验馆，内设吸毒醉驾、人身救护、交通安全、火灾逃生、地震模拟、知识抢答等体验项目，让学生通过体验学习安全知识，提高自护救护能力。二是以校刊、宣传栏、黑板报、校园广播、校园网络为途径，抓好常规安全宣传教育，让安全教育入眼入脑入心。三是以"开学第一课""国旗下的讲话""安全教育日""防灾减灾日""禁毒日""消防日""交通安全日"等重要宣传教育活动为载体，开展学校安全宣传教育。四是通过假期安全教育致家长的一封信、森林防火致家长的一封信、防震减灾致家长的一封信、防溺水安全致家长的一封信等形式，广泛深入开展好"小手拉大手"活动，教育和动员广大学生家长积极做好对子女的安全教育和监管。

3. 做好安全隐患排查整改工作

以隐患排查整治为基本抓手和常态管理方式，着力强化学校内部安全管理。一是重点抓好中小学实验药品等危险品的管理和使用；二是健全和完善家庭和学校信息沟通制度，严格执行学生缺课、寄宿生缺宿过问制度，严格落实学生请假、销假制度，实行学生出入证制度，高度关注学生擅自离校、请假离校等情况；三是强化自然灾害隐患的安全监测工作；四是加强消防安全管理；五是抓好学校食品安全工作。

4. 努力构建校园安全防范体系

以创建"平安校园"为抓手，构建"人防、物防、技防、心防"相结合的"四防"安全防范体系。在人防方面，各学校健全了安全管理机构和一系列安全管理制度，落实上放学期间的学校领导带班、教师值班制度，明确专职中层干部负责学校的安全教育、管理、培训等工作，聘请专业保安人员担任保卫工作。在物防方面，各学校在重点部位、重要区域、重点场所安装了防护栏、防盗门和照明设施，加固、加高了校园围墙，为保安人员装备了必要的执勤、防护、抓捕等器械。在学校门口的公路上设置了提示牌、减速带、斑马线、限速标识、人行横道线等交通标识。在技防方面，安装了紧急报警装置，与公安派出所实现了报警联动，升级改造了校园视频监控系统，做到了教室、走廊、校园安全监控无死角。在心防方面，各学校高度重视对师生的心理健康教育，通过开设心理健康教育课、开展心理咨询、组织团体心理辅导等形式，疏导学生的心理问题，让学生快乐地过好学校生活。

5. 积极开展校园周边环境整治

一是开展联合整治行动。由教育、公安、工商、交通、卫生、文化、食药监等部门联合执法，深入推进"打非治违"专项行动，加大校园周边环境整治力度。二是开展"护校安园"专项行动。从严惩治和打击到学校周边滋事的社会闲散人员及其他违法犯罪行为；对辖区内接送学生的车辆进行拉网式排查，对乱停乱放、堵塞校门口交通的车辆和使用非法车辆接送学生的行为，进行综合治理；依法取缔流动商贩和非法摊点，加大对校内外小卖部的监管，严禁出售不合格、不卫生食品；加强对校园周边营业性网吧、"黑网吧"和游戏室的管理整治力度，严禁各类有淫秽、暴力内容的电子产品和书籍进入学生的日常生活。三是开展校园防欺凌专项活动。开展以"治理校园欺凌、预防校园暴力"为主题的法制与安全专题教育，重点学习《中华人民共和国治安管理处罚法》《中华人民共和国预防未成年人犯罪法》和《中华人民共和国未成年人保护法》等相关法律法规以及学校《学生必读》中的相关管理规章制度，引导学生珍爱生命，学会宽容克制、互谅友爱地处理人际冲突，指导学生冷静理智地调整好自己的情绪、言论与行为，学会妥善保护自我和正确应对突发事件，保证教育实效长效。

【案例】

全省中小学安全文化建设现场研讨会在我市召开

2019年3月21日上午，学习宣传贯彻《山东省学校安全条例》暨2019年全省中小学安全文化建设现场研讨会在肥城市实验中学西校区召开。

开幕式上，山东省政协原副主席栗甲说，这次会议以学习宣传贯彻《山东省学校安全条例》为重点，是深入贯彻落实党的十九大提出的"生命至上，安全第一"的安全发展理念和实施全面依法治教、依法治校方略的具体实践。他要求，一要充分认识《山东省学校安全条例》的重要性，重视《条例》的学习宣传与贯彻落实；二要以《山东省学校安全条例》为导向，全面推进依法治教与依法治校；三要直面校园安全新课题，开创学校安全工作新局面。

会后，与会人员参观了实验中学西校区、白云山学校、龙山小学的安全软硬件设施，现场观看了学校师生的防空警报试鸣及紧急避震演练、消防疏散演练、紧急抢救演练等，师生准备充分，演练紧张有序，充分体现出了肥城安全工作的管理水平，受到与会领导、同仁的高度评价。实验中学西校区的安全教育立体化、形象化和常态化，安全体验教育培训模式新颖、立体、灵活，突破单一性安全教育模式，增加了趣味性，更加契合师生的群体需求。这不仅提高了师生安全防护培训的参与性和互动性，增强了师生的切身感受，对师生自主管理、自我保护意识以及安全防护技能和安全操作技能的培养也十分有益。白云山学校的安全文化建设、校本课程开发以及安全演练基础扎实、亮点突出，做到了站位高、目标远、内外兼修，最大限度地挖掘学校安全教育的思想性、知识性、科学性、创造性，学校在细节处体现安全文化，氛围中彰显文化自信，安全育人环境的营造独树一帜。龙山小学的安全技能展示和学生素养展示突出实效、特色鲜明，代表性较强，学校自上而下高度重视安全教育，重点培养学生的安全素养，特色教育形式灵活、内容丰富，知识性与趣味性兼具，契合学生身心特点，为做好学校安全教育特色建设提供了良好的示范。

山东省人民政府法制办公室原主任、党组书记高存山进行了《解读与分析学校安全条例》专题讲座。高存山对《山东省学校安全条例》的解读详尽、系统、全面，体现了新时代学校安全工作的基本导向和定位，既有对当前学校安全大环境、新形势的分析，又围绕《山东省学校安全条例》，对做好学校安全应急处置与事故处理、依法妥善处理矛盾纠纷、维护良好的学校教育教学秩序和社会秩序做出了全方位的解析，进一步明确了政府部门、学校、学生及其家长、社会在学校安全工作中的职责和义务，尤其对学校科学落实安全教育与管理方面的各项职责，全面实施依法治教、依法治校方略具有重要的指导意义。

【案例】

借消防检查东风，筑安全防火围墙

为提高师生的消防安全意识，2019年3月5日下午，老城中学邀请市消防大队来校检查指导消防工作，开展安全知识培训，为全校师生上了一堂生动的"消防"课。

培训过程中，市消防大队队长高平为师生介绍了常见易发火灾类型、火灾发生的原因、初期的扑救和火场疏散逃生方法技巧、灭火设施和器材的使用与维护保养……随后消防官兵还组织师生开展现场实战演练。消防官兵对各种消防器材的性能、使用、维修保养等知识娓娓道来，同时还动作娴熟地操作各种消防器材，不时赢得同学们的阵阵喝彩和热烈掌声。

演练结束后，队长高平与消防官兵还从专业角度检查指导学校的消防安全工作，对该校消防安全工作表示赞赏。

此次消防演练培训采用理论与实践相结合的方式，边学边悟边用，让大家在愉快的氛围中学习，增加了在校学生的识险、避险、抢险、救险意识，从而筑牢了校园安全防火墙，为师生安全工作和学习撑起了一片蓝天。

第六章
评价促进学生全面发展

　　义务教育作为国民教育的基础端口，是培养学生德智体美劳全面发展、帮助学生系好人生第一粒扣子的关键时期。只有从小培育孩子的良好习惯、道德修养、社会担当、家国情怀，将来他们才能有益于个人、有益于社会、有益于国家，才能真正成为实现中华民族伟大复兴的主力军。

　　面对时代重任、时代机遇、时代责任，基层教育工作者到底该如何担当？党的教育方针到底该怎样贯彻落实？义务教育段的孩子到底该从哪些方面进行培养？作为一名县域教育局局长，我深感责任重大。

打基础

基础不牢，地动山摇。基础教育是帮助学生夯实基础的最佳、最关键时期，一旦错过，无法弥补。

2017年11月，在全市义务教育学段教育教学工作会议上，我结合当前教育普遍存在的片面追求学生分数、学生课业负担过重等现象，提出了19个基本问题，这些基本问题也是老问题。我提出这"19问"的目的，就是想引起大家的思考，让大家意识到我们现在有些做法是违背教育教学规律、违背学生成长规律的，这是在误人子弟，是在毁坏国民教育的基础。我们有必要静下心来，对教育工作的这些老问题进行新思考，有必要把"打基础"工作提到议事日程、放在重中之重的位置上来。我把"打基础"置于"18字"要求之首，正是为了体现这项工作的基础性、重要性，以引起校长和广大教职员工的重视。

在基础教育阶段，需要给学生打好的基础涉及方方面面，比如做人基础、生活基础、学习基础等。但是，教育实际不允许我们面面俱到，我们也不应该"眉毛胡子一把抓"，那么"打基础"这项工作的"牛鼻子"在哪里？这个"牛鼻子"应该怎么抓？这应是首先要理清楚的一个重要课题。为破解这个课题，我深入学习领会党的教育方针和上级教育工作精神，查阅了大量教育理论和各级各类教育评估要求，通过外出考察学习，与当地校长、教师、学生、家长座谈，最终我把抓实"打基础"这项工作的"牛鼻子"划定在"考试科目、考查科目、听说读写和大阅读"四个方面，作为一个提纲挈领的抓手，以期实现纲举目张的效果。抓重点、带全盘、搞突破，把复杂的问题简单化，一直是我的工作理念。为让基层教育者明确这个"牛鼻子"到底怎么抓，在具体工作时有看得见、易操作的扶手，由我牵头精心设计了《肥城市中小学教育教学工作综合督导评估考核表》，把"打基础"列为一级评估项目（占50分），把四项"牛鼻子"工作作为评估内容列为其下二级评估项目，同时明确评估办法、评估方式、责任科室等，然后由相关责任科室，根据实际再制定具体的落实指导意见和评估细则。这实际上就是告诉学校围绕"打基础"工作，该抓什么、怎么评估、谁来评估等问题，让学校明明白白、清清楚楚地来做这项工作。

我认为，全面贯彻落实党的教育方针就是打基础，强化语文教学就是打基础，全力推进大阅读就是打基础，重视基础知识的传授、基本技能的训练、基本方法的培养就是打基础。针对考查科目，要求学校必须要开全课程、开足课时，保证所有课程得到有效落实，保证学生德智体美劳全面发展。下面，我以大阅读工作为例，从一个侧面详细阐述一下"打基础"工作的具体做法。

一、高度重视大阅读

近年来，习近平总书记在国内外不同场合，不止一次讲述过自己的读书故事，曾说："我最大的爱好就是读书。"也正是因为有这样的深厚积淀和兴趣爱好，他在每次重大演讲中都能引经据典、信手拈来，让听者叹服。习近平总书记号召大家尤其是领导干部要"爱读书、读好书、善读书"，因为"读书可以让人保持思想活力，让人得到智慧启发，让人滋养浩然之气"。叶圣陶先生曾说:"语文是工具,自然科学方面的天文、地理、生物、数、理、化,社会科学方面的文、史、哲、经,学习、表达和交流都要使用这个工具。"

就语文教学而言,"听说读写"是伴随我们一生的能力。全市中小学语文教学要以大阅读为突破口,大阅读要以课堂渗透阅读环节为抓手,引导中小学生特别是初中以下学生,努力在多读书、读好书上下功夫,不断积累知识、积累素材、积累词汇,丰富语言,不断提高听说读写、思辨赏析能力。读书破万卷,下笔如有神。各学校要把大阅读当作一项重要的工作,当作一项重要的学习内容,高度重视,统筹安排,真正让学生在阅读中受益,在阅读中成长。

二、养成良好的阅读习惯

要在语文课堂教学中,首先拿出几分钟检查学生的诵读、优美语句的摘录、阅读主要内容的复述,并有计划地安排诵读课、答辩课,组织好诗词诵读竞赛、故事会等活动,日复一日,年复一年,久久为功,努力培养学生的阅读习惯。

三、为营造书香校园创造条件

为配合大阅读,切实解决好学生有新书可读的问题,我们积极推进新华书店进校园,开创了新华书店进校园服务的先河,为大阅读活动的落地生根创造了最佳环境,并探索出一条新华书店建设并管理好校园图书馆的新措施:一是采取合作共建的方式,建立互相信任、互惠互利的良好合作模式;二是依据国家课程标准,配合大阅读课程,为校园图书馆发挥作用提供精准的空间;三是以校园图书馆为平台,开展丰富的文化活动，创建校园书店文化品牌；四是以校园图书馆为引领，充分利用校园空间，营造"书香校园"读书氛围。

【案例1】
肥城市新华书店推动校园图书馆建设

2017年以来，肥城市教育局根据教育教学改革发展要求，结合学校实际，在全市中小学深入开展大阅读活动，让学生充分利用课上和课下时间开展读书交流活动，在日积月累、日复一日、年复一年中久久为功，体验阅读的乐趣，在阅读中快乐成长。

在平台载体建设方面，市教育局要求各学校建好学校图书室、阅览室，定期更新充实图书，尤其做好中华传统文化图书的筛选，强化国学教育，弘扬国粹经典，为学生阅读提供条件。

肥城市新华书店多年来对肥城教育的发展给予了大力支持。在大阅读活动中，为了更好地满足学校师生的阅读需求和读书体验，肥城市新华书店积极与相关部门协调，主动挑起了建设校园图书馆的重担。

肥城市建设校园图书馆的基本做法是：

一、采取合作共建的方式，建立互相信任、互惠互利的良好合作模式

学校有需求，书店有资源。校园图书馆由学校、书店合作共建，双方签订合作协议，学校无偿提供场地，并免费提供所需的水、电、暖、网络服务等；书店负责提供图书、书架、电脑、网络设备及店内配套设施，配备专职管理人员，保证图书馆的正常运营。在场馆建设上，打破传统学校阅览室的设计模式，努力为学生提供一个温馨舒适的阅读环境。学校把校园图书馆纳入常规管理工作，配合书店工作人员处理好日常事务。

二、依据国家课程标准，配合大阅读课程，为校园图书馆发挥作用

提供精准的空间

按照教育局《关于推进校园图书馆建设和开设大阅读课程的实施意见》要求，统筹安排，科学推进。一是着力推进校园图书馆建设和图书配备，根据国家课程标准和《山东省普通中小学基本办学条件标准（试行）》有关要求，以配齐配全基础教育各阶段必读书目为目标，以学校最大班额"人手一本"为基本要求，切实加大图书购置力度，满足学生阅读的实际需要。初步设定存书3500余种，10000余册，采取滚动方式，每季度更新一次。图书内容涵盖校园文学、传统文化、外国文学、人物传记、中小学教辅、高考读物等二十多个门类，同时，定期足量更新图书，确保学生阅读需求。二是开设大阅读课程，严格落实大阅读课师资配置和课时安排。坚持以语文任课教师为主，健全专兼职大阅读课任课教师队伍。各学校把大阅读课作为校本课程开发重点，列入整体教学计划，编入学校课程表，每班每周不少于2课时。规定小学段学生阅读总量不少于145万字，初中段不少于260万字，高中段不少于150万字。每学期开学一周内，各学校将本校各年级、各班级大阅读课任课教师名单及课时课程表交教育局基教科备案。充分利用课余时间，安排开展"晨诵""午读"等活动，保障学生的阅读时间。同时，有效组织学生社团，开展周末阅读延伸活动，切实扩大学生的阅读量。三是为学生办理图书借阅卡，对学生阅读过程跟踪记录，及时发现阅读典型，给予表扬鼓励，激发学生的阅读兴趣。

三、以校园图书馆为平台，开展丰富的文化活动，创建校园书店文化品牌

一是创建同川书院、陶智书吧和鸿文书轩等校园图书馆品牌。二是通过"好书伴我成长""同读一本书""为父母借一本书""朗读者计划""阅读好时光""阅读开放日"等活动，会同媒体宣传，让校园图书馆融入学校教育教学。

四、以校园图书馆为引领,充分利用校园空间,营造"书香校园"读书氛围

主要做法是:设立班级图书角,整合学校、班级、个人的图书资源,达到资源共享;开展小组读书漂流活动,各小组制订好读书计划,统一本组阅读书目,阅读完成后,建立好书交换站,组间交流阅读书目;传统文化课单独作为阅读课,读书成果展示以手抄报展评、读书笔记展评、演讲比赛、书法比赛、表演等形式渗透在学习活动中;语文学科开展课前五分钟演讲活动,学生自拟主题,脱稿演讲,在潜移默化中提高学生遣词造句和阅读理解能力;号召家长参与亲子共读活动,把书香校园与书香家庭创建融为一体,拉动学校教育、家庭教育、社区文化建设,增强学校与家庭的联系,使学校和家庭形成一股合力,共同为孩子的读书活动提供优良的条件,真正让大阅读成为常态机制。

【案例2】

博览滋养心智　悦读精彩人生

汶阳中学以"培养兴趣、养成习惯、陶冶情操、提高素养"为宗旨,以大阅读工程为载体,打牢学生听说读写的基础,夯实教师专业发展的传统文化根基。

一、加强阅读阵地建设和大阅读课程开发,让书香根植校园

汶阳中学依托汶阳镇"孝善之乡"的底蕴,与市新华书店合作,建成了全市最大的双层复式架构的图书阅读空间——汶阳孝善书苑。采用自助借阅系统,大幅提高了师生借阅效率,营造了温馨舒适的阅读环境,搭建起了学生的绿色阅读平台。及时整合课时,保证每周两节阅读课。在自习、大课间活动、双休、节假日(特别是寒暑假时间),实行全开放阅读。利用暑假时间,完善"家庭书橱"。"读万卷书,行万里路",充分发挥学校少年宫的教育资源,开展丰富多彩的经典诵读、大阅读综合实

践活动，积极探索建立阅读实践第三课堂。开发的"中国印"课程以读写之旅为承载，包括"读之味""诗之韵""书之法"三个子课程。读之味——倾心悦读，陶孝善之情。诗之韵——经典诵读，塑博雅之气。书之法——翰墨飘香，养儒雅之性。

二、注重宣传引导，营造书香氛围

一是班级开设图书角，建立读书漂流卡，搭建阅读数码平台，学生随时与经典相约，与圣贤对话。二是学校开设"汶中悦读·书香氤氲"校园网专栏，及时上传推荐书目、经典美文、阅读心得等电子资料，供学生、家长选读互学。创造性开展阅读指导和交流展示活动，建立师生阅读博客、QQ阅读交流群、学校微信公众号、阅读社团微信群，对家长、学生大阅读进行线上的指导和帮助。三是注重社团引领，成立了国学朗诵社、海燕文学社、《悦读》编辑部、孝善之乡书法社、汶水诗社等社团，发挥好校刊《海燕》、校报《悦读》"校园之声广播"的正确舆论导向作用。

三、自主阅读，厚植师生文化底蕴

为厚植师生文化底蕴，学校构建起"334"阅读机制。一是实现了"三个全"。全员读，从校长到教师，从班主任到家长，从老师到学生全员阅读；全科读，不限于开展语文、英语双语阅读，而是涵盖所有学科；全时读，从时间上满足学生需求，建立阅读超市。二是实现了"三个晒"。师生广泛开展"晒感想""晒反思""晒提升"阅读感悟活动。三是做到了"四个有"。每个学生家庭基本上做到有书架、有书桌、有时间保证、有读书辅导员。平时开展菜单式阅读。学生根据教师提供的阅读菜单，明确研究课题，制订读书计划，利用大阅读课开展研究性学习，最终形成研究性学习报告。我们积极引领学生在阅读的道路上一步一个脚印地前行，使孩子们成长的脚步落地有声。

目前，全市市属学校和镇街中心中小学已实现校园图书馆全覆盖，现有场馆,最大面积 220 平方米,最小 70 平方米。其他学校通过流动图书站的方式,满足学生的读书需求。以上措施,更好地满足了学校师生的阅读需求和读书体验,受到学生和家长的普遍欢迎。

【案例 3】

肥城市教育和体育局　肥城市新华书店
关于建立镇街学校图书流动站的意见

近年来,全市坚持"立德树人"根本任务不动摇,深入推进大阅读,实施新华书店进校园,优化了镇街中心中小学图书设施条件。但镇街中心中小学以外的其他完全学校和教学点,由于规模较小等因素,无法建设校园书店。为解决好这些学校学生无书读的问题,实现新华书店全覆盖,根据《关于开展"全民阅读·书香肥城"活动的实施方案》的文件精神,提出如下意见。

一、指导思想

以党的十九大精神和习近平新时代中国特色社会主义思想为指导,全面深入贯彻落实国家及省教育大会精神,坚持立德树人根本任务不动摇,充分利用现有设施,科学规划,分步实施,推进镇街学校图书流动站建设,补足农村薄弱学校图书设施建设配备短板,为学生提供优质图书资源,为深入扎实开展好大阅读提供有力保障,促进肥城教育优质均衡发展。

二、总体目标

按照共建共享、发展均衡、权责明晰、运行有效、惠及全体的原则,不断总结经验、完善运行模式,逐步建成以镇街中心中小学为核心,以镇街范围内其他完全学校和教学点现有图书室设施和管理人员为依托的镇街农村中小学"图书流动站",形成功能完善、资源共享、管理规范、运行高效的镇街学校图书一体化服务体系,强力支撑"全民阅读·书香肥城"建设和推动大阅读的扎实推进。

三、推进措施

（一）增强服务意识

建设镇街学校图书一体化服务体系，对补足镇街中心中小学以外的其他完全学校和教学点在图书室建设、图书配备更新等方面存在的短板具有重要作用。各学校要高度重视，充分认识建设镇街学校图书一体化服务体系，对改善办学条件、推动大阅读、全面提升学生素质的重大意义，积极配合新华书店，做好规划设计，搞好协调服务，确保这项工作顺利推进。学校图书室及管理人员作为学校后勤保障的重要组成部分，要树立热情、规范、廉洁、高效的工作作风，把为广大学生和干部教师服务作为第一职责，把"优服务、强保障、讲公开、促勤廉、提效益、保安全"作为第一追求，努力强化服务意识，提高后勤保障能力和水平。

（二）创新运作模式

大力推进校园图书馆延伸服务，建设"新华书店—镇街中心校校园图书馆—农村学校图书流动站"三级图书流转模式，由新华书店按照镇域内学生数量统一采购和配置图书资源，学校图书管理员与新华书店要合理分工，研究好工作流程，避免重复低效劳动，提高图书借阅服务效率。实行图书报刊借阅"一卡通"，实现镇域内无障碍借阅。

（三）保障资源配置

在图书资源配置上，以已经建成的镇街中心中小学校园图书馆为依托，由新华书店按照其他中小学和教学点学生数量，以1∶2的比例按月更新（每生每月2本新书）标准足额配备。新华书店要保证所提供图书内容健康向上，严禁提供含有涉黄涉黑、凶杀暴力、商业广告等不良内容的图书进校园。

（四）明晰工作职责

1. 新华书店在各镇街中心中学和中心小学设立图书管理员2名，负责工作如下：

（1）图书管理、信息录入等具体业务。

（2）收取及管理借阅费。

（3）协助其他完全小学和教学点图书管理员挑选和发放图书。

2. 镇街中心中学和中心小学图书管理员由原图书室管理员兼任，负责工作如下：

（1）负责图书内容审核工作，确保图书内容健康向上，坚决杜绝涉黄涉黑、凶杀暴力等不良内容和商业广告进校园。

（2）协助其他完全中小学和教学点图书管理员挑选和发放图书。

3. 其他完全中小学和教学点图书管理员由原图书室管理员兼任，负责工作如下：

（1）负责图书内容审核工作，确保图书内容健康向上，坚决杜绝涉黄涉黑、凶杀暴力等不良内容和商业广告进校园。

（2）负责当期借阅图书的信息统计。

（3）负责图书的借阅、运输、维护、发放、收取和归还。

（4）负责本校学生借阅费用的收取。

（五）规范有序借阅

其他完全中小学和教学点图书管理员每月整理师生阅读书目（借阅频次可按需调整），集中到本学段中心校图书馆办理借阅，借阅期限可与图书管理员协商，借阅期满后应当按时归还。

各镇街学校可协商约定办理借阅的日期，避免因一天内多个学校同时到中心校借阅而出现借阅效率低、图书混杂、污染、丢失等意外情况的发生。

2019 年 4 月 19 日

同时，将学校大阅读活动开展情况纳入综合督导考评重要内容，促进学校对大阅读活动场所配置、图书更新补充及活动开展情况的高度重视，促进大阅读活动落到实处。新华书店及时更新进校园的书籍，为师生提供书刊资料和教育教学信息，利用书刊资料对学生进行政治思想品德、文化科学知识等方面的教育。广泛开展各类读书活动，开展师生共读一本书、家长学生亲子阅读、假期读书等活动，提高图书的使用效率。目前，全市各中小学都通过设立图书室、阅览室、读书墙、班级读书角等形式加强了硬件建设，同时，新华书店还配备了微机、打码机、扫码器，实现电子管理，方便了师生借阅，提高了管理效益。

推进大阅读，我们注重方式方法。在阅读问题上，不刻意地激励、奖励，更不当作任务，硬性地布置背诵、读后感等任务，加重学生和家长的负担。开展大阅读的目的在激趣，要真正把学生的兴趣激发出来，贵在让学生形成习惯。要把握好度，注意分层引导，只要大部分人喜欢就可以了。要开展好新华书店进校园、教师推荐书目、师生共读一本书、分享书摘体会等活动，要让学生回家后自由读，根据个人的兴趣读好书，多读书，让每个学生都有所喜欢、有所热爱。阅读是个慢功夫活，要慢慢咀嚼，慢慢积累。为推动大阅读，市教学研究中心也专门出台了相关文件。

肥城市教学研究中心
关于在小学段深入推进大阅读工作的指导意见

肥教研〔2018〕5号

大阅读是加强语文教学的重要突破口，是落实市教育局党委提出的"打基础、养习惯，善积累、激兴趣，勤实践、提能力""18字"要求的重要举措。为深入推进小学段大阅读工作，确保推进方向正确、推进方法科学、推进措施高效、推进声音和谐，特制定本指导意见。

一、指导思想

以党的十九大报告精神为指导，全面落实党的教育方针，坚持立德树人根本任务不动摇，尊重教育规律和学生成长规律，紧紧围绕大阅读这个突破口，做规划、强保障、求实效、利长远，让热爱读书成为学生应有的状态，让书香缕缕成为学校应有的生态，引导学校把这种状态和生态做成一种健康的常态，为学生成长提供滋养，为学生成才奠定基础。

二、总体目标

通过深入推进大阅读工作，普遍激发学生的读书兴趣，逐步培养读书习惯，让学生多读书，读好书，不断积累知识，积累素材，积累词汇，丰富语言，拓宽思维，慢慢提高听说读写、思辨赏析能力，切实在阅读中汲取营养，在实践中砥砺品行，提高综合素质，健康快乐成长，全面适应新时代育人要求。

三、主要措施

1. 统一一个认识。大阅读符合教育规律，滋养学生成长，适应教育改革，是一项重要的、基础的、长期的常规工作，不是一个阶段性活动，在小学阶段抓起、抓实、抓好尤为重要。开展大阅读，目的是激发保护学生的读书兴趣，引导绝大多数学生养成读书习惯。落实大阅读，校长要亲自抓，责任主体是语文兼职教研员（没设兼职教研员的由教研组长负责），落实主体是语文教师，其他学科教师要积极配合。推进大阅读，要蹄疾步稳、文火慢炖，持之以恒、久久为功，一定要抓平时、抓过程，慢慢滋养、润物无声，让读书习惯水到渠成、自然形成。全市各小学要准确把握大阅读的本质意义、本质要求，统一广大师生、家长的认识，既要高度重视、认真组织、积极配合，又要防止急功近利、增加负担、出现杂音。

2. 做实一个规划。规划大阅读工作就是帮着学生规划人生。开展大阅读决不能摸着石头过河，必须加强顶层设计，拿出整体盘子。全市各小学要着眼长远发展，尽快研究制订大阅读规划，明确硬件建设建哪些、建成什么标准,明确推进措施有哪些、具体怎么操作,明确《义务教育语文课程标准》规定的基本阅读篇目有哪些、基本阅读总量是多少,特别要围绕"兴趣激发、习惯养成",结合不同年龄阶段孩子的接受能力、成长需要,精心谋划激发读书兴趣的办法,科学推荐不同层次的书目等。规划必须突出科学化、具体化,可操作、重实效,能一届一届循环使用,经过过程完善、时间沉淀,能成为学校的一种制度文化、教育特色、质量名片。

3. 突出一个抓手。语文课堂是渗透大阅读环节的重要抓手,什么时候都不能丢弃。全市各小学要优化语文课堂结构,增设学生读书情况检查环节,一上课首先拿出几分钟的时间,让学生展示交流读书收获,并将此环节纳入教师教学常规评估,形成长效机制。增加这个环节的目的,是让教师养成检查的习惯,让学生养成坚持的习惯。所以,语文教师要站在激发和保护学生读书兴趣的角度,根据年级不同特点,对课初展示交流内容提出不同要求,可以是新遇到的字音、字形、词义,可以是优美的句子、精彩的段落,可以是读书的感悟、练笔的习作等,不一而足,总之要让学生力所能及、乐于去做,又有所积累、有所收获。同时,鼓励学校开展阅读指导课、阅读交流课、阅读推荐课等课型的教学研究,提高学生阅读能力。

4. 搭好一些平台。要建好场地平台,重点建好图书室、阅览室,尽量打造得干净整洁、温馨静谧、书香浓郁,增强阅读吸引力,并面向师生全天候开放。同时,科学利用教室、走廊、校园空间,为学生打造随处可读的阅读场所。要丰富书源平台,及时充实更新藏书,精挑细选,严把质量,强化国学教育,弘扬国粹经典,做好中华传统文化筛选,逐步配齐教育部推荐的小学生课外阅读书目,鼓励配齐由市教学研究中心组织小学一线优秀教师推荐的课外阅读篇目,为广大师生提供可读性强、挑选空间大的丰富藏书。要搭建活动平台,适时或定期组织开展师生共读一本书、读书演讲、讲故事、辩论赛、诗词诵读等系列活动,助力师生读书兴趣保鲜,影响带动更多的师生爱上阅读。全市各小学要加大投入,做好基础性建设工作,积极支持活动开展,为师生阅读做好服务。

5. 预防一些问题。在推进大阅读过程中,要坚决防止大阅读形式化、机械化、作业化,不能单纯地为阅读而阅读、为阅读而背诵、为阅读而写作,从而加重学生和家长的负担、浇灭学生读书兴趣,甚至引起学生和家长的反感和不满。不能硬性要求家长"亲子阅读";不能强行要求家长发送孩子阅读图片或视频;不能天天布置背诵作业,不要硬性规定写多少字的读后感、读书笔记;不能本末倒置,防止在语文课堂上过渡渗透课外阅读和拓展,影响对教材文本的挖掘、利用和提升;不能因为"读"而忽视或削弱对学生"说""写"能力的培养;不能强制学生和家长向学校捐书或购买图书;不能打着大阅读的旗号违规收费;等等。

6. 凝聚一种合力。顺利推进大阅读,需要多方付出,共同努力。全市各小学要强化作业管控,教育引导各学科教师按教育规律、按上级要求布置家庭作业,能在课堂完成的一定要在课堂完成,能不布置书面的就不要布置,坚决强化班主任对作业总量的统筹职责,切切实实减轻学生课业负担,把更多的时间还给孩子,保证学生的阅读时间。同时,也要切实减轻教师负担,让老师们干该干的事,可不干的不要让老师们耗费精力,让老师们把精力聚焦到主业专业上来。要加强家校沟通,通过家委会、家长会、致学生家长一封信等形式,讲清开展大阅读的目的、意义,及时倾听吸收家长的合理建议,及时解释化解个别家长的困惑疑问,争取家长的理解、支持和配合。要重视评估考核,深入研究《肥城市中小学教育教学工作综合督导评估考核方案(试行)》,根据有关大阅读的考核要求,建立完善相关制度和运行规范,把工作干到点上、落到实效上。要加大教育宣传,积极利用校园电视台、校报校刊等媒介,宣传大阅读的有效做法,营造大阅读的浓厚氛围。市教学研究中心将适时组织专题调研、视导，发现倡树典型，通过市校园电视台进行宣传推广。

附件：

1. 教育部推荐小学生课外阅读书目
2. 肥城市教学研究中心推荐小学生课外阅读书目

肥城市教学研究中心
2018 年 3 月 30 日

上述文件特别清楚地讲明了大阅读的目的意义、怎么去做推进大阅读这项工作、需要走出哪些误区、防止出现哪些问题。经过一段时间的运作，目前全市中小学大阅读工作成效显著，新华书店在市直和镇街中心中小学都建起了图书馆、阅览室，打造了藏书丰富、更新及时、环境优雅的高标准图书室；形成了课前展示阅读成果的语文课堂教学特色，即在语文课堂教学中，首先拿出几分钟检查学生的诵读、检查优美语句的摘录、阅读主要内容的复述，这已成为我市中小学语文教学的亮点；各中小学都能够有计划地安排诵读课、答辩课，定期组织诗词诵读竞赛、故事会等活动。可以说，现在的肥城师生阅读蔚然成风，书香校园初步建成。

养习惯

我国著名教育家叶圣陶说："教育就是培养习惯。"良好的习惯，可以改变一个人的命运。从当前教育现实来看，从学校到家庭虽然都知道习惯养成的重要性，平时也重视习惯培养，但是由于缺乏明确的要求、系统的培养、持久的努力和科学的评价，致使习惯养成效果不明显，这也在一定程度上能够解释，为什么有不少的学生学习效率低、学习效果差、眼睛近视度高、规则意识差、语言不文明、人际关系不和谐等。鉴于此，我认为"养习惯"既是遵循教育教学规律、学生成长规律，又是现实所需，必须要把"养习惯"作为基础教育阶段的重要任务来抓。

为使全市中小学步调一致地抓学生习惯养成，我们根据学生的阶段性成长目标和社会对学生的要求，结合《中小学生守则》《中小学生日常行为规范》等文件精神，在广泛调研、研讨的基础上，研究制订了义务教育两学段"3·12"习惯培养体系（见本篇附录）。其中，"3"是指着重培养良好的学习习惯、行为习惯和生活习惯，"12"是指每类习惯的12项指标和表现。

各中小学按照这个培养体系和考核引导，集中抓实了以下四个方面：

一、营造良好氛围"养习惯"

对于"养习惯"工作的考核,坚持"三看",看学校活动、看学生认知、看师生常态表现。

(一) 校园氛围营造

在校园显眼的位置悬挂校风、教风、学风;在校门、楼道、宣传栏、围墙等地刷写、悬挂名人名言、标语;在教学楼走廊里张贴"注意安全""不要大声喧哗""轻声慢步靠右行"等温馨提示语;利用校园板报展示优秀教师和优秀学生的风采;开辟校园文化长廊,充分展示学校办学特色、学生的综合才艺、中华传统文化等,创设和谐的育人环境。

(二) 班级氛围营造

在班级里设置图书角,配发适合学生年龄特点的书籍;开展学生"捐出一本书,阅读百本书"活动;张贴名人画像、格言、警句等,鼓励学生主动学习名人、跟从名人、赶超名人。

(三) 家庭氛围营造

有条件的家庭可以为孩子单独准备一个房间供学习之用。房间的布置要整洁有序,采光充分,尽量不放置容易引起孩子分心的东西。不具备条件的家庭,在孩子学习时,要注意避免各种干扰,尽量给孩子一个安静的学习环境。提倡家长和孩子一块读书,经常开展亲子交流活动,发现孩子身上的闪光点及时表扬,直到养成习惯,内化于心,外化于行。

二、发挥课堂主阵地作用"养习惯"

教师可以依据《山东省中小学德育课程一体化实施指导纲要（试行）》，通过具体情境的创设，让学生体验和感悟这些习惯的意义和价值，从而加深对好习惯的认知，在生活学习中自觉养成好习惯。

（一）抓好品行的培养

德育为首，知行合一。要充分发挥学科的德育功能，特别是通过语文、道德与法治等学科的教学，引导学生明白什么是好品行。例如，道德与法治教科书中，有大量的章节都是围绕品德与行为习惯展开的，如有关学习的"学会学习"，有关生活的"青春理想""杜绝不良诱惑""自立自强""劳动的权利""艰苦奋斗"，有关行为的"保护环境""诚实守信""礼貌待人""依法自律""自我保护""尊敬师长""孝敬父母""热爱集体""勇担责任"等，教师要注意发挥这些章节的德育作用，引导学生正确认识并自觉养成好品行。

（二）抓良好学习习惯养成

必须抓好课前教学、课内教学、课后教学三个基本环节，正确处理好课前、课内、课后三者关系，重视课前、突出课中、兼顾课后，使三者相互协调、相互促进，从而有效地激发学生学习的主动性，促使学生自主参与教学全过程，在学习活动中逐步养成预习、听课、讨论、质疑、展示、记录、复习、作业等良好的学习习惯。我们不少学校充分运用"可视化思维"的研究成果，强化知识体系与知识架构的学习，促进思维系统化、体系化，不断提升学生的知识建构能力。

（三）抓好班级目标的管理

学校制定《班级常规管理考核细则》，将学生在礼仪、学习、生活、品行、安全等方面的习惯予以细化，制定出相应的管理考核目标。

三、强化制度约束"养习惯"

（一）完善学校管理机制

各学校成立以校长为组长，分管校长为副组长，教导处、政教处及各班班主任为成员的习惯养成教育领导小组，全体教师包保到班，同时吸收班委会和团支部，构建立体式德育网络，凝聚师生合力，共抓习惯养成，适时开展"好习惯之星"系列评选活动。

（二）强化课余时间管理

在加强校规班纪建设、强化自我约束的同时，要求教师课间参与到学生的活动中，对不良行为即时纠正，要求班干部负责提醒、监督、制止违规违纪行为。不少学校还设立了文明习惯监督岗，对学生的言行进行监督，发现不良行为立即制止，并与班级考核挂钩，实现了学校管理的规范化、秩序化。

（三）完善家校管理机制

为了保证"养习惯"系列措施的落实，学校建立教师家访制度，通过有计划、有针对性的家访，与学生家长进行面对面的交流，全面了解学生发展情况，分析学生不良行为的成因。把教师的师德师范纳入考核，把学生习惯的养成情况纳入综合素质评价。

四、"养习惯"的实践策略

我们结合学生的学习生活实际,聚焦"养习惯",采取了如下实践策略:

(一)开展团队活动

利用各类"第二课堂"和社会实践基地,广泛开展有益于学生身心发展的实践活动,不断增强学生的社会责任感、创新精神和实践能力;开展"三爱三节"主题实践活动,将养成教育落实于学校日常运行;开展主题月教育活动,每月一个活动主题,侧重一个方面的教育;开展丰富多彩的文体活动,引导学生系好人生第一粒扣子。

(二)开展专题活动

好习惯成就美好人生。全市各学校依据"3·12"好习惯培养体系要求,结合学校实际,扎实开展系列好习惯养成教育活动。如石横镇中心小学开展"十好习惯培养"系列活动,从学生的生活习惯、学习习惯、行为习惯培养入手,根据低、中、高不同学段的学生身心特点,提炼形成了"进阶式好习惯培养体系";开展"说说我的好习惯"演讲比赛、"好习惯之星"评选、"晒晒我的好习惯"等活动,学生全员参与,家校多元互动,形成了良好的习惯养成氛围和"人人有事做、事事有人管"的管理局面。

(三)充分利用《学生综合素质评价报告书》

《学生综合素质评价报告书》是中小学生在校综合表现及学校改进教育教学工作的重要依据。全市各中小学校高度重视学生的综合素质评价,创新实施了学生习惯养成的多元化、过程性、发展性评价,较好地促进了学生的全面发展、个性发展。

良好习惯的形成并非一朝一夕之功,需要学生长期努力和坚持,需要教师持之以恒的督促和引导。"养成一种良好习惯,收获一种幸福人生",我们今天的努力和付出将为学生的终生幸福奠基。

【附录】

小学段"3·12"好习惯培养体系

(一)12项学习习惯

1. 学会倾听的习惯。上课不做小动作,不玩玩具及学习用品,不做与学习无关的事。认真倾听其他同学发言,看他们的发言是否正确,有没有需要补充的。要倾听老师讲解,并按要求认真练习。

2. 善于思考的习惯。上课专心听讲,认真思考,积极发言。善于发现,大胆发表自己的见解,对不懂的问题要主动向教师请教。课前预习知识,不明白的问题提前做好标记。

3. 敢于提问的习惯。勤于思考,敢于质疑,与人交流,不怕说错。发言时,站得直,口齿清,讲普通话,声音要洪亮。

4. 与人合作的习惯。学会表达自己的观点和见解,主动和同学、老师合作,共同解决问题。与同学交流时,要尊重别人的意见和观点。

5. 积极阅读、写作的习惯。养成边读边想、圈点勾画、写读书笔记及日记的良好习惯,注重知识的积累。不阅读不健康的书籍,不看不健康的光盘,不浏览不健康的网站。爱护书籍,不在公用书籍上乱写乱画。

6. 认真书写的习惯。读写姿势端正,会正确执笔,做到"三个一":眼离书本一尺,胸离桌子一拳头,执笔处离笔尖一寸。书写端正大方,保持卷面洁净,不乱用涂改液和修正纸。文字和符号都要规范,格式要美观。

7. 做事有条理的习惯。学习用具的收拾要有规律，书本存放在书包里或书桌上要有一定的次序，做各科作业要预先安排好时间等。

8. 搜集资料的习惯。能利用查阅图书、上网浏览、实地考察、走访调查等渠道主动搜集与学习相关的材料，拓宽自己的知识面。对搜集的各种资料能进行分析、归类、整合。

9. 课前预习的习惯。巩固复习旧概念，查清理解新概念，查不清、理解不透的记下来。找出书中重点、难点和自己感到费解的地方。尝试做一做本课后面的练习，不会做可以再预习，也可记下来，等教师讲课时注意听讲或提出。

10. 课后复习的习惯。要有复习计划，要处理好各门功课的关系，既不要用时不平衡，又不要不分重点和自己的薄弱科目而平均用力。

11. 学习方法常总结的习惯。要从自身实际出发，发挥特长，不断总结摸索适合自己的有效的学习方法，发现学习的规律。

12. 按时完成作业的习惯。能复习巩固当天所学的知识，认真完成并细心检查作业。注意运用所学知识解决实际问题，培养自己的各种能力。

（二）12项行为习惯

1. 举止文明的习惯。懂礼貌，见到老师、客人主动问好；自觉使用"请、您好、谢谢、对不起、再见"等礼貌用语；接受别人帮助时要微笑着向别人致谢；不打架，不骂人；不给人起外号，不歧视身体有残疾的人。

2. 诚实守信的习惯。诚实守信，说了就努力去做；答应别人的事实在完不成应向别人说明原因并致歉；借别人东西要按时归还。

3. 尊重他人的习惯。耐心听他人说话，不随便打断人家；听对方说话要用心，不能边听边考虑自己的事；听到批评不要激动，平静地听对方说完；不打扰别人的学习、工作、休息和生活，一旦打扰要及时致歉；

未经别人允许不乱动别人的东西；学会保护自己或他人的隐私。

4. 守时惜时的习惯。按时起床，休息；放学及时回家，不在路上玩耍；今日的事今日完成；做事有计划，不盲目，不拖沓。

5. 懂得感恩的习惯。体会父母的艰辛，尊敬父母长辈；主动替父母干一些力所能及的家务活；尊重环卫工人、警察的劳动。

6. 勤俭节约的习惯。爱惜学习用品；不乱花钱；珍惜粮食，不挑食；节约用电用水；爱护公物。

7. 遵守秩序的习惯。上下楼梯轻声慢步靠右行；遵守交通规则；购物排队，遵守公共秩序；爱护学校、公园的花草树木和公共设施。

8. 勤于动手的习惯。自己的事情自己做，东西用完要放回原处。能独立完成教科书上所要求的各类操作实验，操作步骤正确、规范。

9. 锻炼身体的习惯。积极参加集体活动和课内外文娱体育科技活动；学习运动常识，做好自我保护，运动中听从老师的安排，不做危险的动作和游戏。

10. 讲究卫生的习惯。勤洗头勤换衣服睡前刷牙，勤剪指甲；饭前便后洗手；定期整理书包；爱护环境，不随地吐痰乱扔垃圾。

11. 互帮互助的习惯。当小伙伴遇到困难时要团结友爱、互帮互助、不做旁观者。

12. 遵规守纪的习惯。遵守学校各项规章和要求，不迟到，不早退，不旷课；不欺负低年级的同学、歧视身体有残疾的同学，不给同学起外号，杜绝校园欺凌。

（三）12项生活习惯

1. 早睡早起的习惯。晚上按时睡觉，早上按时起床。生活作息有规律，保证充足的睡眠。不因周末或节假日而熬夜或赖床。

2. 注重仪表的习惯。每天要穿校服、佩戴红领巾并且要干净、整洁。每天早晚要洗脸洗手，弄脏手、脸及时清洗。睡觉前要养成刷牙、洗脚的习惯。勤理发、勤剪指甲、不吮指、不挖鼻孔和耳洞。

3. 自立自理的习惯。自己的事情自己做，自己整理书包、收拾房间叠被褥，自己洗衣物。

4. 讲究效率的习惯。做事有计划，不盲目、不拖沓。放学后按时回家，不在马路上溜达玩耍。回家后，马上完成老师布置的作业，当天事当天毕。

5. 物归原处的习惯。东西用完要放回原处，摆放有序、不要随处乱扔，尤其是公共场所。

6. 合理消费的习惯。理解家长赚钱不易，零用钱使用要有计划和记录，不随便向家长要钱，不乱花钱买零食、玩具等，做到勤俭节约。

7. 不爱虚荣的习惯。不和同学比吃、比喝、比大方。正确地认识自己的现状，不计较别人的态度。

8. 健康饮食的习惯。培养良好的饮食习惯，注意饮食卫生。饭前便后应洗手，瓜果应用清水冲洗净后再吃。养成不偏食、不挑食、不吃零食的好习惯。

9. 爱护环境的习惯。爱护公共设施，不乱涂乱画，不踩踏花坛，不乱折树枝，提倡"弯腰精神"，一见垃圾就捡拾，扔进桶里不怕烦。自觉与不文明行为说再见，与不文明行为做斗争，争做环保小卫士。

10. 遵守交通秩序的习惯。理解交通标志指示牌的含义，在过马路前，要先观察路口交通信号灯和交警叔叔的指挥手势，务必在确认安全后，通过斑马线到马路对面。不在马路上追逐玩耍，不跨越护栏。不乘坐三无车辆，乘车时不把手、头伸出窗外。

11. 热爱劳动的习惯。要发扬不怕苦、不怕累的精神，搞好个人卫生和集体卫生。要力所能及地帮助家长承担家务，爱惜别人的劳动成果。

12. 自我保护的习惯。不炫耀、不露富、不和陌生人谈论家庭情况。独自在家的时候，坚决不给陌生人开门，有事拨打报警电话"110"。

初中段"3·12"好习惯培养体系

（一）12项学习习惯

1. 专心致志的习惯。集中精力，不边学边玩，不一心二用；不心浮气躁、三心二意。

2. 课前预习的习惯。计划好课前预习的科目和内容，能够独立思考并提出自己不懂的问题或有价值的问题，适时与家长、同学进行讨论研究。

3. 上课认真倾听、记笔记的习惯。在课堂上学会三听：一是认真听老师和每个同学的发言，不插嘴；二是听出别人的发言要点，培养学生收集信息的能力；三是听后认真思考，提出自己的见解，提高处理信息、反思评价的能力。课堂笔记要学会记要点、记疑问、记解题思路和方法、记小结、记课后思考题。

4. 课后复习的习惯。先复习再做作业，补上没有学好的内容，要学会好的复习方法，对不同的学习内容进行交替复习。

5. 认真细心独立完成作业的习惯。按时独立完成老师布置的作业和自己选做的作业，认真书写，及时检查，养成整理错题本的习惯。

6. 勤于思考的习惯。要善于动脑，举一反三；多思勤思，随听随思；观点新颖，表达出自己的思想。

7. 认真书写的习惯。握笔姿势和坐立姿势正确，认真书写，不能潦草。

8. 勤学好问的习惯。勇于提出自己不懂的问题和大家研究，对于不同意见敢于提出心中的疑问。

9. 合作学习的习惯。学会合作技巧，学会认真倾听，勇于发表自己的见解，把自己的探索、发现过程用语言表达出来，在组内交流，学会互相评价。

10. 课外阅读的习惯。养成边读边想、圈点勾画、写读书笔记的良好习惯，注重知识的积累。乐于读书，愿意和书交朋友，养成阅读的好习惯。

11. 自主学习的习惯。认真阅读教材，做到眼到、耳到、口到、手到、心到。使用字典、词典、参考书等工具书，帮助解决不明白的问题。边读边做记号，能够质疑问题并解决问题。学会自己观察、自己实验、自己分析总结，独立完成相应的习题。

12. 科学用脑有计划学习的习惯。学会充分利用"最佳用脑时间"，学会五官并用、手脑并用地参与学习。

（二）12项行为习惯

1. 遵纪守法的习惯。遵守学校各项规章和要求，不迟到，不早退，不旷课；自觉遵守课堂纪律和安全规定等。学习、了解法律法规，严格遵守法律法规，做一个知法、懂法、守法的人。

2. 团队合作的习惯。善于合作，相互依存，互相敬重，相互宽容。乐于参加班队会，积极参加各种社团活动以及学科课题、小组活动课题等实践活动。

3. 文明交往的习惯。对他人有礼貌；与同学友好相处；虚心对待师长的教导；尊敬长辈，孝敬父母，体贴家人，关心邻里，乐于帮助他人，尊重交往对象。

4. 善于合作的习惯。耐心倾听对方的观点，能评价和约束自己的行为，虚心接受他人的忠告和建议，与他人共同分享，能换位思考。

5. 敢于竞争、善于竞争的习惯。在竞争过程中能相互激励，相互帮助，取长补短，实现"双赢"。善于抓住机遇，迎接挑战，积极参与社会竞争，展示自我。

6. 仪态端庄的习惯。坐如钟，站如松，行如风，举止高雅。

7. 讲普通话的习惯。自觉讲普通话，积极参加各类活动，提高自己的普通话水平。

8. 维护集体荣誉的习惯。维护国家荣誉，不说有损国格的话，不做有损国格的事。维护学校荣誉，积极参加各种活动比赛，为学校争光。维护班级荣誉，做班级的主人，积极为班集体做力所能及的事情，为班级争光。

9. 热爱劳动的习惯。做好班级的值日工作，热心公益劳动，帮助父母干好力所能及的家务劳动。

10. 诚实守信的习惯。与同学朋友相处，要重诺不轻诺，凡是答应的事情，一定说到做到。如有特殊原因没有兑现承诺，要解释清楚、表示歉意并尽力弥补。

11. 培养健康情趣的习惯。严禁不良嗜好，不去青少年不宜的场所，不参与迷信邪教活动，明辨是非善恶，有正义感。

12. 强健体魄的习惯。树立每天锻炼一小时、幸福健康一辈子的理念，合理安排课余生活，掌握科学锻炼身体的常识与方法。

（三）12项生活习惯

1. 自理、自立的习惯。被褥衣物叠放整齐、服装整洁；早晚刷牙，定期洗澡、理发、剪指甲，有良好的用眼卫生习惯。

2. 合理饮食的习惯。一日三餐要按时吃，不暴饮暴食，不挑食拣食，不拿零食当正餐，不以饮料或奶代替饮用水。

3. 遵守作息时间的习惯。作息有规律，保证充足的睡眠时间，避免开夜车或赖床的不良行为。

4. 做事有条理的习惯。学习、活动按计划有条理，不磨蹭，不拖沓，善始善终。

5. 爱惜财务的习惯。爱惜自己和他人的物品，爱护校园设施设备，爱护社会公共设施。

6. 珍惜时间的习惯。合理分配好时间，提高时间的价值，提高做事效率，避免磨蹭、拖拉等不良行为。

7. 环保节能的习惯。倡导低碳节能，能够身体力行。

8. 节约粮食的习惯。落实光盘行动，看到浪费粮食现象及时制止。

9. 家务劳动的习惯。有计划地承担几项自己力所能及的家务劳动，做一些为父母和家人服务的事情。

10. 勤俭朴素的习惯。合理消费，适度消费，不攀比消费，不佩戴名牌手表，不佩戴任何饰件，不带手机进校园。

11. 自我反思的习惯。对自己突出的成绩或明显的失误要进行反思，对自己与别人交往中的问题要善于进行自我反思。

12. 有节制上网的习惯。遵守网络道德，上网时间有节制，不到网吧上网，不浏览不良信息，不沉溺于游戏，不发不健康信息。

善积累

老子有言："合抱之木，生于毫末；九层之台，起于累土；千里之行，始于足下。"荀子又言："不积跬步，无以至千里；不积小流，无以成江海。"习近平总书记回忆插队生活时说："上山放羊，我揣着书，把羊圈在山坡上，就开始看书。锄地到田头，开始休息一会儿时，我就拿出新华字典记一个字的多种含义，一点一滴积累。"善于积累，就能由量变到质变，最终成就辉煌的人生。

一、认识"善积累"的重要性

学习是一个不断积累的过程，不仅是知识积累，更是能力积累的过程。只有不断积累知识，认知才能不断深化，眼界才能不断开阔，能力才能不断提高。我认为义务教育学段，学生的积累主要包括知识的积累和生活经验的积累。积累是一个长期坚持的过程。要想学有所获，有所成就，就要做一个有心人，善于观察，善于思考，善于记录，善于总结，善于运用。

马克思为写《资本论》，翻阅了1500多种参考书，留下100多本读书笔记。"一日一钱，千日千钱，绳锯木断，水滴石穿。"勤学苦练，乐于积累，无疑是一条通往成功的必经之路。

二、创新"善积累"的评价体系

"涓滴之水终可磨损大石，不是由于它力量强大，而是由于昼夜不舍的滴坠。"回顾一下就可发现，我们身边一些名师和考入名牌大学的学生，都是非常注重积累的。作为教师，要引导学生在课堂学习、课下活动、家庭生活、社会实践等方面做有心人，不断积累知识、积累方法、积累经验，不断优化学习和解决问题的方法。那么，中小学生要积累什么，该怎样积累？学校应该怎么去抓好这项工作呢？

为了使评价可操作且富有实效，在《肥城市中小学教育教学工作综合督导评估考核方案（试行）》中，我们选取了一些具体的评价指标，并提出了基本的操作办法：

1. 方法指导

通过教学视导或教育观摩，重点查阅学校或教师在指导学生善于积累方面的相关资料。

2. 文史积累

采取抽查的方式，重点查看学生大阅读笔记。

3. 理科积累

抽查学生的随堂记录、错题本等相关资料。

4. 社会积累

抽查学生在观察自然、了解社会生活等方面的资料。

5. 成果展示

查阅学校组织的国学知识竞赛、故事会、诗文诵读、书法绘画、电脑制作等方面的成果。

这种评价体系构建研究，是基于我对中小学生年龄特征、积累兴趣、积累技能和积累方式方法的认识而确定的。我认为，中小学生的积累应该主要是知识积累和生活经验积累，涵盖课堂学习、课下活动、家庭生活、社会实践等领域，最终实现"博观而约取，厚积而薄发"。

我们通过教学视导、专题调研、会议交流、现场观摩等形式，加强对学校"善积累"工作的管理与考核。评估人员由市教研员、兼职教研员、部分学校领导干部等组成，采取现场查看、查阅资料、问卷调查、座谈了解、实地走访等方式，对各项内容进行考核，给各学校评比排序，成绩纳入对学校教育教学工作综合评估之中，作为评优选模、职称评聘、绩效工资发放等的重要依据。

三、"善积累"的实践策略

工欲善其事，必先利其器。方法是成功的钥匙，教师要引导学生及时总结学习方法，针对不同的内容采取不同的学习方法，运用多元方法记忆概念、理解原理、分析现象等，不断积累知识、积累经验、积累方法，让每一名学生都能够享受收获的喜悦，不断提升学习能力和核心素养。

（一）课堂笔记蕴集雨露

俗话说"好记性不如烂笔头"。课堂时间是有限的，要想记住教师讲的内容，除了用脑、用心以外，还要做好课堂记录或建立课堂笔记，这一点非常重要。除了记录教师强调的知识点、补充的拓展点，具有规律性、方法性的结论以及自己的疑点、模糊点和新问题，还可借此梳理教师讲解的知识板块，形成相对科学、系统的知识结构，提高学习效率。以小学语文课堂笔记为例，学生应重点记录以下内容：

1. 易错字音

将课堂上教师指出的形近字、同音字、多音字分类记录下来。

2. 词语

主要是难理解的词语及相关解释。

3. 重要知识点

包括教师总结出的课文结构图、人物形象等。

4. 学习收获

摘录文中含义深刻的句子或是自己喜欢的段落。

课堂笔记讲究疏密得当，以便日后补充、修改。记录时用词用语简洁浓缩，适当批注，并用不同颜色的笔添删。任课教师要定期对课堂笔记进行检查，实行激励评价机制，及时反馈发现的问题并做出调整。

（二）读书交流点亮智慧

一所没有阅读的学校，不可能有真正的教育。全市各学校坚持不懈地引导学生"读好书，好读书"，把读书当作一种乐趣、一种需要、一种享受，让阅读点亮智慧，让书香涵养大气。

近年来，各学校大力助推新华书店进校园，建立高标准图书馆，建设"图书阅览超市"，时时对学生开放；设置图书柜，实现图书漂流；设立"班级图书角"，让书籍触手可及。每周学校统一安排两节阅读课，师生共读，畅游书海。学生每年人均读书量达 30 余本。"借了吗？""还了吗？""读了吗？"成为师生和家长的口头禅。有些学校本着学生自愿的原则，为学生办理借阅卡，按班级集中借还图书；有些学校组织开展亲子共读活动，鼓励家长与孩子一起读书、一起交流，共同体验阅读的乐趣；有些学校举行国学经典诵读活动，诵读文质兼美的诗文，让学生汲取优秀文化营养，积累语言素材，提高文化品位和审美情趣；有些学校组织学生观看优秀电视节目，让学生了解社会生活，关注国家大事，扩大视野。

为推进读书活动、促进知识积累，各学校搭建形式多样的阅读展示平台，共同分享阅读智慧。将每年的四月和十月，确定为全市"读书月",开展相关活动。坚持"三个一"活动,每天一段美文诵读,每月一篇名文选读,每学期一部名著阅读。读书交流会以班为单位,人人参与,一次一个主题,如"爱在背后向前推""四月芳菲书香溢""我爱我的祖国"等。交流会由学生自主策划,形式不拘一格,声情并茂的朗诵、深入人心的感悟、视角独特的评析和组合表演的情景剧,相继登台展示。开展"书香校园"读书系列活动,以"我与好书""我喜欢的文章""与名人对话"等为主题,描述读书的心路历程,抒发对书籍的热爱之情,表达对名家的钦佩之感,营造"爱读书、好读书"的校园氛围。持续开展"好书伴我行"活动,节假日引导学生坚持阅读,做好读书笔记,做到课内课外、校内校外结合,推荐书目与兴趣选择相结合,让读书成为生活的必需。

龙山中学依据学生年级特点,对传统国学经典进行阅读指导,开展"小时间大积累"活动:利用课间操站队集合的间隙和下午上课前的空闲,组织学生诵读《弟子规》《千字文》等国学经典,品味佳句美文,感悟真善哲理;每学期举办"国学小名士"经典诵读比赛,定期举办国学讲座、国学手抄报展评、"经典咏流传"歌曲传唱、诗词大会、"朗读者"等丰富多彩的活动,让诵读激发活力,用经典润泽心灵。

(三)课初展示分享成果

为检验阅读积累成果,各学校组织开展课初 5 分钟展示交流活动。各学科根据学科特点,上课开始后的 3—5 分钟,让学生进行知识积累分享展示,内容包括时政播报、时政评析、谈天说地、学科新闻、趣味小故事、生活中的学科知识等,可以是个人分享,也可以是小组展示。在此基础上,各学科构建形成了以课初展示为特征的"5+35""5+40"课堂展示新模式。如道德与法治学科,各学校坚持让学生观看《新闻联播》,探索开展"新闻播报进课堂"活动,每四个同学为一个学习小组,组长负责分工,小组成员根据各自分工搜集、整理、展示相关的新闻资料,内容涉及政治、经济、文化、生态、科技等层面,真正实现"小课堂大社会"。语文学科实施了"小演讲大智慧"系列活动,课前5分钟学生登上讲台,背一首唐诗宋词,诵一段精品美文,来一曲经典传唱,赏几句名家名言……结束后,由老师或同学从内容和表达两方面进行简要点评,点滴积累,升华自我。历史学科借助独有的资源优势,开展历史故事会、微型辩论赛等活动,引导学生用多种形式评析历史故事、品评历史人物。上台者旁征博引,畅所欲言,无私分享;聆听者聚精会神,学会倾听,学习借鉴。

（四）学习札记积累百科

"札记之功,必不可少;如不札记,则无穷妙绪,皆如雨珠落大海矣。"清代著名史学家、文学家章学诚在《文史通义》中如是说。"不动笔墨不读书",我们要求学生在阅读的同时,要写好读书笔记,读写结合,以读促写。为此,全市统一设计印制读书札记,便于学生积累优美的字、词、句、段、篇,写好读后感和赏析评价。定期举办读书札记展评,激发学生的阅读兴趣和热情。

实验小学为发挥读书札记在积累和运用知识方面的作用,对低、中、高年级提出了不同的使用要求。低年级学生主要以"剪贴式记录法"为主,把自己感兴趣的文章或段落剪下来,粘贴在读书札记上;中年级学生以摘录好词、好句（尤其是各类修辞手法运用得好的句子、描写风景的优美句子、名言警句等）、好段为主;高年级学生以摘抄好段并简单写一写自己的感受为主。再如安驾庄镇初级中学分三个层次指导学生积累知识。第一层,把认为好的词句用波浪线画出来,把读书时产生的疑问用符号标记出来,并将心得体会等随手写在书的空白处;第二层,将自己喜欢的成语和格言警句摘录下来,将名著和名篇的主要内容用提纲形式提炼出来，将读书时的感想等概述出来；第三层，对阅读内容进行再创作，如续编故事结尾、改写等。读书札记不定期在校园走廊文化橱窗里展示，每学期末还会评选出优秀札记。"读书怡情，书香养德"，日积月累的读书丰厚了学生的人文底蕴。

（五）错题好题启迪智性

学习就是一个不断发现问题、纠正错误、提升进步的过程。学生要认真对待错题，及时整理错题，归因分类，从概念认知、思维方法等方面进行分析，举一反三，并把正确的做法规范再现，强化练习。除整理错题，也记录一些典型性、有代表性的好题，并分析该题考查哪些知识点，总结解决此类问题的方法、思路及技巧。同时注意经常温习领悟，不断反思深化，达到"做一会三"的效果。

实验小学根据学生实际情况，组织3－6年级学生建立了"数学错题笔记"。具体要求是：①把平时练习或考试中的错题进行整理、分析、归类，分析错误的原因。②错题的整理要有所取舍。不是所有错题都要整理下来，主要将规律性、方法性比较强，易出错和容易思维阻塞的知识点进行整理。③深入剖析出错原因。要对错题的错因进行诊断，关注教师对错题的分析讲解，包括该题的引入语、解题的切入口、思路突破方法、解题的技巧、规范步骤及小结等。④"举一反三"。对于整理好的错题，还必须要找出与之相同或相关的题型，并做出解答，进一步巩固掌握这一知识点。总之，对于错题笔记的使用，不但要让学生按要求记好、分析好，还要鼓励学生坚持温故而知新。

（六）知识体系串珠成链

学生在课后或每个章节内容学完后，归纳整理该章节的知识要点，教师引导学生在学习过程中找规律、找联系，把知识系统化。实践中，很多学校和老师将思维导图引入课堂，将零碎的知识点串珠成链，避免知识点的遗漏和散乱，形成完整的知识体系，做到"胸有成竹"，塑造出"看得见"的思维。如实验小学为提高学生对所学知识的梳理归纳与融合能力，开展了各学科知识树的研究活动。具体活动过程是：①梳理知识要点。在学习每单元各节的内容时，及时标出或总结出各节的知识要点。②尝试画"知识树"。每学完一个单元的知识，借助复习课，系统梳理、归纳本单元知识要点，让学生尝试独立画出"知识树"。③交流完善"知识树"。通过班内交流展示，互相评价，找出不足之处，再次修改完善"知识树"。生活处处皆学问，社会是个人生大舞台。作为学校还应该引导学生走进社会、走进自然、体验生活，丰富阅历，积累经验。

开展实践探究性学习。基于学生已有的知识经验和兴趣特长，引导学生打破学科界限，开展跨领域、跨学科的实践探究性学习，积累学习方法和生活经验。化学学科与生活息息相关，比如在学习"乳化"知识后，可以让学生在家动手实践用洗洁精清洗带油的盘子，体验"乳化"原理。生活中的例子比比皆是：食醋除水垢，用食醋鉴别食盐和纯碱、食盐和小苏打；查看蒸馒头用的发酵粉成分，明确发酵原理；用紫甘蓝、喇叭花或月季花等自制酸碱试剂，并检验肥皂水、橘子汁、柠檬汁、食用碱溶液及苏打水等的酸碱性；利用废旧注射器、输液管、眼药水瓶等材料自制制取二氧化碳的装置，利用厨房用品食醋与鸡蛋壳或食用碱做反应物制取二氧化碳、自制苏打水；用矿泉水瓶、纱布、活性炭及外出游玩捡回的鹅卵石，自制家庭净水器；用柚子皮、食盐、苏打粉自制洗洁精；等等。

组织生活技能大赛。多数学校每年定期组织生活技能大赛。比赛内容有穿衣服、叠衣服、叠被子、刷牙、洗手、洗衣服、摘菜、炒菜、包水饺等。学校按照比赛内容划分比赛场地，每个场地安排专人对学生进行相应指导，并充分考虑学生的年龄特点，按年级确定比赛项目，确保每一位学生都能参与进来。学生们按照比赛项目选好用具，全身心投入到紧张激烈的生活技能大比拼中，尽自己最大努力赛出优异成绩。这项活动帮助学生积累了生活经验，锻炼了自理能力。

参加劳动实践活动。为教育引导广大少先队员热爱劳动、感受劳动的快乐、懂得节约粮食，组织少先队员走进社区开展"劳动我体验·节粮我先行"秋收劳动实践活动。活动中，同学们体验了玉米脱粒过程的辛苦，学会了玉米脱粒的一些技能，同时更重要的是增强了劳动光荣的意识，让热爱劳动和勤俭节约成为一种习惯。

组织社会服务活动。鼓励引导全市各中小学开展"走进社会、走进家乡"系列活动，在活动中丰富学生的知识和情感体验。开展学生与家长换位体验的"我当小家长"主题活动。少先队员们在家扮演"当一天爸爸、妈妈"的角色，根据家庭生活实际，做一些打扫房间、买菜、做饭、洗衣服、照顾老人等具体家务，跟父母干一天活，体验父母劳作的艰辛。传播中华民族优秀文化，开展"粽飘香，暖人心"走进敬老院志愿活动，为老人送粽子、水果、点心等，陪老人过一个愉快而难忘的端午节。举行"爱心粽情传递，弘扬传统文化"公益朗诵活动，激发学生的爱国情怀，充分挖掘端午节的文化内涵，更好地传承和发扬中华民族的优秀传统文化。

今天的肥城，村落社区、交通岗亭、敬老院、幸福院等，时常可见中小学生志愿服务者身影，他们打扫楼道街道，清理白色垃圾；宣讲安全常识，引导车辆行人；开展爱心接力，敬老慰问表演……团徽闪亮，红领巾飘扬，桃都学生志愿者的身影，成为一道道靓丽的风景线。他们劳动着、锻炼着，挥洒着汗水，激扬着青春，积累着经验，收获着才干，催生着智慧，积淀着担当与大爱！

激兴趣

兴趣是最好的老师，兴趣是希望的萌芽，兴趣是埋藏在心底的火种。我小时候之所以愿意学数学，就是得益于有一位善于激发学生学习兴趣的张老师。小学阶段是人生的萌芽期，我们要切实把激兴趣作为教育教学追求的重要目标。

一、真正懂得"激兴趣"的重要性

大教育家孔子曾说过："知之者不如好之者，好之者不如乐之者。"俄国教育家乌申斯基指出："没有丝毫兴趣的强制性学习，将会扼杀学生探求真理的欲望。"基础教育改革的先锋于漪老师说："兴趣往往是学习的先导，有兴趣就会入迷，入迷就钻得进去，学习就会有成效。"因此，激发和培养良好的兴趣是调动学生努力学习、积极思考、勤于动手的最有效途径。

多年来，在应试教育及片面追求升学率的驱使下，部分学校"满堂灌""填鸭式"的教学模式仍然存在；有些家长一味追求高分数，"强制学习""强迫辅导"等现象还"大行其道"。在这种教育教学方式下，许多学生无自主学习能力，无自由活动时间，无兴趣爱好特长，导致厌学情绪严重，辍学现象时有发生……

　　针对以上情况，我们立足义务教育学段的基础特点，尊重教育规律和学生成长规律，于 2017 年 10 月发布《关于强化义务教育学段重点工作，进一步提升教育质量的指导意见》，首次把"激兴趣"界定为义务教育阶段重点工作，明确要求："在义务教育阶段，激兴趣主要是激发学生积极向上的学习兴趣和爱好特长"，变"厌学"为"乐学"，变"难学"为"易学"，变"死学"为"活学"。

　　2017 年 11 月 4 日，我在《全市义务教育学段教学工作会议上的讲话》中，针对"激兴趣"提出了更加具体的要求。全市各学校和广大干部教师紧紧围绕学生兴趣的培养和激发，不断创造条件，进行了大量卓有成效的探索实践。

二、为推动"激兴趣"建立多元评价体系

　　管理出效率，评价激兴趣。我在《关于强化义务教育学段重点工作，进一步提升教育质量的指导意见》中提出的"激兴趣"要求，主要包含三个方面。一是减负增效。要深化课堂教学改革，实施"课堂革命"，积极推进自主、合作、探究教学方式，充分利用现代教学手段，提高课堂效率；严格控制作业量，减轻过重课业负担，落实教师课后服务要求；开发优质课程资源，形成系列电子课程，满足学生课上、课后学习需求。二是广泛开展社团活动。抓好校本课程的开发实施，构建课程超市，搞好社团活动建设，做到校本课程实施社团化，满足不同学生个性发展需求。三是持续提升教师专业素养。广泛开展师能锻造、素养展示活动，引领广大教师用精湛的技艺、包容的胸怀、欣赏的眼光，调动学生，感染学生，激励学生，点燃兴趣的火花。

　　为此，我们引导基层学校着力构建了"激兴趣"的四大推动机制，

即课程实施、社团活动、竞赛评比、文化宣传机制。

（一）局科室明确分工，助推学校"激兴趣"

科学规划，整体推进"激兴趣"工作。市教学研究中心通过抓学校大阅读活动的开展，在阅读中激发学生读书兴趣；抓课堂教学改革，在课堂教学中激发学生学习兴趣；抓实验教学，在实验中激发学生探究兴趣；抓社团建设，在社团活动中激发学生爱好特长。体卫艺办公室通过抓学校音体美教学和艺体活动的开展，在艺术鉴赏和竞技比赛中激发学生艺体兴趣；基础教育科通过抓学校课程开设，抓学生科技、实践等活动的开展，在科技制作和社会实践中激发学生的创新实践兴趣。

【案例】

农村小学走出的排球冠军

近日，泰安市第21届运动会暨第九届全民健身运动会部分竞赛项目先期举行。8月22日至25日，在新泰市体育中心、实验中学两个场地举行的排球比赛中，来自岱岳区、泰山区、新泰市、肥城市、宁阳县、东平县共24支球队、约280余名队员展开了激烈的角逐。其中，一支来自肥城农村小学的女子排球队脱颖而出，凭借过硬的本领与高昂的斗志，五战五捷，当仁不让获得全市排球比赛女子乙组第一名的好成绩。

谁能想到，这支摘得地市级全运会排球比赛第一名桂冠的球队，竟然来自一所农村小学，而且还是"小"得名副其实的一所小学。

"苔花如米小"，地处农村偏远山区的刘村小学，全校只有6个班、160余人，教师仅有15人，是地地道道"小如苔花"般的乡村小学。学校占地面积小、专任教师少、学生转学率高、经费来源有限，成为制约学校质量提升、长远发展的瓶颈因素。面对校园路面、墙壁破损严重，操场不达标等现实，他们没有等也没有靠，而是因地制宜，打造智育与体育共赢的发展模式，探索优秀的校园排球文化理念。

他们在各年级广泛推广排球运动，以学生为主体、教师为引导组建了排球社团，利用每周三下午第三节大课间开展活动。在活动设计安排上，学校启迪学生运动智慧，发挥学生自身管理能力和自主学习能力，让孩子们切身感受排球运动的魅力，以往被动灌输性的学习转变为主动积极的探索学习过程，在极大促进孩子们身心健康发展的同时，也促进了孩子们对文化科目学习新的认知。

在学校的积极引导和师生辛勤的付出下，刘村小学处处洋溢着浓浓的排球文化氛围。只要给他一个排球，即使年龄再小的同学也能做出简单的排球专业动作来，球场上更是能够看到孩子们流星追月、精彩纷呈的球技。他们不顾烈日酷暑、不畏凛冽寒冬，挥汗在操场上，不断巩固强化下手发球、多样垫球等基本功以及传球、扣球等技能的训练，终于"小有所成"。

刘村小学排球总教练邓金柱老师说："农村孩子肯吃苦，整体训练效果很好。早在2015年9月，就想着带孩子们走出校门打打比赛、经世面。历练了两年，没想到在2017年开了'花'结了'果'，获得肥城市小学男子、女子双冠王，还代表肥城市到泰安市参赛，并且获得泰安市小学男子、女子双冠王的好成绩！"

见过了"世面"的小队员刘梅艳，略带腼腆地说："以前我们都没出过远门，我们喜欢打球，没有人指点。后来学校组建排球队，我们班同学能上的全上，还从其他年级抽了三个同学才凑够了队伍人数。老师带我们去肥城、泰安打比赛，我们一开始都紧张，怕给学校丢脸。后来，在赛场上我们明白了，只要认真对待每一分、每一球，发挥训练水平，一场一场地打，就能赢！"

这支从农村小学走出来的排球队，在2018年获得肥城市小学女子冠军、泰安市小学女子冠军；2019年4月，又代表泰安市参加山东省青少年排球锦标赛，获得了全省第九的佳绩。

刘村小学排球教学这朵"小小苔花"，已悄然绽放。而且，它丝毫不逊于盛开在城市里的"牡丹"与"桂花"。刘村小学校长刘洪杰表示："'村小'不小，五脏俱全。学校认真贯彻落实关于校园阳光体育活动的指示精神，重视排球师资队伍、队员队伍的培养以及知识的宣传、普及和推广，有效地激发了学生的兴趣。除了体育课，学校还单独设立排球项目校本课程，组建男女排球社团，落实专门训练时间和教练人选，始终坚持科学训练，力求稳步提升，进而塑造辉煌！"

（二）制定指导意见，指导学科教学"激兴趣"

2018年3月22日，市教学研究中心印发了初中和小学《各学科落实市教育局教师学生层面工作要求教学指导意见》，明确规定了各学科兴趣激发的落实途径与指导意见。

（三）制定督导评估方案，督促学校"激兴趣"

2018年6月，市教育局下发了《肥城市中小学教育教学工作综合督导评估考核方案（试行）》，《方案》中明确规定，"激兴趣"在评价分值中占"50分"，评估内容从"阅读兴趣、学习兴趣、活动兴趣、主题探究"四个方面去评价。评价的方法是通过问卷调查学生的阅读情况，查阅学校大阅读方面的相关资料；通过问卷调查学生学习兴趣方面的情况；通过问卷调查学生参与社团活动的情况；查阅一周一练、学科竞赛、学科探究等方面的资料。评价方案还明确了负责评估内容检查的责任科室，并要求各责任科室根据评估内容与办法制定评估细则，以备评价考核之需。

(四)开展检查与督导工作,评价学校"激兴趣"

教育局有关科室采用检查与督导的方式,定期与不定期的形式,深入全市各校,通过问卷调查、实地观察、查阅资料、随即抽测等方法对学校激兴趣工作进行了一系列督查评价。2018年4月,我们组织各科室主要负责人和全市学校校长,对全市各学校进行了观摩,并进行了量化评价;2018年7月,局各科室根据《方案》,对全市各学校进行了量化督导。市教学研究中心每学年定期对全市各学校进行教学视导,专项调研"激兴趣"工作开展情况,并给学校提出针对性指导改进意见,促进了全市学校对兴趣激发活动的开展。

(五)开展各种竞赛活动,激励学校"激兴趣"

"八仙过海,各显神通",我们每年举行一次全市中小学生运动会,以及排球、篮球、乒乓球、羽毛球、跳绳、踢毽子单项对抗赛,科普竞赛、中学生数理化竞赛、泰山诗文大赛、小实验家比赛、鼓号操大赛等活动,对全市中小学的相关比赛活动成绩进行排序和量化,以此来评价各个学校"激兴趣"工作,提高了各个学校参与活动的积极性,也提高了全市中小学生各种兴趣的激发与培养。2019年高考中,我市音体美特长生过关录取476人。其中肥城一中秦艺媛同学被中央美术学院录取、泰西中学吴凤鸣同学被鲁迅美术学院录取、泰西中学张贝宁被中国戏曲学院录取、泰西中学英美璐被中国电影学院录取,泰西中学尚新月被中国传媒大学录取,泰西中学李贶伟被首都体育学院录取。

三、"激兴趣"的实践策略

兴趣无处不在,它融于学校生活中,融于家校联谊中,融于社会实践中。我在全市义务教育学段教学工作会议上的讲话中，针对"激兴趣"提出，全市教育工作者要培养学生在阅读中激发兴趣，在知识训练中激发兴趣，在实验探究中激发兴趣，在社团活动中激发兴趣，在艺术鉴赏中激发兴趣，在竞技比赛中激发兴趣，在科技制作中激发兴趣，在社会实践中激发兴趣。

（一）在学校生活中激兴趣

学生大部分时间生活在学校，学校和课堂是"激兴趣"的主阵地，校园生活是"激兴趣"的主渠道。

1. 在大阅读中激兴趣

经典润泽诗意少年，书香点亮精彩人生。为激发学生读书兴趣，我们下发了《肥城市大阅读指导方案》，推进"新华书店进校园"、图书室全天开放，建起了一个个自由书吧和图书角，定期开展读书节，大阅读课走进课堂，诗文大赛轰轰烈烈，小学"5＋35"和初中"5＋40"（阅读展示＋课堂教学）的课堂模式逐步推广……

【案例】

学生当起"小老师"

在师范附小的语文课堂上：上课伊始，李老师并没有滔滔不绝地讲解新课，而是步伐从容地走下讲台，做了一个"请"的手势。只见一位学生自信地走上讲台，当起了"小老师"："今天我们班轮到阴启华讲成语故事，请大家鼓掌欢迎。"讲台迎来了第二位学生。这位学生朝着大家羞涩地一笑，开始讲起"杯弓蛇影"的故事。这位学生讲得眉飞色舞、生动有趣，表情和动作都非常传神。"不积跬步，无以至千里；不积小流，无以成江海。"课始5分钟阅读分享时间虽短，却是培养学生阅读习惯的良好举措。

2. 在知识训练中激发兴趣

"博观而约取,厚积而薄发。"为落实"在知识训练中激发学生兴趣"的要求,市教学研究中心组织全市义务教育段各学校骨干教师编写了"知识架构解读与分层训练",并下发各学校,在教学中借鉴应用,分层实施,激发学生的学习兴趣。

为了使知识架构研究材料成为学生学习的导航,教师在授课时每节课的学、点、练、测和评都以知识体系为抓手——

学:在自主预习时就下发整个单元知识体系,让学生以思维导图和知识地图为纲,结合知识架构解读,学会能学会的,找出学不会的,用双色笔标注出来。

点:学生带着当节课知识架构体系进入课堂,教师针对预习情况,重点点拨、精讲红笔标注的重难点。

练:讲完重难点,接着用"知识点训练"进行针对性练习,查缺补漏,本部分要求学生全部达标。

测:知识体系中的基础训练与能力提升模块和拓展提升与实践应用模块给课堂检测创建了很好的平台,这一部分要求学生分层达标,解决了优生吃不饱、中等生吃不好的问题;根据课堂实际打印测试题,或利用多媒体出示测试题供学生练习,学生的做题速度和准确率大幅度提高。

评:评价要保证教、学、评一致,"练"中的即时性评价与"测"中的总体评价相结合,以鼓励表扬为主,保证优生、中等生、学困生都有收获。

3. 在实验探究中激兴趣

"纸上得来终觉浅,绝知此事要躬行。"为推动实验探究教学开展,激发学生探究学习兴趣,各学校完善实验室建设,积极购进实验器材,加强实验教学,开放实验室,开展实验操作比赛活动,让学生体验到了探究的乐趣。

【案例】

争当小实验家：在学中玩、在玩中学

桃园中学开展的"争当小实验家"科学体验活动，将日常有趣的科学现象按照物理、化学、生物等学科进行分类，设计为科学小实验，配备方便携带的实验器材和辅导用书，供学生们随时随地动手操作，使学生们有机会在玩耍中认识、体验、探究科学现象，真正做到在学中玩、在玩中学。该活动配备的实验器材和辅导用书，为学生们预留了很大的创新空间，使学生们在进行实验的过程中可以结合自己学到的知识，创新设计出新的实验。为获得优异成绩的学生颁发证书、奖牌、奖杯；对在全校总决赛中表现突出获得金奖的选手，授予"五星级小实验家"称号。

在实验探究中，学生既获得了科学知识，科学探究学习的兴趣也得以充分激发，可以说，实验探究对更好地提升学生科学素质、改善学生学习成绩起到了积极的助推作用。

（二）在家校联谊中激兴趣

家庭教育是学校教育的基础和补充，其作用不可替代。宋庆龄曾说过，孩子们的性格和才能，归根结底受家庭、父母的影响，特别是母亲的影响。

1. 家校联谊，快乐读书

学校带动家庭读书，亲子读书激兴趣。为进一步深入开展全民大阅读活动，促进学生、家长、教师共同成长，许多学校开展了"书香班级""书香校园""书香家庭"评选活动；开展"个体读书""师生读书""亲子读书"活动，让每一个学生、每一位家长、每一位教师都爱读书、会读书、多读书、读好书，时时分享书籍的美妙，让书香氛围以学生为纽带，从学校走向家庭，走向社会，为大阅读注入新的生机和活力。如桃园中学在2018年度就有18名同学的优秀习作在《阅读与作文》上发表，先后有167名同学在"语文报杯"作文大赛和"创新杯"作文大赛中获奖。学校多次被评为中国中学生作文大赛、叶圣陶杯作文大赛、世界华人作文大赛等征文大赛优秀组织单位，学校还被市教学研究中心确定为开展序列化写作的三个重点实验单位之一。同时，通过亲子共读，让学校和家庭之间的联系更密切，也给家长和孩子搭建了一个沟通的平台。

2. 实验进家庭，探索增趣味

"家庭实验室"活动是实验教学的延续、扩展和加深，即围绕所学的原理和规律，各显神通设计各种家庭小实验。家庭小实验主要是家庭的行为，它的落脚点是家庭、是家长，主角是学生。它可以更好地满足孩子探究学习的欲望，延展孩子探究学习的兴趣，提高他们实践和探究的能力。

【案例】

让学生把科学实验带回家

近两年，石横镇中心中学全面落实市教育局提出的"四层面72字"工作要求，立足学科教学，创新开展了"家庭实验室"活动，延伸学生的课后探究学习与实践，积极致力于全面培养和激发学生的学习兴趣，取得了显著成效。具体实践中，"家庭实验室"活动开展分为以下三个环节：

初建实验室，快乐起航——学生自主选择课题、自主寻找材料、自主实施研究；

探秘实验室，快乐体验——鼓励学生自主设计一些小实验，提高学生实验能力；

分享实验室，快乐收获——本环节小组每周集中一次，学生汇报活动内容，师生一起交流学习心得，讨论共同感兴趣的问题。

"家庭实验室"活动的开展，激发了学生的学习探究兴趣，使实验的教育功能落实在整个实验过程中。

3. 校本课程，助力兴趣

随着课程改革的深化，近几年，很多学校都建立了种类繁多、丰富多彩的校本课程。其实，并不是所有学生都知道自己的兴趣点，学生选择课程的过程也是兴趣的确认过程。

【案例】

<h3 style="text-align:center">帮孩子找到自己喜欢的课程</h3>

一名叫刘晓满的同学在课堂上总是小动作不断、注意力不集中，学习成绩从一年级起就很落后，家长想尽办法激励他学习，却无济于事。在选择校本课程时，他对老师说自己什么班也不感兴趣。

于是老师们与其家长进行沟通：孩子平时喜欢什么？当得知他经常边做作业边在本子上画画后，老师们鼓励他去绘画班学习线描画。果然，几节课下来，他真的喜欢上了线描画课程。

为了保持他兴趣的持久性，老师们向他的家长建议：每周孩子上完校本课程，带回作品后，要大加表扬，选择好的作品张贴在墙上，甚至放入相框装裱。家长们积极配合，老师们课堂上密切关注，让这个对什么班都不感兴趣的同学找到了自己的爱好——绘画。

当他在学校画室、走廊看到自己的作品时，更提升了自信。刘晓满同学渐渐明白了：只有真正用心做事，才会有收获。

如今的他，不光学习线描画兴趣满满，学习成绩也是蒸蒸日上。

家校携手,助力孩子兴趣的种子生根发芽,促进了学生健康向上发展。

(三)在社会实践中激兴趣

社会是个大舞台,现在的孩子总有一天会走向社会,成为国家的栋梁。把学校教育移植到社会的大舞台中,并在社会实践中激发学习兴趣,定能起到事半功倍的作用。

1. 在社团活动中激发兴趣

为落实"在社团活动中激发兴趣"工作要求,各中小学结合学校实际,从学生兴趣和爱好出发,组建了书法、绘画、舞蹈、篮球、排球、创意手工、戏曲等各种社团。各个社团的开设,在培养学生实践能力、创新精神,提升学生综合素质的同时,大大激发了学生的兴趣,为孩子插上了腾飞的翅膀。

【案例】

社团活动为孩子插上腾飞的翅膀

在师范附小诗文诵读社团班,每节课老师会播放十分钟的"中国诗词大会"录像,然后模仿诗词大会形式,在班级内开展"诗词接龙""飞花令"等活动。卫高昂同学深深被中华诗词的魅力吸引,课上背,早起背,短短时间内就积累了大量诗词。对诗词的热爱让他开始尝试自己作诗,其中《卜算子·雪》《清风吟》《泰山诵》等,发表在学校《尖尖角》刊物上。他还自学了古琴,自弹自唱古诗。在学校"庆六一"文艺会演中,他自弹自唱的《阳关三叠》,获得阵阵掌声,更使校园内掀起了一股诗词吟唱风。恰逢"桃都国学小名士"比赛,经过学校层层选拔,他脱颖而出,参加了肥城市比赛,经过激烈角逐,他勇夺肥城市第一名,又代表肥城市参加了泰安市"泰山国学小名士"电视比赛,获得第三名的优异成绩。

社团活动激发了学生潜能,提升了学生素质,学校涌现出一批像卫高昂同学一样的学生:奥数班的赵君豪等几十名同学在泰安市数学建模大赛中均获得一等奖;创意发明班的张浩然同学制作的"浮力计时器",在山东省创客大赛中获得二等奖;书法班的聂安琪、孙绪林同学在老师鼓励下参加了第三届"全球华人少儿书法"大赛,经过专家评审,成功从全球十万人中脱颖而出进入全国"五百强",于2019年1月赴广东肇庆参加现场比赛,获得优胜奖。

东风夜放花千树,社团活动绽精彩。从尊重学生选择呵护兴趣到家校携手助力兴趣,丰富多彩的校本课程,为学生的兴趣培养、个性发展插上了有力的翅膀,让学生走得更远。

2. 在科技制作中激发兴趣

按照"在全市中小学中开展科技实践活动,激发学生兴趣,丰富校园文化,培养学生的创新精神和实践能力"的要求,全市各中小学积极响应,涌现了一批有特色的科技制作能手和航模能手。

【案例】

科技制作成就了孩子们的梦想

王庄中学为丰富学生的课余生活,激发学生自主探究科学的兴趣和能力,围绕"科技特色"这一重点,开展了航模制作活动。该活动主要分为三个阶段——初期以纸飞机为主,中期以橡皮筋动力飞机为主,后期以遥控电动螺旋桨飞机为主。

纸飞机,大学问。初始阶段,航模社团以纸飞机为主。看似简单的一项活动,航模团队却将它做成了一门大学问,从材料识别与选取,到工具的使用、制作过程的规范，再到放飞技巧的培训，每一个步骤学生都一丝不苟。

小飞机，大梦想。航模试飞前，老师要指导学生进行大量的工作，图纸审阅、零部件组装、遥控器的使用、试飞场地的选择、风力的判断，还要让孩子们知道放飞的程序，飞行调整的知识……

放飞是孩子们最喜爱的一个环节，成功的放飞，可以大大激发他们的兴趣。放飞失利时引导学生总结经验，从头再来。不论成功还是失败，都是激发学生创造性和不断进取精神的好形式。

5月26日，2018年"猎隼杯"山东省青少年航空模型公开赛上，王庄中学代表队力战众多省内无人机专业团队，荣获一等奖三名、二等奖三名、三等奖七名的好成绩，王庄中学获得"优秀组织奖"荣誉称号；在2018山东省航空航天模型锦标赛上，王庄中学代表队参赛选手李奥图、刘衍迪荣获一等奖。

3. 在社会实践中激发兴趣

"问渠那得清如许，为有源头活水来。"我们充分利用校外实践基地，开展丰富多彩的实践活动，用实践激发学习兴趣。各学校积极组织"行走齐鲁""青岛游学"活动；节假日开展"爱绿护绿"、走进田间劳动实践活动；与传统节日结合举行"体味中国年"等活动。在社会实践活动中让学生亲身体验，做到知行合一，把高尚的思想、良好的品德潜移默化地变成学生的内在素质。

【案例】

让孩子在社会实践中成长

2018年12月22日，石横中学组织了让学生"走出校门，走向社会"的校外实践活动。上午8点，隆重举行了出征仪式，分管副校长做了动员讲话，要求孩子们牢记实践目的，带着问题，带着课题，走进社会，了解社会。

沐浴着晨光，学子们首先到达校外实践第一站——石横镇前一村绿色韭菜种植基地。在村民的引导下，同学们一起走进韭菜园，了解水培、基培技术，水培、基培韭菜分类，学生们认真学习并记录原理，师生向村民讨教相关知识。"种植韭菜需要注意什么？""什么样的条件种植出来的韭菜、韭黄最好吃？"……村民们对孩子们提出的问题都做了详细的解释。纸上得来终觉浅，走进大棚瞧一瞧，学生大开眼界、收获满满。村民们的劳动激情感染着孩子们，宁方铮同学感慨地说："认定一条路坚持不懈地走下去，就一定会成功的！"

在肥城市康汇污水处理厂参观时，工作人员先给孩子们介绍了设备的工作原理，然后带领孩子们参观了整个污水净化流程。这可是书本上学不到的实例展示，孩子们一个个睁大眼睛，认真地倾听、认真地记录、认真地思考……

寻找红色足迹，缅怀革命先烈——为加强未成年人爱国主义教育，弘扬红色革命精神，桃园中学、老城中学等学校志愿服务队紧紧抓住清明节、抗战胜利纪念日、烈士纪念日、国家公祭日等红色纪念日，开展社会实践主题教育活动。他们组织师生到陆房战斗纪念馆、抗日英雄纪念碑，通过敬献花篮、默哀、清扫陵园等方式缅怀革命先烈；通过参观革命历史纪念馆、泰安毛公山红色博物馆，体会革命先辈在战火硝烟中奋勇直前、无私无畏、敢于牺牲的精神；通过寻访老红军、退役军人，寻找红色足迹，体会他们的革命热情。震撼的场面、感人的事迹、一件件文物，无不激荡着孩子的心灵，激励着孩子们"奋发向上、成才报国"的决心，更加激发了孩子们学好文化知识的浓厚兴趣。

勤实践

"实践"是指人们有目的地探索和改造现实世界的一切的社会性的客观物质活动。从学校教育的角度来说,实践就是为了学生更好地巩固知识、构建体系、全面发展而开展的各种体验、操作以及创造性活动,是教育对象在实际体验中认知、明理和发展的过程。

一、认识"勤实践"的重要性

"纸上得来终觉浅,绝知此事要躬行。""勤实践"要求的提出并非新创,从"格物致知"到"知行合一",敢于实践、善于实践一直都被人们津津乐道,并最终成为检验真理的唯一标准。美国著名教育家杜威认为,最好的教育就是"从生活中学习、从经验中学习",它使得学校里知识的获得与日常生活联系了起来。中国近代教育家、思想家陶行知先生提出"生活即教育""社会即学校""教学做合一"的教育理论,强调的就是在实践中学习。

《国家中长期教育改革和发展规划纲要(2010—2020年)》指出:"注重知行统一。坚持教育教学与生产劳动、社会实践相结合。开发实践课程和活动课程,增强学生科学实验、生产实习和技能实训的成效。充分利用社会教育资源，开展各种课外及校外活动。加强中小学校外活动场所建设。加强学生社团组织指导，鼓励学生积极参与志愿服务和公益事业。"

我们提出"勤实践"的发展要求，就是贯彻落实党的教育方针，立足培养学生合作、分享、积极进取的良好个性与品质，提高学生发现问题、解决问题的能力，以获得亲身参与实践的积极体验和丰富经验，形成对自然、社会、自我的整体认识，进而增强关爱自然、关注社会和自我的责任感，把"知"与"行"统一起来，全面提升核心素养。

二、创新"勤实践"的评价体系

我们围绕提升学生综合素养的教育目标，坚持统筹兼顾、多措并举、精准施策、全员参与的原则，正确处理知识与能力、学习与实践、过程与结果、课内与课外等方面的关系，力求从学生的实践能力培养上找突破，着重突出了四个方面：一是认识社会的基本品质和能力；二是对生活的积极态度；三是认识自然的能力；四是实验探索与科技创新能力。在《督导评估考核方案（试行）》中，我们设置了相关的评价指标。

我们明确要求各中小学要引导学生多动脑、多动口、多动手、多参与、多体验；整合学校、家庭、社会多种资源，搭建学生实验、实践、实习、体验的平台，开展丰富多彩的活动，让学生亲近自然、走进社会、亲历生活；上好实验课，利用好各类功能室，发挥好教学器材装备的作用；开展好综合实践活动，通过组织研学旅行和丰富多样的社会实践活动，让学生深入了解民情、乡情、国情，了解家乡和经济社会的发展，把从书本中、课堂上学到的知识在实践体验中印证、升华，增进学生对中华民族优秀文化的切身感受，以及对党、对祖国、对人民的真挚情感，培养学生的社会责任感、创新精神和实践能力。

三、"勤实践"的实践策略

为了让评估考核在操作层面更具实效性，我们首先在思想上统一认识，引导学校立足实际，校内校外结合、课内课外结合、学科课程融合、主题活动推动，力求打破时间、空间限制，统筹兼顾、多措并举、精准施策、全员参与，扎实有效实践，真正让学校成为生动活泼、朝气蓬勃的美好校园。具体实施中，我们注意处理好以下四方面的关系：

正确处理学习与实践的关系。贯彻落实党的教育方针，就必须严格执行国家课程方案，开全课程开足课时，杜绝随意挤占音、体、美、综合实践活动等考查科目的现象。必须强化学生的动手实践，重视书本知识的实践应用，引导学生善于在生活中应用所学知识。

正确处理知识与能力的关系。知识和能力是紧密结合在一起的，是相辅相成的。知识是能力的基础，能力是在知识的学习过程中形成的。既要强化基础知识教学，把基础打牢夯实，使学生具备丰富的知识；更要深化课堂教学改革，不断优化学生的学习方式，实现知识水平与实践能力的同步提升。

正确处理课内与课外的关系。"得法于课内，得益于课外"，讲的就是课内学知识方法，课外去实践感悟。课内可以完成的任务绝不能拿到课外，要把充足的课外时间留给学生去阅读、实践、体验。阅读能力强、实践能力强的孩子，学习更轻松，未来更容易脱颖而出。

正确处理过程与结果的关系。过程服务结果，结果反映过程。看教学的质效，不能只看考试成绩的高低，重要的是看取得成绩的途径和方法。我一直认为如果成绩是靠挤压强占学生时间、牺牲学生的健康，靠机械重复的低效训练取得的，这样的短视教育不是我们想要的。必须要用科学的方法、高效的课堂、精准的训练、有效的实践等赢得好成绩，高质量，让好成绩和高质量成为过程优化的自然结果，让健康成长成为过程优化的永恒追求。

根据《山东省普通中小学管理基本规范》第 12 条规定，中小学生每学年参加社会实践活动的时间，小学生不少于 10 天，初中生不少于 20 天。我市以"实施素质教育，服务青少年健康成长"为终极目标，以"亲近阳光、亲历风雨，做更勇敢的自己"为活动主题，以提升中小学生的综合素质为目的，聚焦"勤实践"，采取了六个方面的实践策略：

（一）利用社会资源拓宽实践渠道

我们充分利用社会资源拓宽学生实践渠道，让学生走出课堂，走出学校，走进大自然，锻炼身体，磨炼意志，学会交流，学会协作，掌握劳动技能，主动创造，历练心智，健全人格，了解自然，保护环境，促进他们身心健康和谐发展。

1. 利用实践基地开展体验周拓展训练

坐落在潮泉镇的山青世界蒟云山营地，是我市第一家大型中小学生综合实践活动基地。基地占地面积 3.9 平方公里，自然风光秀丽，历史人文教育资源丰富，拥有鲁国石寨、齐国长城等景观，建设有容纳 1200 人的学生公寓、培训楼、综合馆等场地设施，功能完善。蒟云山营地的开辟为全市青少年拓展校外活动空间、开展校外教育活动提供了良好的环境和活动场所，对中小学生教育以及青少年事业的发展具有重要意义。

在全市分批组织义务教育段部分年级学生参加为期 5 天的封闭式体验周训练，采用全新的体验式教育模式，让学生参与军训、户外越障、自然探索、定向识图、野外追踪、绳索打结、蛋糕制作、徒步穿越等一系列活动项目。活动时间尽量在正常教学时间中安排。其余时间以"就近、安全"为原则，由学校自主安排形式多样、富有教育意义的社会实践活动。

2. 充分利用爱国主义教育基地

通过开展全市青少年教育基地推荐评选工作，确定了白云山德园、陆房战役纪念馆、马家埠民俗馆、乔庄革命烈士陵园、泰西抗日武装起义纪念碑等一批青少年德育基地，引导学校在法定节日、传统节日、历史人物和重大历史事件纪念日等，组织学生走进教育基地，接受革命传统和民族精神教育，增强爱国情感，提高道德修养。

【案例】

<h3 style="text-align:center">行走在阅读的路上</h3>

实验中学每年定期开展以"行走在阅读的路上"为主题的实践活动，分批次组织学生赴白云山德园参观二十四孝和礼义廉耻雕像。每到一处，都会有教师或学生在旁边做热情洋溢的讲解，动情处师生还会一起通过"演一演""颂一颂"，抒发内心感受。在一系列活动中，学生们将书本知识与历史故事、社会体验融合，阅读的兴趣进一步激发，思想上更是得到深层次的洗礼。

3. 学生进社区参与实践

学校、家庭、社区三结合，组织学生到社区开展文明创建、交通协勤、公益劳动等志愿者服务和调查活动；通过融入社会、接触生活，增加对社会的认识与理解、体验与感悟，不断增强社会责任感；积极探索社会实践活动的新途径和新方法，鼓励学生多参加社会服务和调查活动。近年来，结合我市创建国家卫生城市和全国文明城市活动，学校、社区、家庭多方联动配合，积极开展"小手拉大手，共创文明城"志愿服务活动，实现了"教育一个学生，带动一个家庭，文明整个社会"的目标。

4. 开展农村社会实践活动

鼓励引导农村中小学组织学生参加农业生产劳动实践体验、现代农业考察，掌握基本的农事技能；了解传统农业和现代农业知识，考察改革开放以来新农村建设情况等。

【案例】

热爱家乡，走进自然，助我成长

曹庄矿学校是一所矿区九年一贯制学校。多年来，学校以得天独厚的人文与自然资源为支撑，以"热爱家乡、走进自然"为主题，多层次、多角度地进行主题式综合实践活动。先后开展了"爱我社区——小手拉大手亲子实践活动""爱我社区——社区服务实践活动""走进科技——航空航天展观摩活动""做大自然的朋友——牛山地理环境调查实践活动""肥子茶香综合实践活动"等系列主题式综合实践活动，为学生的学习插上了翅膀，让学生走出了课堂，走进了大自然，走向了社会。学生在活动中不仅学到了知识和技能，更学会了合作交流。这既是学习的过程，更是自身成长的过程。

（二）重视综合实践活动课程开设

《中小学综合实践活动课程指导纲要》指出："综合实践活动是国家义务教育和普通高中课程方案规定的必修课程，与学科课程并列设置，是基础教育课程体系的重要组成部分。"开展综合实践活动旨在让学生联系社会实际，通过亲身体验进行学习，积累和丰富直接经验，培养创新精神、实践能力和终身学习的能力。

各学校从实际出发，坚持"知行合一，综合发展"的原则，具体安排、确定综合实践活动的内容和组织形式，为学生综合实践活动课程的实施奠定了坚实的基础。

1. 精心开发课程资源

"一点因由，点石成金。"我们的综合实践活动小课题研究着眼于生活中的小问题，启发引导学生以自己感兴趣且有一定探究价值的问题作为研究内容，建立与完善了小课题问题库。比如研究小狗、小猫等是否存在左撇子现象、左撇子和右撇子的比例问题，左撇子和右撇子的比例和小动物的性别是否有关系，研究它们的坐立行走和喜怒哀乐等。有的学校在各年级设置了"学科融合、综合实践"小课题，即把语数外等科目中需要开展实践活动的内容梳理、整合、优化，作为小课题研究的内容组织实施，实现"一科实践、多科受益"。

2. 充分挖掘学校课程资源

老城街道初级中学依托老县城文化，形成了行知教育、安全教育、书院教育、生态教育等"三馆六园七十二景"的学校文化体系。校内"老县城教育陈列馆"，陈设了400多件教育实物，让学生开展各种研究性学习，直观了解几千年来老县城这片土地上的历史变迁和教育文化的发展。同川书院图书馆，是我市镇街首家新华书店校园图书馆，也是肥城市新时代文明实践中心，作为代表迎接了中宣部对新时代文明实践中心的调研。"安全教育虚拟体验馆"，模拟逃生小屋，通过全方位的模拟火灾现场场景，让学生实地参与，增强了学生的防范意识，提高了学生的自救自护能力，让安全教育告别纸上谈兵。六园中鲜花云集，藤树交错，春天芬芳四溢，秋天硕果累累，为生态社团提供了实地场所。"生态社团"围绕百花园、百树园、百果园、百藤园、文人树园、百竹园等展开观察学习，了解各种花草树木的形态特征、生长环境、生长过程。

3. 组织科技创新实践活动

一个国家、一个民族的进步，要靠科技创新。我们鼓励各中小学结合自身实际，以提高中小学生科学素养为目的，广泛开展多种形式的科技创新实践活动。如白云山学校一、二年级的创意陀螺,三、四年级的纸牌搭高塔,五、六年级的创意家居设计,逐级评出了班级吉尼斯纪录、年级吉尼斯纪录、校园吉尼斯纪录,科学公众号拓宽了学生的视野,让学生玩转科学。石横镇中心小学为提高学生动手、动脑能力,培养他们的创新精神和实践能力,营造"学科学、爱科学、用科学"的氛围,开展小发明、小制作、小论文、小创意的评选,通过评选督促,提高了学生的探究能力。仪阳街道中心小学通过设立插板工作室、纸艺工作坊、绣艺工作坊、花艺工作坊、面塑工作室,开展"创客智造",推进科技创新,激发了孩子的兴趣,培养了孩子的动手操作能力。河西小学开展了"创意手绘"活动,学生利用手中的白T恤衫、宫扇、纸伞、铅笔、记号笔、炳希颜料、水粉画笔或白描轮廓,或浓墨晕染,自由创作和教师指导交叉进行。学生学会欣赏美,表达美,艺术才华得到展示,个性得到充分的张扬。

【案例】

科技创新教育实践活动"火起来"

王庄镇初级中学是一所农村学校。多年来,学校坚持科技教育理念,努力营造科技教育氛围,引领科技创新教育活动。学校充分发挥校园网站、校报校刊、电子屏幕、校园电台等平台作用,使学生在耳濡目染中受到科技教育的熏陶。通过开放学校创客工作室、科技场馆,为班级配备图书专柜,建立科技角,邀请专业人员开展地震、水文等科普实践讲座,让学生体会科技改变生活的意义。组织学生观看《走进科学》《我爱发明》等电视节目,让学生明白科技创新其实就在我们身边,培养了学生的科技意识。先后组建了"我爱发明"科技创新活动团队、"梦想蓝天"航模训练团队、"自由驰骋"车模兴趣团队以及机器人、遥控赛车、航模、电子百拼、物联网传感电子创新设计等科技兴趣社团,定期开展

"我爱发明校园科技大赛"活动；利用校外科技示范园实践基地，组织学生参与校外实践活动。学校以学科组为单位寻找渗透科技教育的切入点，比如与物理学科相结合开展小实验家训练活动；与地理学科相结合，开展天文观测、山脉河流沙盘模型制作等活动，鼓励学生从身边的事物、现象入手，选取有价值的问题，开展研究性学习活动。

科技实践活动已让科普的种子在学生的心田生根、发芽、开花，为理想插上了腾飞的翅膀。在第五届全国数理化能力展示赛中，该校张明浩同学荣获一等奖，多名同学的作品分别荣获国家专利发明奖、第十届宋庆龄少年儿童发明奖等，多名同学在全国小实验家、科技创新、航模比赛等活动中获奖。

经过多年的探索与实践，我市在综合实践活动课程研究方面已经形成了一条具有本土特色的实施路径，总结出了"常态化行动，多主体联动，区域化推动，本土化举动"的"四动"经验，摸索出了综合实践活动"规范化、有效化、生活化、常态化"的实施模式。

（三）依托社团建设特色课程

重视学校社团建设，鼓励学校以"校本课程建设"引领"精品社团"发展，从学生兴趣爱好出发，发挥教师的专业优势，利用学校校舍和设备，固定时间和地点，以"选课走班"为基本组织形式，开设各类社团活动，进行菜单式课程设置，让学生从中选择自己喜欢的课程。如河西小学围绕"雅正"文化，构建起了"尚正、尚趣、尚雅"课程体系："做桃都君子"系列校本课程规范了班队会内容；"书声—书法—书画—书趣"书香课程将经典传统文化因子与国家课程融合；设立年级大社团，将中外乐器、健体项目、科探创意融入课堂，丰富优化了社团活动内容；"周五快乐走班"实现了室内外结合，校园社团和班级社团同步进行，各类实践活动校内外互动,让课程与社团横向成面、纵向成线,让所有孩子在有趣的学习中体会生命拔节的快乐。

(四) 聚焦课堂抓好实验教学

实验作为理科教学的重要内容、重要方法,对学生掌握理科知识和科学研究方法、实验技能以及创新精神的培养,都具有重要的作用。

目前,中小学理科教学最突出的问题就是实验教学薄弱。很多单位对实验教学重视程度不够,实验教学流于形式,器材不足、时间不能保证、教师越俎代庖等,严重影响了理化学科的教学质量,更加不利于学生实践能力和创新精神的培养。

我们要求各学校必须高度重视实验教学,切实将实验教学作为教师业务考核的依据之一,聚焦课堂,抓实实验教学,严防实验教学走过场,切实保障实验开展需要的客观条件,提供质量上乘的实验设备,保障实验的物质基础。要抓好学生分组实验,让学生通过问题提出,猜想假设,实验设计,实验器材选择,实验步骤操作,实验数据筛选、分析,结论的归纳和总结,真正在动手中思考,在操作和实践中加深对知识的理解。同时,要求学校定期开放实验室,充分利用实验室现有资源,发挥实验室的最大效益。

(五) 设计探究实践性作业

作业是学生巩固知识、开阔视野、形成能力的重要环节。目前作业布置存在许多问题,影响了中小学生的身心健康。为此,我要求各学校在进行作业设计时,进行探究实践性作业的尝试,加大实践性作业在学生作业中的比重。实践性作业强调开放、探究和合作,让学生动起来,在生活中学习,在实践中运用,在开放中创新。

以下是我市部分学校2018——2019学年寒假期间实践性作业设置

情况：

道德与法治：①挑选两条感兴趣的时政新闻，书写新闻稿，并尽可能从多角度进行评论；②对父母进行访谈，了解自己的出生及成长历程，谈对生命的感悟以及对父母的感恩之情；③进行关于家风的访谈，就家风对父母、（外）祖父母等长辈进行访谈，了解自己的家风，谈对家风的认识以及自己应该如何继承家风。

语文：①搜集关于我国传统节日的古诗词，或者搜集好对联、年文化资料等；②争做肥城"君子文化"传承者，访问肥城"君子诗社"，了解君子文化的起源以及对肥城文化的影响，写一篇访问日记。

数学：用学习过的几何体和身边的闲置物品制作富有创造性的模型（要求：写出一份模型简介，介绍模型的制作材料、设计寓意、用到的几何知识等）。

化学：利用假期时间帮助父母打扫卫生，在打扫厨房卫生时分别选择小苏打、白醋、洗洁精、小苏打和醋混合液来擦拭厨房油污，对比几种洗涤剂的去油污效果，最终选择一种去污效果最好的洗涤剂。

生物：拍一张与家人吃年夜饭或者参加聚会的合影，并列出饭菜所用食材（至少十种），尝试进行分类，并写明原因。

历史：撰写"春节习俗"调查报告，要求按照"调查时间、调查人、调查方式、调查目的、调查背景、调查内容、调查意义"格式完成调查报告。

地理：如果外地出游，请记录所乘坐的交通工具、票价、经过的站点、穿越了哪些重要的地形区，并用相机记录沿线地理景观的差异，如树木的变化、土壤颜色的变化、河流湖泊的变化等。

这种实践性作业没有现成的答案，需要学生主动去探究、观察、思考,获得体验,在实践中不断优化。学生在完成实践性作业的过程中,独立寻找资料、调查研究、整理分析,实现了由依赖性学习向自主学习的转变。

(六)创新开展研学旅行活动

研学旅行是中小学课程建设的重要内容,是教育教学活动的重要环节,有利于学生感悟自然,了解社会,拓展知识,自我组织,自我管理,增强综合实践能力。我市创造性地由市广播电视台成立旅行社,办理研学资质,承担学校研学组织工作。广电红色研学,是一种崭新尝试,在普通研学的基础上,加入拍摄微电影的设计,孩子们得到了多方面的锻炼和提升。广电研学,所有收入进市级财政,实行收支两条线管理,有效规避廉政风险。本市范围内的研学,原则上由学校自行组织,学生无须缴纳研学费用。对困难家庭,实施财政补助措施;建档立卡的贫困生,免除研学费用。外出陪同教师按规定领取差旅补助,不能占用学生的费用。为了避免陪同教师差旅费转嫁给研学机构或学生,我市专门出台了相关文件,具体如下:

肥城市教育和体育局
关于学校组织市外研学旅行活动陪同教师差旅费报销等有关问题的通知

各中小学:

为规范我市中小学研学旅行活动,确保全市中小学研学旅行活动"积极、稳妥、规范、有序、安全、实效"开展,根据上级有关规定,现就学校组织市外研学旅行活动陪同教师差旅费报销等有关问题通知如下:

一、研学旅行是中小学课程建设的重要内容,是教育教学活动的重要环节,有利于学生感悟自然、了解社会,增强综合实践能力。学校组织市外研学旅行活动，要严格执行国家旅游局《研学旅行服务规范》，每20名学生配置1名带队教师（班主任或其他课任教师），全程参与学生的管理与服务。

二、陪同学生参加市外研学旅行的班主任或其他课任教师，由学校按规定报销交通费、住宿费等差旅费用，不得向研学机构或学生转嫁。研学活动结束后，应当及时办理报销手续，住宿费、机票支出等按规定用公务卡结算。

三、学校及参与研学的公职人员，不得从学生缴纳的研学费用中提取或变相提取相关费用；不得接受研学机构的宴请、钱物等。一经发现，将严肃追究有关人员的责任，并纳入师德考核，作为职称评聘的依据。

四、负责组织研学的机构，不得采取向学校及参与人员发放钱物等不正当手段，促使有关人员发动学生参与研学活动。否则，将取消在我市中小学组织研学旅行的资格。

本通知自下发之日起执行。

2019年6月5日

2018年11月，市广播电视台研发的"感受古都底蕴，传承红色基因"南京研学活动在实验中学正式起航。来自初二级部的近200名师生走进南京，用自己的脚步丈量历史的厚重，用切身的感受寻访革命的精神。活动将体验式学习、研究性学习和课外旅游实践紧密地结合起来，让学生们在"行"中"学"，在"行"中找寻"六朝古都"的前世与今生，学生们开阔了视野，丰富了阅历，增强了自理能力和团队合作意识。此次研学活动，先后参观了中山陵、兵器博物馆、总统府、梅园新村纪念馆、侵华日军南京大屠杀遇难同胞纪念馆和雨花台革命烈士纪念馆，并在和平天使像前举行了庄严的宣誓仪式，最后还专门举行了结业仪式。每到一处，研学导师都会对景点的历史文化渊源进行重点讲解，同学们一路上认真听、仔细看，在历史与现实之间穿梭，在苦难与幸福中反思，从而对课本上学到的知识有了更加直观、深刻的认识。回到宾馆，大家对当天的研学进行梳理，完成《研学手册》。丰富的课程项目，专业的研学导师，使得研学活动不再"走马观花"，成为一场震撼心灵的文化盛宴。这种系列研学活动让孩子们体验到人生的很多"第一次"：第一次离开父母，第一次和同学一起体验生活，第一次在烈士墓前集体宣誓，第一次体验红军餐，第一次当演员，第一次拍电影，第一次见识真正的剧组……这些独特的"第一次"构成了与众不同的红色研学风景。

汶阳镇初级中学以"孝善汶阳，礼仪之邦"为主题，研发了"十个一"为主的研学旅游课程，即参观一次肥城知名书院（汶阳西徐书院）、吟诵一副欧阳中石名联、观赏一场书法展、制作一次石膏像、游览一次田纪云旧居、参观一个全国文明村（西徐村）、欣赏一次毛主席雕像、游览一个绿色旅游度假区（西浊村）、体验一次民俗表演（沟西村秧歌、马东史村腰鼓）、召开一次研学主题班队会。这些课程契合不同年级学生的特点和研学需求，注重体现"研中学"和"游中学"两大特点，使学生在实践与体验中受到教育，具有较好的可操作性和拓展性。

"世之奇伟、瑰怪，非常之观，常在于险远"，知识只有在不断的实践中才能得到检验，我们坚持"勤实践"，让学生在实践中升华书本中、课堂上学到的知识，不断加深对自身、对社会、对自然的认识，成长为具有丰富知识和较强实践能力的新时代学生。

提能力

能力是一个人走向成功的基石。重素养，提能力，是教育教学工作永远的出发点与落脚点。前面所述"考心脏搭桥手术的基本步骤"与"亲自做心脏搭桥手术"的例子，足以说明能力与知识的区别，能力在解决实际问题中的重要性。

一、高度重视"提能力"的枢纽作用

2017年，教育部印发的《义务教育学校管理标准》明确提出：要树立正确的教育观和正确的质量观，提高办学水平，强化学生认知、合作、创新等关键能力培养。2018年，中共中央办公厅、国务院办公厅印发的《关于深化教育体制机制改革的意见》明确提出："要注重培养支撑终身发展、适应时代要求的关键能力。在培养学生基础知识和基本技能的过程中，强化学生关键能力培养。"

基于以上背景，站在为学生终身发展奠基的角度，各学校和广大干部教师以培养学生能力为重点，不断创新教学方式，用高效的课堂教学和丰富的实践活动，培养学生关键能力，提升学生综合素养。2017年11月4日，在全市义务教育学段教学工作会议上，我明确提出了学生培养的"18字"工作要求,并把"提能力"确定为中小学教育教学工作的落脚点,提出了"能力支撑发展"的理念,明确了需要重点提升的四种能力,即认知能力、合作能力、实践能力、创新能力。全市各中小学校和广大干部教师对能力培养有了更为清晰的认识,围绕四种关键能力的提升,展开了认真探索和创新实践。

二、建立"提能力"的管理指导和考核评价体系

评价考核是导向,是教学管理的重要组成部分。结合肥城教育实际,通过由上到下、由下到上的反复磨合,研究出台了"提能力"方面的评价管理办法,并在运行过程中不断完善,对教师观念的更新,学校、家庭、社会等教育的有效结合,学生素质的全面提高起到了很好的助推作用。

(一)明确科室分工,加强对学校"提能力"工作的管理

局各科室分工明确,合力共为。市教学研究中心通过抓学校大阅读活动的开展,在阅读中提升学生赏析能力;抓课堂教学改革,在课堂教学中提高学生的学习能力;抓实验教学,在实验中激发学生的探究能力;抓社团建设,在社团活动中提高学生的组织能力。体卫艺办公室通过抓学校音体美教学和开展艺体活动,提升学生艺术鉴赏和竞技能力。基础教育科通过抓学校课程开设,抓学生科技、实践等活动的开展,在科技制作和社会实践中提升学生的创新实践能力。团委、少先队通过开展学科能力竞赛、创新大赛等丰富多彩的学生活动,引领学校加强学生可持续发展能力培养。

【案例】

我市教育和体育局荣获全国第六届中小学生艺术展演活动优秀组织奖

全国中小学生艺术展演活动由教育部主办，自2003年开始，每三年举办一届，至今已成功举办六届，是全国规格最高、规模最大、影响最广的学生美育实践平台。活动的举办，极大地活跃了校园文化，丰富了校园生活，开阔了学生视野，加强了地区间的交流，有力地促进了全国学校美育工作蓬勃发展。

自2018年5月全国第六届中小学生艺术展演活动启动以来，我市按照省市教育部门要求，组织开展了肥城市中小学生艺术展演活动，共评选艺术表演类节目140个，中小学生书画作品161件，学生艺术实践工作坊3件，中小学美育改革创新优秀案例136件。7月份参加了泰安市中小学艺术展演活动，推送上报展演类节目20个，中小学生书画作品20件，学生艺术实践工作坊3件，中小学美育改革创新案例20件，其中9个展演类节目、16件书画作品、1件艺术实践工作坊、5件美育改革创新案例被推选参加了山东省第六届中小学生艺术展演活动。肥城三中原创舞蹈《生生不息》、肥城六中原创舞蹈《岳诗风吟》参加了山东省第六届艺术展演开幕式并获现场展演一等奖。

全国第六届中小学生艺术展演活动现场展演历时11个月，2019年4月在苏州举行，经泰安市教育局、山东省教育厅推荐，全国第六届中小学生艺术展演活动组委会严格评审，肥城市教育和体育局喜获"全国第六届中小学生艺术展演活动优秀组织奖"。

三中原创舞蹈《生生不息》、六中原创舞蹈《岳诗风吟》获省级一等奖，河西小学舞蹈《小赶海》和合唱《地球大合唱》《美丽桃园我的家》获省级二等奖，一中原创舞蹈《吉祥如意》、实验小学桃花源校区舞蹈《红领巾传承中国梦》、白云山学校合唱《唱脸谱》和戏剧《谁说女子不如男》《辕门外三声炮》、实验小学合唱《飞飞曲》《跨世纪的新一代》获省级三等奖。展演类节目获奖等次和数量居泰安市第一。

潮泉镇中心小学《泥塑》工作坊获省级二等奖,边院镇过村小学《溢香图》、龙山中学仪阳校区《守候》获省级绘画类作品三等奖;河西小学《古诗一首》、边院镇过村中学《碑文节选》、龙山中学《千字文节选》获省级书法类作品三等奖;石横镇初级中学《探寻农村学校京剧启蒙教育之道》获省级优秀案例三等奖。

肥城三中已多次代表泰安市参加省级比赛,学生们扎实的基本功、出色的表演受到现场观众的一致好评。由23名高三学生参演的舞蹈《生生不息》,以川流不息的动感,连绵彰显大地上各种生命形态的层层累进,表达了大家期盼人类生生不息、繁衍不已、经久不衰、自强不息的心愿。舞蹈动作的设计从低到高、从小到大,渐次发展,最后飞翔跳跃于空中,简单明了,又勃发着力量。只有把握青春的律动,方能释放青春的光华,整个舞蹈队如正午的太阳,喷射着不可抑制、沸腾灼人的激情。

近年来,三中为不断丰富校园文化生活,拓宽学生升学渠道,审时度势,不断加大人力物力投入,积极搭建展示学生艺术才华的舞台,使学生舞蹈队伍日益壮大,诸如《扶不扶》《天边牧歌》《摊煎饼》等舞蹈先后荣获省艺术展演一等奖,也为知名高校输送了大批优秀艺术人才。

肥城六中舞蹈社团代表泰安市参加山东省第六届中小学生艺术展演,以泰山文化为素材的原创作品《岳诗风吟》荣获一等奖。《岳诗风吟》是一支展示中华传统文化的男子群舞,舞蹈演员们手持书简,身着汉服,舞姿如行云流水,透露出以和为贵、以书为宝、以礼驭天下的男子气概。

长期以来,肥城六中舞蹈社团扎根校园,精心排练了一个又一个有思想、有筋骨、有力道、有温度、有高度的精品力作,传递了正能量,激发了报国情,展现了青春阳光、积极向上的风采。学校高度重视艺术教育，把艺术教育当作实施素质教育的突破口，加大投入，加强师资培训，在全校扎实开展艺术教育活动，丰富和活跃了校园生活，推动了素质教育的深入开展。积极参加各类艺术活动，多次荣获省市一等奖，学校被评为山东省艺术教育示范校。

（二）制定学科指导意见，加强学科教学中"提能力"工作的实施

2018年3月22日，我们印发了《小学各学科落实市教育局教师学生层面工作要求教学指导意见》及《初中各学科落实市教育局教师学生层面工作要求教学指导意见》，明确规定了各学科能力提升的落实途径与指导意见。

（三）制定督导评估方案，强化对学校"提能力"工作的评价

2018年6月，我们下发了《肥城市中小学教育教学工作综合督导评估考核方案（试行）》，明确规定，"提能力"在评价分值中占"50分"，从认知能力、合作能力、实践能力、创新能力四个方面进行评价。评价的方法是：抽测学生阅读理解、材料作文等方面的情况并评比排序；现场观察学生参与某项活动团队合作的情况并评比排序；考查学生参与社会实践、生活自理、安全自救等方面的情况并评比排序；查看学生参与小发明、小制作、小论文等方面的情况并评比排序。评价方案还明确了责任科室，并要求各责任科室根据评估内容与办法制定评估细则。

（四）开展检查与评比活动，加强对学校"提能力"工作的督促

教学研究中心、基础教育科、体卫艺科、学生工作科、学校安保科、信息网络中心、团委等各科室采用定期检查与常规视导相结合的方式，

深入全市各学校，采用问卷调查、现场观察、查阅资料、随即抽测等方法对学校"提能力"工作进行一系列督查评价。2018年4月，市教育局组织各科室主要负责人和全市学校校长，对全市各学校进行了现场观摩，并进行了量化评价；2018年7月，各科室根据综合督导评估方案，对全市各学校进行了量化督导。另外，市教学研究中心还经常深入学校，调研学校大阅读活动、社团活动、学科竞赛、探究活动、实验教学的开展情况，并提出具体改进意见，有效地推动了"提能力"工作。

三、在科学、规范的实践操作中"提能力"

具体实践中，我们侧重从认知能力、合作能力、实践能力和创新能力等方面通过科学、规范的实践操作，培养学生的综合能力。

（一）关于认知能力的培养与实践

学生的认知能力有多种，其中阅读能力、思维能力和表达能力是基本能力、核心能力，是走向成功的基石。2019年6月23日，中共中央、国务院印发《关于深化教育教学改革全面提高义务教育质量的意见》，明确要求：着力培养认知能力，促进思维发展，激发创新意识。关于认知能力的培养，我们主要从以下方面进行了探索。

1. 阅读能力——最基础、最关键能力的培养

苏霍姆林斯基在《给教师的一百条建议》一书中说："必须教会少年阅读。"大阅读活动则是一项关乎学生人生奠基的基础性工程。

我市大力推进新华书店进校园、"书香溢校园"活动，在全市范围内开展了课内外大阅读。我们提出了"安排阅读课，浓厚书香校园氛围"的要求。在市教学研究中心具体指导下，各学校掀起了语文大阅读热潮，学生的阅读能力培养落到了实处。

【案例】

大阅读"五融入",让书香处处弥漫

龙山小学凤山校区创新实践,开展"五融入"式大阅读,让书香处处弥漫。

一是融入文化建设。营造浓厚的校园读书氛围,让每一面墙壁都飘满书香,将读书名言警句悬挂在校园走廊、教室内。

二是融入课堂教学。安排开设阅读指导课,让教师进行指导;每周四、周五下午2:40—3:00作为集中读书时间;每周每班专门安排一节阅读课在阅览室阅读,确保学生阅读有时间;落实"5+40"或"5+35"课堂教学模式,让学生在课初5分钟进行美文诵读、名著推介、讲故事比赛等,促进学生阅读能力的提升。

三是将大阅读融入课程建设。将大阅读纳入校本课程,编写丰富的校本教材。1—2年级开设的《国学》,3—6年级构建的《主题话剧》课程,大大提高了大阅读的课程化水平。

四是将大阅读融入实践活动。利用班队会、兴趣小组、社团等载体,与读书节、科技节等紧密结合,探索阅读与实践相结合的有效机制。学校集思广益、自编自排的国学韵律操,将古诗与音乐、体育融合在一起,妙趣横生。

五是将大阅读融入家庭教育。引导家长和学生同步阅读,营造良好的家庭阅读氛围,拓展大阅读的空间。通过亲子共读、书香家庭的评比,让浓浓的书香弥漫校内外。

2. 思维能力——最核心、最根本能力的培养

思维能力是最核心、最根本的学习能力,直接决定学生学习的水平和质量。为了培养学生的思维能力,市教学研究中心组织各学科兼职教研员、骨干教师编写了所有文化学科的"知识架构解读与分层训练"。同

时，在参加上海学习培训的基础上，大力推行"思维可视化"教学实践，积极引导学生学习"提要素—理关系—建结构"的思维导图绘制策略，有效提升了学生知识结构化、思维可视化、学习秩序化的能力。

【案例】

英语学科思维导图设计展示大 PK

2018 年 12 月 20 日下午，湖屯中学英语学科思维导图设计展示活动在三个年级分别进行。

活动中，每班各推荐 5 名同学，当场抽取思维导图设计单元中心主题，限时 20 分钟完成，随后抽签确定顺序并在多媒体教室展示讲解，评委当堂打分确定展示等级。

一幅幅设计精美、内容精炼的思维导图，让学生在知识整合与建构的过程中，体验到了成功和喜悦。

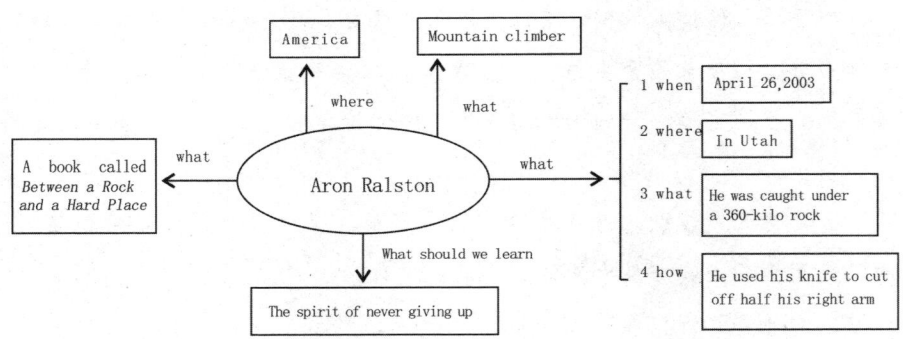

3. 表达能力——最直接、最外显能力的培养

表达能力是能力的直接体现和综合反映。良好的表达能力，能帮助学生在激烈的竞争中脱颖而出，还能让学生收获良好的人际关系。

针对作文教学中学生抄袭、语言表达能力不强的现状，我市申请加入了"全国作文教学改革试验区",全力推进作文课例研究。在前期的几次习作培训教学中,中国当代语文教学专业委员会秘书长、北京师范大学毛继东教授高屋建瓴的指导,让教师们对作文新教法产生了浓厚的兴趣,并积极付诸实践。通过训练和培养,学生掌握了观察、分析事物的方法,提高了认识水平,学生的思维更敏捷,想象更丰富,创造性更强,语言表达能力大大提高。

(二)关于合作能力的培养与实践

联合国教科文组织提出:"要学会共同生活。"学会与他人合作,学会过集体生活,学会处理好个人与社会的关系是中小学教育的当务之急。

1. 体验分享,在活动中培养学生的合作意识

针对独生子女多,在集体活动中缺乏团结精神和合作意识的状况,各中小学校都把合作意识的培养摆在了教育的重要位置并进行了积极的探索。

【案例】

借主题班会培养合作意识

龙山小学五年级(2)班以主题班会为切入点,利用游戏、比赛、视频等,激发学生积极参与的热情,强化合作意识的培养。

班会目的:加强合作意识的培养,增强班级的向心力、凝聚力。

班会形式:游戏、比赛、观点交流、视频等。

导引环节:

①快乐"多足跑"(小游戏,学生自己)

设两人、多人合作的游戏情境:两人一组用一根绳子绑住脚,两人三足向前快速行走,看哪个组跑得快;再引导他们试着三个人一组,三人四足向前行走;然后引导他们进行四人五足,五人六足……

②讨论交流,分析失败的原因

在"多足跑"中,多数小组很快就能协调一致地前进,个别小组却是在经历了一次又一次的失败后,才找到有效的解决方法,即在游戏开始之前,小组成员要对出脚的顺序、节奏等进行统一,在游戏进行时,大家要齐喊口令,团结一心,动作才能协调一致,游戏才能获得成功。同学们在活动中感悟到了团队合作的真谛,感受到了团队交流合作的重要性。

2. 聚焦课堂,在参与中培养学生的合作习惯

我们提倡学生自主探究、动手实践、合作交流,并在各校制定的有关课堂展示学习规范中落实,使学生的合作能力明显提升。如桃都中学的"和乐课堂"实现了师生、生生的优质互动。其展示交流环节具体如下:

一是组内交流展示,规定发言人员和发言顺序。

二是班内交流展示,要求先总结沉淀,再有序发言。小组合作交流展示的指导,既有助于培养学生的自我管理能力,又有助于学生在和谐的环境中陶冶情操、健康成长。

3. 小组建设,搭建学生学习合作平台

学习小组是高效课堂进行的基本单位,许多学校通过不懈探索,创出了自己的特色。

【案例】

社区学习互助小组:学生双休日管理的妙招

龙山中学仪阳校区以社区学习互助小组建设为载体,加强学生双休日管理,建立以村为单位的学生学习互助组及家长互助团队,安排家长轮流值日,教师有效地利用多种形式监控,如电话、短信、家访等。学

校制定了《××村学生互助学习小组家长督查记录》《学习互助组活动情况》,定期调研和跟踪抽查小组活动的开展情况,年终对学生和家长进行综合评价与奖励。

社区学习互助小组的运作,使学生的课余时间得到了有效利用,使学生的课余生活变得丰富多彩、富有意义。

(三)关于实践能力的培养与实践

实践能力是人们在有目的地探索和改造现实世界的一切社会性客观物质活动过程中所表现出来的能力和素质,这一能力的培养有利于学生学会做人,学会做事,学会合作,顺利完成社会角色的转换,为学生终身发展奠定坚实的基础。各学校积极践行"知行合一"理念,大力探索实践能力培养策略,取得了许多宝贵的经验。

1. 利用教学主阵地,培养学生的实践能力

各学校秉持创新培养实践能力的理念,充分利用学科渗透、校本课程、主题班会等形式,对学生进行实践能力的培养。

(1)学科渗透,让知识走进生活

我们坚持学科渗透思想,鼓励教师开展形式多样的社会实践活动,积极引领学生关注社会热点,了解国家大政方针,锻炼参与社会实践的胆量,提高社会实践能力。

【案例】

让知识走进生活,在生活中加深体验

石横中学九年级(2)班英语教师在讲完人教版九年级英语 Unit 13 We're trying to save the earth 这个单元后,结合环境保护这个社会热点,开展了如下思想教育活动:

①阅读习主席保护生态环境的金句,了解国家环保大政方针;
②观看环境保护公益视频,明白环境保护刻不容缓;
③收集环境保护宣传标语,知道环境保护从自我做起;
④召开环境保护主题会议,内化环境保护意识。

周末,在教师的带领下,全班学生分组开展环保宣传、捡拾垃圾以及上网查询资料等多种形式的"白色污染"调查研究活动。活动结束后,各小组同学广泛交流并撰写了调查报告,对"白色污染"的产生原因、危害以及减少"白色污染"的具体措施有了较为科学的认识。同时,也培养了合作意识和团队精神,锻炼提升了独立探索能力及与陌生人沟通交流的能力。

(2)校本课程,让能力培养系统化

各中小学校将培养学生的实践能力与学校课程建设相结合,逐步构建起以人文底蕴、科学精神、学会学习、健康生活、责任担当、实践创新六大体系为主导的校本课程,研发开设了太极拳、金丝沙画、十字绣、智能搭建、3D创客等各类优质校本课程,为学生提供了茁壮成长的沃土。校本课程的选课走班,让校园成了学生欢乐的海洋;定期举办的阶段成果展演活动,让学校成了学生展示自我的舞台。

(3)特色作业,让学生学会生活自理

各学校结合《肥城市教学研究中心关于寒假作业的指导意见》,创新作业形式和内容,突出了生活技能和自理能力的培养。如部分学校的"四个一"特色作业,让学生的假期生活更丰富、更充实。"四个一"特色作业,即要求学生在家做一顿饭、刷一次碗、洗一次衣服、做一天主人。为保证作业完成质量,学校要求学生录制并上传视频到班级群,记录自己当家做主这一天的各项安排,写出自己做家务的感受,邀请父母对自己的表现进行评价,同时学校在开学初进行评比。"四个一"特色作业，不仅使学生理解了父母的不易，而且使他们学会了基本的生活技能，提高了动手能力。

2. 利用各类教育资源，提升学生实践能力

各学校广泛开展校内外社会实践活动，拓展社会实践的空间。通过音体美比赛与训练、社会生产劳动、行业体验活动、社区服务、志愿者服务、革命传统教育等方式提高学生的社会实践能力。

（1）艺体活动，让学生拥有健康的身心

为充分发挥音乐、体育、美术、健康教育学科教学在德、智、体、美、劳等方面的育人功能和作用，我们结合我市中小学音体美、健康教育工作实际，以艺体活动为抓手，让学生拥有健康的身心。首先，我市认真落实中小学各学科《课程标准》，开齐课程，开足课时，上好音体美、健康教育课，全面做好学生体质健康测试和艺术素质测评工作。各学校每学年举办1—2次综合性运动会，有计划地开展以班级、团体为单位的体育竞赛和艺术展演比赛活动，做到常态化、规范化和科学化。

在艺体活动中，我们全面实行大课间活动制度，落实好体育艺术"2＋1"项目，使学生掌握两项健身锻炼的体育技能和一项艺术技能。同时，抓好音体美特长生训练，加强健康教育活动，落实"健康第一"的教育理念，组织学生每天上下午开展视力保健活动，确保学生的健康知识知晓率和健康行为养成率达到100%。

【案例】

我市在山东省第十四届学生运动会（中学组）中获佳绩

山东省第十四届学生运动会（中学组）于2019年8月14日至21日在济宁市举行。山东省学生运动会每三年一届，是全省水平最高的中学生体育赛事。泰安市取得历史性好成绩，团体总成绩在全省十六个地市中排名第三，荣获"省长杯"。我市代表团被省组委会授予"体育道德风

尚奖"和"优秀组织奖"。其中田径项目包揽田径团体、男子团体、女子团体三个第一，获金牌8枚、银牌6枚、铜牌5枚。

　　肥城市共有三名运动员参加此次的田径项目比赛，分别是泰西中学的张梦婷、朱子豪，肥城六中的姬颖慧。比赛中，这三名运动员不畏强手，奋勇拼搏，共斩获金牌3枚，银牌2枚，铜牌1枚，为泰安市田径代表队做出了突出的贡献。

　　泰西中学教练员刘强和肥城六中教练员张吉玲被评为山东省第十四届学生运动会优秀教练员，张梦婷和姬颖慧被评为山东省第十四届学生运动会优秀运动员。张梦婷荣获200米金牌、100米铜牌、4×100米接力银牌，因成绩突出，入选山东省省队集训队。朱子豪荣获4×100米接力银牌、4×400米接力金牌、200米第七名。

　　据了解，本届运动会共设田径、足球、篮球、排球、武术、健美操等6个大项、63个小项的比赛项目，来自全省十六个地市的3450名中学生运动员、550名教练员、350名裁判员和300余名中学生志愿者齐聚一堂，以体育人，锤炼品格，同台竞技，共创精彩。

　　（2）安全演练，让学生学会自救与互助

　　我们要求各学校每月举行一次安全仿真演练活动，将"平安校园"建设纳入评估。如老城中学、孙伯北栾小学、实验中学西校区做得比较突出：随着消防报警哨声的响起，各班主任、楼层指挥人员迅速到班到岗，并沉着冷静地指挥学生用湿毛巾或小手绢捂住口鼻，放低身体，按照突发事件的疏散路线，迅速有序地撤离教学楼，全校师生用时2分10秒逃离教学楼，在最短的时间内，安全有序、快速到达安全地点，演练活动达到了预期的效果。

　　（3）自主管理，让学生做到自立和自强

　　不少学校建立了学生自主管理创新机制，突出学生自主性，教师

"放手"，学生全员参与，全方位、全过程参与班级和年级组的管理工作，从而促进学生的全面发展。如龙山小学凤山校区采取岗位培训、学生自主制定班规、设立自主管理监察队、开展班级"自主管理小明星"评选等措施，促进了学生自主管理水平的提高。实行自主管理后，大到班级活动，小到卫生值日，都成为学生历练的机会，学生在自主管理中既培养了能力，又提高了素质。

（四）关于创新能力的培养与实践

创新是一个民族发展的灵魂，培养学生的创新能力是实施"科教兴国"和可持续发展战略的重要途径。我们在学生的创新能力培养方面主要做了如下探索。

1. 课堂教学中培养创新能力

（1）营造问题课堂，培养创新意识

在教《大自然的语言》一课前，先让学生做了一个调研，让学生围绕"什么是大自然的语言，大自然有哪些语言"展开调研，观察大自然中动植物的生长过程或生长状况，探寻并记录它们的生长与气候的关系，然后让学生在课堂上结合自己"语文综合性活动"成果，用第一人称来表演和解说，自由交流，最后教师指导学生进行科普小写作。整个学习过程，学生不仅学到了知识，而且能力得到了提高。

（2）引导学生放飞想象，拓展创新思维

想象是创新的翅膀。爱因斯坦说过："想象力比知识更重要。"在课堂上丰富表象，唤起想象，发散想象，拓展思维。如在教学日本科幻小说家星新一的《喂——出来》一文后，启发学生思考："'喂——出来'的试探声和试探洞深浅的小石子都飞出来了，后面会发生什么事情呢？"有的同学说："震耳欲聋的声音源源不断地从洞里传了出来，房屋震塌了，不少人被砸伤或砸死，人们耳朵震聋了，有些动物和人都给震疯了，整个村庄处在恐怖之中。"又有同学说:"原子能反应堆的废料流泻出来,村庄的居民和动物都受到了辐射,居民患了包括癌症在内的多种疾病,痛苦不堪,动物发育奇异,令人恐怖。"学生各抒己见,在想象中合理利用这些"空白",使思维相互碰撞、启发,训练了思维的灵活性。

(3) 鼓励学生求异思维,促进思维多向发展

求异是创造的先驱。我们注重培养学生的求异思维,允许学生发表不同见解。同一个任务,鼓励学生寻求不同方法来完成。如师范附属小学五年级(3)班学生学习《钱学森》时,老师带领学生讨论钱学森对中国科技事业的贡献。学生大多按照课文内容来回答,缺乏拓展思维。老师引导学生思考:"钱学森面对培养他的美国老师及大学,心里会不会有矛盾?他是如何思考这个问题的?面对美国良好的工作环境和优越的生活条件,他心里会不会有矛盾?他的老师、同学会不会劝阻他?他又是如何克服这些困难,回到祖国的?"鼓励学生从多个角度去看同一个问题,这样做不仅不会削弱主题,反而会更加衬托钱学森的伟大,同时有助于学生多角度思考问题习惯的养成。

2. 校园活动中培养创新能力

各中小学校都把"科技创新教育"列入学校教育长期发展规划,确立了在全面提升学生综合素质的基础上发展学生特长的育人目标,并集中开展了一系列科普宣传教育活动。

(1) 创新兴趣指导,启发创新思维,开启创新探索之门

国旗下讲话讲解科普,专题讲座阐述科普,观看影音资料深化科普,主题征文内化科普,科普专刊宣传科普,主题班会议论科普,科技橱窗展示科普,绘画与手抄报比赛描绘科普,《今日肥城》、肥城教育网、肥城电视台、广播电台等宣传媒体对科技活动新动态、新成效进行宣传和报道,这些都极大地激发了学生的科技创新意识,启发了学生的创新思维。

孙伯镇中心小学提出了创建"科技教育特色学校"的奋斗目标，先后开发了《奇思妙想》《科技发明》《科技改变生活》等校本课程；每年举行"校园科普超市"，开展科普宣传、科技制作、趣味实验、创意无限、制作发明、科幻涂鸦、玩具组装等展示活动。近几年，20件作品荣获省级科技创新奖，18件作品获得国家级实用型专利；学校获得"山东省创造教育研究20年优秀组织学校""全国未来科学家实践基地"等荣誉。

（2）科技发明活动点燃科技创新激情

为培养中小学生的实践能力和创新精神，激发学习兴趣，提高动手能力，提升科学素养，我们多次在全市范围内开展"小实验、小制作、小发明和小论文"的"四小"评选活动，4000余件作品展示了学生的创新才能，其中100余件在省市创新大赛中获奖；并多次组织"教师自制教具"比赛，通过比赛，集聚了一批优质课程资源，将63件作品作为与苏教版3—6年级八册教科书匹配的教具纳入常规使用，并将其中40件精品的制作与使用方法编辑成册，向全市推广。目前我市大多数学校都有专门的科技社团，在创客活动、机器人大赛、模型大赛（船模、航模、车模、桥模）等活动中，均有不俗的表现，培养了学生的科技创新能力。

（3）创客教育引领科技创新行动

"创客教育"是创客文化与教育的结合，基于学生兴趣，以项目学习的方式，使用数字化工具，培养跨学科解决问题的能力、团队协作能力和创新能力的一种重要策略。我们坚持把教育信息化和创客教育作为助推教育现代化的重要载体。

龙山小学紧跟创客教育热潮，建设了高标准的"桃娃梦工坊"创客室。以科技馆为阵地，开设了音乐制作、科技入门、数字星球、科技体验、数学建模、地理地图、拓扑练习、积木搭建等课程。依托创客室，引进全套乐高机器人设备、高端3D打印机等，组建了以机器人和编程为两大亮点的创客教育体系,培养了一批有着较强创新思维的创客学生。在山东省第二届创新教育节中,学生设计的水果钢琴、打地鼠等交互类软件、智能探测机器人、多功能导盲杖等数十项创客作品,得到现场参观教师的一致好评,原山东省教育厅巡视员张志勇亲自题写了"从创客中飞出未来的梦想"的勉励之词。在第十八届中国青少年机器人竞赛暨2018世界青少年机器人邀请赛中,龙山小学作为第一年参加全国赛的新队伍,最终获得全国第12名、二等奖的好成绩,为山东省、泰安和肥城赢得了荣誉。龙山小学先后被评为"中国创新教育学校""全国创新教育联盟创客培养基地""山东省规范化学校""山东省绿色学校"等。在"争当小实验家"全国少年儿童科学体验活动中,有10余名学生获得"中国少年科学院小院士"荣誉称号。

第七章
评价促进优质均衡发展

习近平总书记关于建设教育强国的重要论述指出,目前我国教育还明显存在发展不平衡不充分的问题,一些不利于教育发展的体制机制障碍明显存在,教育对外开放与合作办学的水平有待提高,优质教育资源不足,区域、城乡、校际、不同群体之间的教育差距还比较明显,高水平教师队伍建设相对滞后。总体上看,我国教育还不能完全满足人民群众对教育的需求和建设社会主义现代化强国的需要。公共教育服务是全体人民群众最关心、最直接、最现实的切身利益。教育优质均衡发展必须要解决教育评价指挥棒问题。基于此,我从"局机关务实高效""各部门齐抓共管""各群体合力共为"三个方面以评价促进教育优质均衡发展,实现了教育内部人力资源的挖潜、各部门工作协调与配合、社会各界合力共为。

局机关务实高效

市教育和体育局是全市教育的大脑和中枢,机关作风和服务效率的高低,直接影响着全市教育事业的发展。搞好机关建设、抓好机关作风、推动教育系统新风正气的形成,既是我市治教兴教的当务之急,也是促进教育优质均衡发展的长久之计。

我与机关科室及基层学校的同志多次进行座谈交流,大家都积极建言献策,提出了很好的意见建议。根据这些意见建议,结合上级要求,经过反复思考论证,打出了一套推动机关工作务实高效的"组合拳"。

一、坚定重构机关科室

打铁还得自身硬,机关带头强作风。局机关原有科室35个,由于种种原因,科室设置多,机构臃肿,人员配置不合理,从基层借调人员多,职责不清,交叉重复,推诿扯皮、人浮于事、工作效率不高的问题十分普遍,基层意见比较大。症结找准了,就要敢于担当,勇于作为。我们下的先手棋是重新架构机关科室,厘清科室责任边界,调整班子分工:撤销了不合时代要求的科室,如勤俭办;成立了抓工作落实的科室——督查投诉考核科,专门负责考核教育任务目标实施完成情况,履行督查职责，改变了"部署多、督查少，制度多、落实少"的现状；成立了党建科，强化学校党建工作等，将科室整合为八大科室，形成了与省教育厅、泰安市教体局相对应，又符合我市工作实际、职责清晰、运转顺畅的局机关内设机构体系；清理了临时工 4 人，引导临时借调人员自愿回归原岗位，解决了多年的遗留问题；收缴科室公章 47 枚，规范了文件制发，充分利用微信、邮箱等信息化渠道，上情下达，下情上达，减少会议，精简文件，大力倡树"忠诚、敢当、务实、高效"的工作作风，提高了工作效率。

二、明确科室岗位职责

我认为，局机关科室应明确岗位职责，互相服务、互相协调，不断提高工作效率。每个科室都像一块砖，沟通协调就是水泥浆，水泥浆把缝隙填充好，整个大厦就建起来了，就牢固了。为了明确局机关科室的岗位职责，我们出台了《肥城市教育和体育局（中共肥城市委教育工作委员会）职能配置、内设机构和人员编制规定》，完善了组织架构和岗位职责，并报请市编制委员会批准实施。其具体内容为：

（一）明确教育和体育局整体职责

中共肥城市委教育工作领导小组办公室（以下简称市委教育工作办）设在市委教育工委，接受中共肥城市委教育工作领导小组（以下简称市委教育领导小组）的直接领导，承担市委教育领导小组具体工作，负责统筹谋划、综合协调、整体推进、督促落实市委教育领导小组各项决定事项、工作部署和要求等。市教育和体育局（市委教育工委）的内设机构根据工作需要承担市委教育工作办相关工作，接受市委教育工作办的统筹协调。

教育和体育局（市委教育工委）贯彻党的教育体育方针和政策，落实中央、省和泰安市关于教育体育工作的决策部署，按照市委、市政府工作要求，做好全市教育系统党的建设和意识形态工作，推动教育体育事业高质量发展，在履行职责过程中坚持和加强党对教育工作的统一领导。主要职责是：

1. 研究制定全市教育系统党的建设规划并指导实施。负责对全市教育系统党的建设重大问题进行调查研究，向市委提出意见和建议，在职权范围内对有关问题做出决定。

2. 负责指导全市教育系统党的基层组织建设和党员队伍建设工作。指导全市教育系统思想政治建设以及学校德育工作和精神文明建设。指导全市教育系统工会、团委、妇委会等群众团体工作。负责教育系统新闻宣传、统一战线和群众工作。

3. 贯彻执行教育体育工作法律法规、方针政策，落实上级和市委、市政府关于教育体育工作的决策部署，负责起草教育体育方面的规范性文件，拟订全市教育体育改革与发展的政策、规划并组织实施。负责全市教育体育基本信息统计、分析、发布工作。

4. 负责全市基础教育（含学前教育）、职业教育、继续教育、民办教育、特殊教育、少数民族教育的统筹规划和协调管理工作。负责教育督导与评估、教学视导与评价工作，指导学校内部管理和教育教学改革。负责推动义务教育均衡发展、促进教育公平。

5. 统筹规划全市中小学（职业学校、幼儿园）布局，指导督促镇街实施中小学、幼儿园规划建设，组织实施市直中小学、幼儿园规划建设。指导督促民办中小学、幼儿园规划建设。指导全市中小学、幼儿园教学条件装备和信息化建设工作；指导督促中小学、幼儿园后勤保障，管理与改革工作。

6. 负责统筹规划全市群众体育发展，推行全民健身计划。组织实施国家体育锻炼标准，推动国民体质监测和社会体育指导工作队伍建设。指导公共体育设施建设，负责公共体育设施的监督管理。负责指导开展健身气功活动并加强监督管理。

7. 负责统筹规划全市竞技体育发展，确定体育运动项目设置和重点布局。指导协调体育训练和体育竞赛，指导运动队伍建设。负责推进全市职业体育发展。组织参加和承办重大国内外体育竞赛。负责运动器械安全监管。协调运动员社会保障工作。

8. 负责拟订全市体育产业发展规划，引导和参与推进全市体育产业发展。规范体育服务管理，推动体育标准化建设。负责组织协调体育彩票、体育社团管理工作。

9. 负责监督体育运动中的反兴奋剂工作。

10. 负责统筹规划全市青少年体育发展，指导和推进青少年体育工作。

11. 负责全市教育领域人才队伍建设，主管全市教师工作。规划指导学校教职工队伍建设，负责全市教师资格认定，参与教师专业技术职务评聘工作。负责全市教师和校长培训工作，负责全市师德建设工作。执行各级各类学校的机构编制标准，负责教职工工资待遇等有关政策落实。

12. 按照管理权限，归口管理全市各类学历教育及其招生与考试工作，负责全市中小学、职业学校的学籍管理和毕业证验证工作，指导监督全市中小学做好学生全面发展档案建设管理工作。

13. 负责全市教育经费的统筹管理和监督工作，参与全市义务教育经费保障机制改革工作，参与拟订教育经费筹措、教育拨款、教育基建投资政策，编报全市教育经费年度预算建议方案，监测教育经费筹措和使用情况，负责学生资助管理工作。

14. 归口负责全市师范类大中专毕业生、中等职业学校学生的就业指导服务工作。

15. 规划指导全市教育体育科研、教学研究与改革工作，组织实施有关教育体育科研、教研项目，负责教育体育科研成果的转化与推广工作。

16. 负责全市中小学体育、卫生健康、艺术、书法、国防教育和双拥工作。

17. 负责全市教育系统稳定工作，以及学校的安全教育、监督管理、安全防范工作。

18. 负责对外及与港、澳、台地区的教育体育交流与合作工作。

19. 负责全市语言文字工作。

20. 承办市委、市政府交办的其他事项。

21. 职能转变。按照党中央、国务院关于转变政府职能、深化放管服改革，深入推进审批服务便民化的决策部署，认真落实省委、省政府深化"一次办好"改革的要求，全面推行"贴心代办、一次办好"改革及相对集中行政许可权改革，会同行政审批服务主管部门做好在行政审批事项办理等方面的衔接协调。深化简政放权、创新监管方式、落实监管责任、强化审管联动，优化政务服务工作。深化教育领域综合改革，落实深化基础教育、现代职业教育、教育考试招生制度的各项工作任务，实施惠民重点工程，促进教育事业高质量发展，加快推进教育现代化。

22. 有关职责分工。关于校车安全管理。教育、公安、交通、工信、文旅、市场监管、应急管理、发改等有关部门依法依规履行校车安全管理的相关职责。市教育和体育局负责做好校车使用许可申请的受理、分送、审查和上报工作，做好校车安全管理责任书备案管理工作；加强对学校的监管，指导、督促学校建立健全校车安全管理制度，明确和落实校车安全管理责任，指导学校开展交通安全教育，督促学校加强学生乘车管理；与公安机关会同有关部门建立校车安全管理工作协调机制；组织建立健全校车安全管理信息共享机制。市公安局负责依法开展校车和驾驶人交通安全管理，依法查处校车道路交通安全违法行为，加强校车行驶路线的道路交通秩序管理；依法审查、审验校车驾驶人资格，依法核发校车标牌和校车检验合格标志；协助教育行政部门组织学校开展交通安全教育，对校车服务提供者开展校车驾驶人安全教育情况进行监督检查。市交通运输局负责发展城市和农村的公共交通，合理规划、设置公共交通线路和站点，改善校车途经的农村公路安全通行技术条件，消除安全隐患；按照标准设置校车停靠站点预告标识和校车停靠站点标牌，规划校车停靠站点标线；监督汽车维修企业落实校车维修质量保证期制度，依法对道路运输经营有关违法行为给予处罚。

（二）明确教育和体育局科室岗位职责

市教育和体育局（市委教育工委）各科室岗位职责如下：

1. 办公室（挂督查投诉考核科、政策法规科、信息技术科牌子）

负责组织协调机关日常运转、会务组织以及对外联络接待工作。负责机关文电、机要保密、文秘档案、信息公开、机关值班和机关安全保卫工作。负责机关后勤、车辆、卫生管理和服务保障工作。负责机关文明创建工作。负责所属单位的综合协调工作。负责局机关和市直学校计划生育工作。负责全市教师职工权益保障工作。负责局机关老干部工作。负责联系老教育工作者协会、关心下一代工作委员会工作，指导全市教育系统老干部工作。

负责上级机关及领导批办事项、市直部门单位转办和协办事项、下级单位和公众申报事项的登记、分办、督办工作。负责上级机关和局机关相关会议部署事项及局领导临时交办事项的督办工作。负责机关岗位目标责任制的制定与考核、机关考勤工作。负责民生投诉、群众来信来访工作，做好信访投诉案件的分办、督办及反馈工作。负责治理教育乱收费工作。负责教育系统违规违纪案件查处工作。负责全市教育系统稳定工作。负责学校、校长、教师满意度评价工作。负责政协提案、人大建议办理工作。负责教育系统工作人员办事效率、服务质量、工作纪律等政风行风监督管理工作。牵头负责校长岗位目标责任制的制定与考核工作。负责中小学校抽样分析评价工作。牵头负责教育督导评估结果、教育教学评价结果、学校管理考核等结果的汇总与运用。牵头组织学校现场观摩与考核工作。归口管理和统筹协调系统内各类表彰奖励工作。牵头负责经济社会发展考核指标统计上报和招商引资、对上争取考核资料上报工作。

负责有关规范性文件的合法性审核工作。负责普法、教育行政执法、行政复议、行政应诉工作。负责指导所属单位、学校法制建设和依法管理工作。负责行业政策调研和文稿起草工作。负责教育宣传工作。牵头研究和协调基础教育综合改革、教育创新工作。牵头负责教育年鉴、教育史志、教育系统重大事项记录编纂工作。

负责全市教育系统信息化中长期规划、年度工作计划的制订和实施工作。负责全市电化教学研究工作。负责全市教育系统信息网络管理、网络舆情监测、网络安全和技术服务工作。负责全市教育信息化平台、资源库的建设管理和运维工作。负责指导全市中小学信息技术和通用技术教育工作。负责上级电教馆组织的课题研究、电教优质课、中小学电脑制作活动（竞赛）和相关研究成果的交流与推广工作。负责指导全市中小学信息技术教育和相关人员的培训管理工作。负责全市教育系统网站建设、管理和运维工作。负责学校网站（校）的审核管理工作。负责电教教材的征订管理工作。负责学校理化生实验室、微机室、3D打印机器人等功能室设施设备和实验器材的管理及使用工作。

2. 教师工作科

负责全市教职工队伍的规划与建设工作。负责全市中小学、幼儿园教职工队伍考核评价及奖惩工作。负责全市教职工劳动工资福利、档案管理工作。负责学校领导班子和干部队伍建设管理工作，指导学校内部人事与分配制度改革。负责做好中小学校长职级评定工作。负责全市教职工培训和人才培养工作。负责全市教师资格认定、定期注册相关工作。参与教育系统专业技术职务评聘工作。负责对外及与港、澳、台地区的教育交流与合作工作。负责中小学教师招聘工作。负责局机关和所属单位的机构编制、人事管理工作。负责全市语言文字管理工作。

3. 发展规划装备科

负责统筹规划全市中小学、幼儿园布局，指导督促各镇街实施中小学、幼儿园规划建设，组织实施市直中小学、幼儿园规划建设。负责指导督促民办中小学、幼儿园规划建设。负责指导全市中小学、幼儿园教学条件装备工作。牵头负责学校建设项目招标、学校装备招标采购工作。负责政府投资建设和采购项目的监督管理工作。负责全市中小学作业簿、校服招标采购和监督管理工作。负责招商引资工作。

4. 计划财务科（挂审计科牌子）

负责全市教育经费的管理工作，参与全市义务教育经费保障机制改革工作。负责拟订教育经费筹措、教育拨款、教育基建投资政策。负责编报全市教育经费年度预算建议方案，监测教育经费筹措和使用情况。牵头负责教育事业信息年报工作。负责上级专项拨款的管理使用和监督工作。负责中小学校、幼儿园国有资产的监督管理工作。负责局机关和所属单位国有资产的监督管理工作。负责局机关财务管理工作。负责对上争取工作。负责联系社保相关工作。

负责对全市教育系统各单位财务收支、预算执行和决算情况、预算资金的管理和使用情况、国有资产的管理和使用情况、基建及维修工程的预决算情况等进行监督审计。负责对单位法定代表人、主要负责人进行经济责任审计。对单位执行国家财经法规和上级财经规章制度的情况进行审计。负责教育经费报表的审签工作。

5. 基础教育科（挂学前教育科、学校安全科牌子）

负责全市基础教育的管理工作。负责全市义务教育实施和控辍保学工作。负责拟订基础教育阶段招生政策和计划。负责全市基础教育综合改革相关工作。负责全市中小学办学标准、办学行为规范的监督管理工作。负责全市中小学国家课程、地方课程和校本课程的开设监督管理工作。负责全市中小学学籍管理和学历审查工作。负责全市中小学班主任队伍建设管理工作，负责指导班主任牵头做好学生综合素质发展报告等学生全面发展成长档案建设工作。负责全市中小学德育、家校共育、科普教育、心理健康教育、法制教育、环境教育、禁毒教育和社会实践活动。负责全市中小学研学旅行工作。负责全市中小学规范化学校创建工作。负责全市中小学校园文化、文明校园等创建工作。负责全市特殊教育、民族教育和基础教育段的民办学校管理工作。负责全市中小学教学用书和教辅用书管理工作。牵头负责全市中小学图书馆配备管理工作。负责民办中小学教育机构事前、事中、事后监督管理工作。

负责配合相关科室做好全市学前教育发展规划及组织实施工作。负责学前教育事业数据统计上报工作。负责全市幼儿园办园水平和保教质量检查、指导、评估等监督管理工作。负责幼儿园教师培养培训工作。负责幼儿园教育科研和保教改革工作。负责规范化幼儿园的创建工作。负责指导幼儿园做好安全工作。负责民办学前教育机构事前、事中、事后监督管理工作。

负责全市中小学、幼儿园安全教育、安全监督管理和安全防范工作。负责指导中小学、幼儿园安全保卫和学生预防违法犯罪工作。负责制定中小学、幼儿园安全应急预案。负责协调处理中小学、幼儿园突发事件。负责全市中小学生保险工作。负责指导全市中小学、幼儿园防范和处理邪教工作。负责全市中小学、幼儿园维护稳定和社会治安综合治理工作。牵头负责校园周边环境综合整治工作。负责指导学校做好危险化学品监管工作。按相应职责做好全市中小学、幼儿园食堂、宿舍、校车等安全管理工作。

6. 职业教育与继续教育科

负责全市职业教育、继续教育（教师培训除外）统筹规划、综合协调和管理工作。负责指导职业教育、继续教育教学改革，以及专业、课程与教材、实习实训基地、条件装备建设工作。负责指导职业教育体制改革、职业学校师资队伍建设、教育教学督导评估和相关培训工作。负责组织协调全市中等职业学校和成人中专学校的招生工作。负责职业学校、成人中专学校学生学籍管理工作。负责指导全市社会教育工作。负责扫除青壮年文盲、社区教育等工作。负责中等职业学校、成人（职工）学校和非学历教育培训机构事前、事中、事后监督管理工作。

7. 体育卫生与艺术教育科（挂学生工作科牌子）

负责全市中小学体育、卫生健康、艺术、书法、国防教育和双拥工作。负责全市中小学学生体质健康、艺术素质测评工作。负责中小学体育竞赛和艺术展演活动。负责学校军训工作。负责中小学爱国卫生、健康教育、病媒体生物防治、传染病防控和学生体检工作。负责体育、艺术等教师专业发展和教师社团工作。负责指导音体美卫等学科教师建立健全中小学生综合素质发展报告等全面发展相关档案。负责音体美卫等教学研究工作。负责学校音体美卫功能室设施设备和相关器材的管理及使用工作。

负责参与拟订全市竞技和群众体育发展规划草案，以及全民健身实施计划，统筹协调监管全市职业体育。负责全市运动员注册与管理，指导运动队的训练、竞赛、备战和参赛工作。承担运动员技术等级管理工作，监督指导体育竞赛裁判员管理工作。负责拟订青少年体育训练管理制度、社会体育指导员制度并指导监督实施。推动建立和完善全民健身公共服务体系，指导协调和推动开展群众性体育活动。指导公共体育设施建设，承担公共体育设施场地的监督管理工作。负责高危险性体育项目的监管工作，组织实施国民体质监测。

负责统筹指导全市中小学生综合素质发展报告、体质监测报告、艺术素质评价报告等全面发展成长档案的建设工作。负责全市中小学生表彰奖励（县级以上）工作。负责学生党员培养推荐工作。指导学校做好学生会工作。配合共青团、少先队开展相关工作。

8. 党建科

负责教体系统党的建设各项工作，制订党建工作计划并组织实施。负责督促指导本系统基层党组织建设、党风廉政建设及党组织书记述职评议考核。负责本系统各党组织党员发展、教育管理培训及党员处置、流动党员管理、党费收缴管理、党员干部日常管理、评先树优和监督考核等工作。承担对本系统各部门单位党组（党委）和各级党组织落实机关党建重点工作、重要制度情况的督查和党建工作考核。承担上级党委安排的其他工作。

三、科学考核科室工作

诊断改进的制度诉求能否转化为校长、教师、教辅、学生的行动准则，与局机关各科室的领导力息息相关。为认真贯彻落实局党组工作部署和"四层面72字"工作要求，进一步加强机关内部管理，推进机关效能建设，充分调动机关工作人员的积极性、主动性和创造性，确保各项任务目标顺利完成，我们出台了《肥城市教育局2018年度机关科室岗位目标责任制考核暂行办法》，具体内容为：

（一）考核范围

各科室工作人员，以科室为单位，任务到人，责任到人，考核到人。

（二）考核内容

根据局机关总体工作安排，结合科室职能，将各科室任务目标分为重点工作、常规工作和创新工作三大类，逐一分解落实到具体责任人。科室负责人对科室整体工作负总责，其他人员按照分工各司其职，各负其责。

（三）计分办法

实行百分制考核，即重点工作和常规工作两项合计100分，如期完成计满分100分，未完成则根据其任务目标完成情况和计分办法给予相应扣分；创新工作为加分项，上不封顶，多科室参与的，牵头科室记得分的100%，其他科室记得分的50%；两人以上共同承担某项工作出现扣分情况的，每个人按照本办法确定的扣分值的平均分扣分，且本科室科长按一定比例扣分；没有明确具体责任人的，由本科室科长负责。科室考核成绩以本科室工作人员的平均分计算。对上争取、招商引资等重点工作任务完成情况成绩优异的，根据在全市考核中所占的先进位次，经班子成员会议研究为相应人员奖励加分。

（四）考核奖

实行半年度、全年度考核相结合的考核方式。每半年，各科室对上半年工作进行述职，并现场接受评议打分。年底，对各科室岗位目标完成情况及创新工作进行集中考核认定、打分。各科室要按照一事一档、规范管理的要求提交有关档案资料，无档案资料的原则上不予认定。年终岗位目标责任制考核成绩，按照半年考核、年底集中考核成绩各占50%来确定。根据考核结果，确定先进科室，予以表彰奖励。

各部门齐抓共管

县域教育的发展,既要加强诸如校长队伍建设、教师队伍建设、班主任队伍建设、学生全面发展、教辅服务质量提升等内部管理,还要兼顾协调各部门关系等外部管理。我市以习近平新时代中国特色社会主义思想为指针,以全国教育大会和全省教育大会精神为指导,按照《肥城市义务教育优质均衡发展市创建实施方案》要求,做到"项项任务落实、校校目标达成、城乡一体发展",在全面推进"四层面72字"要求实施的基础上,进一步强化措施,狠抓落实,加快缩小校际、城乡间的办学差距,推进城乡教育一体化发展,持续优化办学条件,积极协调各部门、企事业单位齐抓共管,支持教育优先发展,义务教育均衡水平大幅提升,涌现出了一大批在教育工作中做出突出贡献的单位和个人。

一、各部门助力教育

县域教育的发展,离不开各级党委、政府的支持。各部门只有齐抓共管,才能创优教育发展环境。为了推进教育高质量发展,建设现代化教育强市,在各级党委、政府的坚强领导下,我们立足教育发展实际,精心谋划好教育发展规划,着眼长远,把关定向,精准施策,办好教育,提升质量；组织、人事部门深化干部用人制度改革，让教师"能进能出、能上能下"，对坚守农村、贡献突出的优秀教师，加大表彰奖励力度；财政、住建、国土等部门加大教育资金和政策的倾斜力度，对精神文明奖发放提前安排、优先保障、倾力支持；公安、消防、卫生、城管、市场监管等部门加大联合执法力度和部门联动，严格治理教师违规有偿补课，加强校园周边环境治理，扎实推进文明校园、平安校园建设。宣传部门充分发挥新闻媒体的舆论导向作用，大力宣传优秀教师的模范事迹，宣传尊师重教的先进典型，在全社会营造理解教育、关心教育、支持教育的大好局面。真正实现用制度管人，靠机制办事，凭考核奖惩抓落实。

系统设计很关键，制度就是方圆，机制就是流程，考核奖惩就是方法。市委、市政府每年在教师节隆重表彰尊师重教先进镇街、尊师重教先进部门（单位）、教书育人先进单位，不再设立"教育工作先进镇街"荣誉，将镇街党委、政府职责与教育内部职责区别开来，激励更精准。"尊师重教先进镇街"重点考核教育投入，"尊师重教先进部门（单位）"重点考核协调配合，"教书育人先进单位"重点考核内部管理和教育质量。引领社会各界大力支持教育发展，积极帮助学校改善办学条件，资助困难学生实现求学梦想，努力在全社会营造"尊师重教、助学强教"的浓厚氛围。在2019年全市教师节庆祝大会前，我们按照2018年9月至2019年8月期间镇街投入和项目建设情况，确定王庄镇、老城街道办事处、孙伯镇、仪阳街道办事处、石横镇、边院镇、新城街道办事处、王瓜店街道办事处8个尊师重教先进镇街，增强了地方政府支持教育发展的后劲。

【案例】

王庄镇党委政府加大教育投入　助力教育优质发展

教育是百年大计。近年来，在市委、市政府的坚强领导下，在市教育和体育局、发改委等部门的大力支持下，王庄镇党委政府高度重视教育工作，以创办人民满意的教育为宗旨，坚持改善民生从教育突破，发展教育从均衡抓起，举全镇之力办教育，大格局谋划，大手笔投入，大力度推进，促进办学条件、教师素质、教育质量优质均衡发展。全镇教育正以前所未有的良好态势进入一个全新的发展阶段。

王庄镇党委政府成立了由镇党委书记、镇长任组长的"教育优先发展"领导小组和工作小组，建立健全议教联教制度，专题研究解决义务教育优质均衡发展工作中的困难和问题。建立了以"党委政府主管，教育办公室主办，部门联动，学校实施"的体系；对教育发展实行"三个优先"——教育规划优先布局、教育投入优先安排、教育建设优先落实。按照一体化、驻地化、规模化的要求，2018年制定出台《王庄镇推进教育优质均衡发展实施方案》，确立"三五四一"的发展规划，即扩大三个中心校办学规模，完成中心小学餐厅及教师周转房、初级中学宿舍楼及三所学校塑胶操场五项工程建设，创建初级中学、中心小学、演马小学、中心幼儿园四处省级文明学校，努力建成现代化教育强镇。

全镇上下凝心聚力，克服财政收入少等问题，通过政府投、项目争、金融贷、企业垫、社会捐等多种方式，跑部门、找政策、抓机遇、保投入，多方筹措资金。先后完成了中学实验楼、新教学楼、综合楼及演马、花园、南尚、尚庄、中心小学教学楼建设；铺开了中学学生宿舍楼和小学餐厅的建设。目前，投资1128万元的中学新宿舍楼、投资467万元的中心小学餐厅及教师周转房、投资2100余万元的初级中学、中心小学、演马小学三处塑胶操场及配套附属建设10月1日前完工投入使用。同时，根据省级标准充实更新教育装备。学校"班班通"、电子监控系统、自动录播教室、3D打印、机器人实验室相继建成，实现了校园无线网全覆盖，学校信息化技术水平的提升正助推教育优质发展。

为了实现"立德树人"的根本任务，全镇中小学认真开展"强政德、树师德、育品德"系列活动,提高师生道德水平;落实领导干部包校责任制,狠抓管理,建立完善教育质量监管和监控体系,咬定质量核心地位不动摇;提升学生综合素养,积极开展实践活动,促规范养习惯,突显"一校一品"办学特色,全面提升教育质量。

经过多年的努力和付出,全镇呈现出"校舍大改善、内设快发展,办学有特色、教育显成效"的可喜局面。该镇先后被评为"泰安市课程与教学工作先进单位""泰安市教书育人先进单位",连续多年被肥城市委市政府授予"教育工作先进镇街"荣誉称号。

正是各部门的倾力支持,切实保障了优质教育资源供给。进一步加大解决城区大班额问题的资金支持力度,化解或减轻贷款还款压力,继续争取列支解决大班额专项土地指标,解决教育用地问题。采取政府资金补助学生校车交通费用等办法,有计划撤并农村小规模学校。对于确需长期保留的小规模学校,统筹部分财政资金,增加经费投入,改善办学条件。加强配套幼儿园建设和治理力度,由原来的教育部门牵头改为自然资源和规划以及住建部门牵头,教育部门配合,按照上级要求,对未交付的,督促交付教育使用;未建的,在建设规划审批上,实行规划、住建、教育等部门联合审核把关,没有按标准规划建设幼儿园的不准建设。以上做法奠定了实现人民群众对优质教育美好期盼的发展基础。

二、企业包保学校

为进一步动员社会各方力量支持教育,改善中小学办学条件,提升中小学办学水平,市委、市政府出台了《市委办公室、市政府办公室关于开展"百企包百校"帮扶活动的实施意见》(2018年6月),统筹全市经济社会发展,动员社会各方力量,尤其是市属企业,投入和支持教育发展，引导全社会尊师重教、支教助教。活动开展以来，持续改善中小学的办学条件，努力达到山东省办学条件标准，为创建国家义务教育优质均衡发展市打好坚实的基础，进一步提升了镇街学校办学水平。

（一）参与范围

参与"百企包百校"活动的企业，是我市2017年度纳税百强企业，共100家。活动安排被帮扶的学校，是全市镇街106处中小学校。

（二）安排方式

为整合共建力量、提高帮扶效果，按照属地帮扶、优质企业帮扶薄弱学校、支援家乡的原则，企业和学校结成一对一帮扶对子。市教育局安排两名同志作为每个镇街的校企联系人。

（三）工作重点

工作中，按照"分类帮促，一校一策，集中用力，进一步提升办学条件"的要求，重点从四个方面开展好帮扶活动。

1. 帮助谋划学校发展思路

了解学校基本情况和发展现状，针对被帮扶学校存在的薄弱环节和制约发展的瓶颈，积极献言献策，多出好主意、多出"金点子"，主动参与到义务教育优质均衡发展市创建等活动中来，帮助学校解决实际困难。

2. 帮助提升改造校园校舍

提供财物、人力支持，帮助学校做好校舍正常维修、路面硬化、地面平整、校园美化绿化等基础设施建设工作，尤其要帮助学校解决好校舍加固、房屋漏水、路面不平等问题；力所能及地在校舍改扩建、操场提升改造上给予资金帮助。

3. 帮助维护补充设备设施

组织人力，定期帮助学校对课桌椅、餐桌餐椅、体育器械等常规教学装备、生活设施进行维护维修。通过捐资、赠送等方式，帮助学校补充完善计算机、图书、电子白板、实验仪器、体育器材、空调等教学装备和生活设施，特别要帮助学校解决好师生饮水、冬季取暖等问题。

4. 帮助做好奖励救助工作

一是设立专项基金，用于奖励优秀教师和优秀学生，以鼓励教师精心育人、学生专心学习。二是设立助学金、赠送学习用品和生活用品等，定期对家庭经济困难学生予以财物上的资助和帮扶。

（四）工作要求

市教体局全程做好服务工作。活动初期牵好线，让帮扶企业和被帮扶学校碰好头、搭上线，建立联络，密切联系；中期充分做好指导协调，及时掌握帮扶情况；后期做好阶段性工作总结，对帮扶效果好的企业，予以通报表扬，做好典型宣传，营造社会各界捐资助学的浓厚氛围。

帮扶企业积极主动、尽心尽力地实施帮扶。加强与被帮扶学校的联系，经常与学校进行沟通，经常到学校实地调研，及时了解学校实际；切实针对学校困难和办学薄弱环节，制订详细的帮扶方案，并把帮扶工作列入重要议事日程，采取投工、投物、投资等各种方式帮助学校破解难题、补齐短板。

被帮扶学校把困难和薄弱点摆上台面、放到明面，主动寻求帮助。定期邀请结对企业负责人到学校开展调研、座谈等活动，向帮扶企业通报学校的发展规划和设想，以及存在的薄弱环节和困难，共同研究对策，协商举措；积极征求结对企业对学校办学条件、教学管理等方面的意见和建议，并做出合理调整。

在活动实施过程中，市政府成立"百企包百校"活动领导小组，市领导包保学校，负责联系企业，指导企业做好帮扶工作。市教育局副科级以上干部为包保联系人，负责协调具体工作。被帮扶学校和帮扶企业的主要负责同志为活动的"第一责任人"，企业和学校再分别明确一名同志作为联系人靠上抓帮扶工作。帮扶企业和被帮扶学校抓住企业优势和学校薄弱点，灵活采取投资、投工、投物等方式，在资金、人力、物资等方面尽心尽力地开展好帮扶，电视台、广播电台、网络、报刊等各大媒体也大力宣传在帮扶活动中涌现出的好典型、好经验、好做法，努力营造全社会关心、支持和参与教育事业发展的浓厚氛围。

帮扶活动开展一年来，累计收到企业捐资捐物折合人民币 2300 余万元，其他社会力量捐助 400 余万元。2018 年，中国企业五百强企业——肥城石横特钢公司出资 2000 万元成立"石横特钢教育基金"，董事长张武宗还先后出资设立"石横特钢奖学金""董事长教育基金"，建立起了捐资助教的长效机制，重奖有突出贡献的教师、品学兼优的学生和特别贫困的学生。

三、各学校结对帮扶

近年来，我市教育得到快速发展，创建成山东省教育工作示范市，被评为全国"两基"工作先进地区，高质量通过省政府义务教育均衡发展评估验收。为进一步促进我市城乡教育优质均衡发展，提速教育内涵发展，提升农村中小学办学水平和效益，全面提升教育教学质量，我市根据《国务院关于深入推进义务教育均衡发展的意见》和省市有关规定要求，结合省政府教育督导室对我市义务教育均衡发展督导评估反馈意见和我市实际，出台了《肥城市教育局关于促进城乡教育高位均衡发展开展城乡学校结对帮扶的实施意见》。

（一）指导思想

以实现城乡教育高位均衡发展为目标，以提高教育教学质量为中心，以提升教师队伍素质和学校管理水平为重点，以促进学校得到新优化、新提升为落脚点，充分发挥市直学校优势，努力实现理念和方法共享、资源和成果共享，推进义务教育进一步优化提升、均衡和谐发展，加快实现教育现代化目标。

（二）工作目标

市直学校在办学理念、学校管理、师资培养、教学资源、办学条件等方面为镇街学校提供有效的指导与帮助，通过结对帮扶，使镇街学校管理水平进一步提高，队伍素质进一步增强，办学水平进一步提升，推进教育内涵发展，逐步形成了自己的办学特色。

1. 办学条件

功能室用房建设和设置，得到新改善；教育信息技术设备、实验设备、教学仪器、图书资料和音体美卫器材等教育装备，得到新优化；运动场地建设，提升新水平。所有硬件建设在达到或超过省办学条件标准的同时，年年得到优化和提升。

2. 学校管理

办学理念务实，管理目标科学，管理制度规范，运行机制有序，管理效能高效，干群关系民主和谐，文化建设内涵丰富，办学水平不断提升，形成一定的办学特色。

3. 队伍建设

通过教师支教、走教、送课下乡、教学研究，以及教师培训、拜师结对、骨干培养等活动，提高师德素养，提升教师业务水平和幸福指数，激发学校内部活力，夯实教育发展根基。

4. 学生发展

以提高学生综合素质为中心，以"打基础、养习惯、善积累、激兴趣、勤实践、提能力"为重点，广泛开展"手拉手"结对帮扶等活动，教育影响学生养成高尚的思想品德、健康的心理趋向、良好的学习习惯、积极的生活态度，让每位学生都能健康、快乐成长。

（三）工作原则

1. 紧密合作，双向提高

建立发展共同体，实施一体化发展，相互促进，共同提高。市直学校既要量力而行，又要有所作为，尽力而为，不仅向镇街学校提供人、财、物的支持，提供先进的教育教学管理经验，而且要学习镇街学校教师扎根农村、吃苦耐劳、乐于奉献的精神。同时，镇街学校要不等不靠，以帮扶为契机，重新审视和规划学校发展方案，制订切实可行的新举措，借势发展，加快发展，共同发展。

2. 以强带弱，资源共享

市直学校要充分发挥优势力量，向镇街学校提供物资等帮助，重点是提供教育教学设施支援，如功能室用房建设改造，信息技术装备、实验器材、教学仪器和图书资料等。同时，向镇街学校传播先进的教学理念、教学方法、课堂教学模式等，共享优质教育资源。

3. 突出重点，循序渐进

抓住影响和制约发展的难点问题，帮扶镇街学校加快建设与发展，着力解决管理薄弱、师资水平低、课堂效益不高的问题，不断提高办学水平。要结合实际，制订帮扶计划，循序渐进地开展帮扶工作，整体提升镇街学校办学水平。

（四）活动内容及任务

1. 建立帮扶制度

实施分级管理、分层帮扶。市直学校对口帮扶镇街学校，即按照对口帮扶安排，由市直学校与镇街签订帮扶协议，对口帮扶镇街1个学校，通过干部双向交流、优秀教师定期支教、农村教师到城区学校跟岗学习、教学骨干结对指导、教学教研双向互动交流、学生手拉手等途径，结成相对固定的帮扶关系，使城乡学校之间"共享教育理念、共享教师资源、共享教研成果，共享管理制度，同步教学教研"，促进农村中小学在办学思想、管理水平、校园文化、教学质量等各方面与城区优质学校接轨，最终实现全方位共同发展。从新学年开始，由对口市直学校和镇街自行协商制订帮扶计划并抓好落实。在本周期内定期支教、送课下乡、双向交流等活动及人员的选派、管理、考核由教体局负责。各镇街（矿区）教办也要针对工作实际，组织开展辖区内的帮扶活动，采取镇街初中和中心小学帮扶边远中小学的方式，进一步拓宽帮扶范围，扩大覆盖面，使所有学校都得到同步新提升。

2. 安排教师支教

把在农村中小学具有一年以上的支教经历，作为评聘高一级教师岗位的重要条件。市直学校每学年下派部分中层干部和一定数量的骨干教师，到镇街学校进行支教；镇街学校每学年上派部分教师到市直学校跟班学习。每学年，支教教师的授课时间须达20课时以上。

3. 开展教学交流

一是上示范课。在示范课后同教师进行广泛交流，开展课例研究，引领学科课堂教学方向，优化课堂教学路子，完善课堂教学模式，提升课堂教学水平。二是参与镇街学校的教研组活动。深入课堂听课，参与集体备课，开展观课议课活动，在了解镇街学校教学教研基本情况的基础上，通过讲座、报告会、沙龙、博客、论坛、现场指导等方式，帮助镇街学校提高教学教研水平。三是开展联谊教研活动。双方建立学校发展共同体，针对教育教学中的具体问题经常性地开展针对性研究。把制约学校发展的相关问题作为课题立项，进行科研攻关。四是实行双向交流。镇街学校每学期可选派部分教师到市直学校进行挂靠学习，实现双向交流、共促共进，内容包括学科教学、集体备课、年级管理、班级文化、学生教育、家校共育等方面。

4. 指导教学改革

一是完善管理制度。帮助镇街学校树立正确的办学思想，找准发展定位，理清办学思路，科学制定中长期发展目标和规划；指导镇街学校健全和完善现代学校管理制度，帮助解决管理中的各种重难点或疑难问题。二是深化课堂教学改革。走进课堂，帮助镇街学校查找存在的问题，有针对性地开展课例研究，进一步优化教学策略，建构富有学校特色的课堂教学模式，真正实现课堂教学和谐、民主、生态、现代、高效。三是构建满足学生发展需求的校本课程体系。帮助镇街学校发挥领导干部、教职工、学生、家长和社会力量等各自的优势，开发建设富有地方特色的校本课程，满足学生发展的多元需求。同时，指导镇街学校合理开设校本课程，探索实行弹性课时制、选课走班制度等。四是打造校园文化。帮助镇街学校规范校园文化活动模式，加强物质文化、精神文化和制度文化建设，培育优良的校风、教风、学风和班风，努力构建具有学校特色的校园文化体系，打造具有鲜明内涵和特色的校园文化。五是凝练办学特色。认真分析和研究镇街学校已有的资源优势、教育亮点与特色，明确学校特色建设方向，制订创建实施方案。组织力量对镇街学校特色建设方案的可行性、操作性进行论证与完善，定期开展特色创建研讨活动，确保镇街学校特色创建工作的持续、稳步、有效推进。

5. 推进德育工作

针对镇街学校不同学段学生的教育难点问题，整体设计德育课程和德育活动，构建学校、家庭、社区协同育人的工作体系，推进德育工作课程化、人文化、整体化。针对各个学段学生的心理健康问题，整体设计心理健康教育课程，开展有针对性的教育和指导，推进心理健康教育科学化。经常组织师生开展"联谊"活动，探索德育新模式。组织学生开展"手拉手""献爱心""送温暖"等活动，向留守儿童和贫困学生送图书、送资料、捐赠学习用品及生活用品等，丰富德育内容。

6. 提供资源帮助

市直学校要根据自身情况和镇街学校的办学需要，提供教学装备等方面的帮助。向镇街学校无偿提供富余闲置的教学仪器设备、图书资料和课桌凳，使镇街学校的办学条件得到改善。

在结对帮扶工作中，局机关相关科室根据各自职能特点，在教育经费、办学条件、教育装备、队伍建设、学校管理、学生资助、项目安排等方面，给予有关镇街学校政策倾斜、支持和帮助。同时，建立考核评比制度，强化督导检查，对学校结对帮扶工作绩效实施"捆绑式"考核评价，考核结果纳入双方学校综合督导评估，作为校长年度工作绩效考核的重要内容之一。对结对帮扶工作成效突出的学校，予以表彰与奖励。

四、和谐安全校园建设

近年来，我市以建设安全和谐校园、呵护学生健康成长、提高育人质量、办好人民满意教育为目标，突出四个坚持，做到标本兼治，不断提高学校安全管理规范化水平，保障广大师生生命财产安全，促进教育事业和谐稳定发展。

(一)坚持预防为主,加强安全教育

学校安全工作事关广大师生的生命健康和每个家庭的幸福安宁,事关教育系统和整个社会的和谐稳定,是教育系统一切工作的底线和红线。一是高度重视校园安全。在工作部署上,无论大小会议,我们都将校园安全当作一项重要内容进行研究部署,"抓安全、保安全"成为教育工作常态。二是扎实开展安全教育。认真落实"教育领先、预防为主"的方针,推进安全教育"进课堂、进校园、进班级、进家庭",做到安全教育课程、课时、师资、计划"四落实",安全教育授课率达到100%,中小学生受教育率达到100%。以秩序化教育和习惯养成为重点,坚持在开学初、节假日、放假前、汛期等关键时段,通过家长会、班会、家访等形式开展安全教育。充分利用"安全教育日""安全演练周""安全教育月"等,开展各种安全演练,举办安全知识竞赛,组织安全管理人员培训。通过这些措施,提高了广大师生的意外应急和遵法防暴能力。三是营造安全文化氛围。学校各楼层统一悬挂安全责任图,明确安全责任;各楼梯、走廊统一张贴安全警示教育标语;食堂、宿舍、教室、走廊、楼梯等重点部位都设立明显的安全标志和逃生路线,张贴应急疏散路线图;消防器材附近张贴消防器材使用宣传画;学校宣传栏和教室内悬挂安全教育挂图,时时影响和教育师生。广大师生安全意识明显增强,避难疏散、自救互救能力明显提高。

(二)坚持重点把控,实行全面监管

一是全面加强"三防"建设。2018年,全市投资2600余万元加强学校"三防"建设,积极完善了人防、物防、技防于一体的校园安全防控体系。在"人防、物防、技防"上,做到了配齐、配全、配强。设立安监办,充实精干力量,配备专兼职安保人员1871人。大力实施"天网工程"，全市中小学、幼儿园安装摄像头9949个，实行全覆盖、无死角。城区中小学摄像头还覆盖到每个班级和功能室，视频资料保存90天，在校门口关键部位安装视频监控及"一键式"报警装置，并与110报警平台联网。在部分校园围墙统一安装了红外线报警系统——电子围栏，规模大的学校安装高清鹰眼抓拍跟踪系统、防拥挤踩踏红外线预警系统。配备警械9995件、灭火器9986个、应急救援设施7646件，安装手机屏蔽仪138个、固定电话628个。市直学校大门口全部按标准安装升降式防撞柱。二是高度关注安全工作细节，一丝一毫也不懈怠。利民之事，丝发必兴。我们积极做好留守儿童和贫困儿童资助救助工作，扎实开展"一对一"结对帮扶活动，有针对性地进行课业辅导、生活救助、心理疏导、情感抚慰等关爱服务，留守儿童和贫困儿童真正享受到了同等教育，促进了他们的健康成长。加大对残疾儿童的帮扶力度，建立完善特教中心建设；开展针对残疾儿童的送教下乡活动，确保学生一个都不掉队，在厦门召开的"全国送教上门落地实操研讨会"上做了经验交流。同时，学校全部实行校园封闭式管理，在校门口设置"四个一律"告知牌，严格落实校园大门安全管理，不管是谁，不管怎样，都要严格遵守"四个一律"。三是及时做好隐患排查整改。我们对于防溺水安全、治安保卫、消防安全、交通安全、接送学生车辆安全、食品安全、寄宿制学校学生安全等各类安全隐患及时进行排查梳理，对学生宿舍、教学楼、食堂、图书馆、运动场地等人员密集场所和水、电、气、油等有一定危险性的物品及时加强巡查和防控，每学期都通过明察暗访，开展综合检查和专项检查，对问题分类整理、登记造册、研判责任、明确标准、限时整改，建立"台账"，挂账销号。

（三）坚持协调配合，形成部门联动

学校安全是个系统工程，需要全社会的共同努力。我们建立完善了教育执法目标责任制，涉及部门47个。建立了中小学幼儿园校园安全保护和道路交通安全联席会议制度，下发了校园环境周边治理和清理整顿违法办学办园的专门文件。以校园内部安全和周边治安、消防、交通秩序为重点，标本兼治，综合治理，把中小学校治安保卫工作作为一项"民心工程"加以实施。落实了每天有公安人员维护校园及周边治安、每天上下学期间有交警人员维护校园周边道路交通秩序和每天"见警车、见警察、见警灯"的"三见"措施。同时，积极主动配合政法机关开展工作，积极聘请热心教育、业务熟练的公检法司的干警担任法制副校长（辅导员），主动邀请法制副校长参与学校管理，警校共建，密切协作，全力做好"一派六进"工作的落实。这些措施的实施，对全市学校及周边治安管理、全市教育事业持续健康发展起到了非常好的服务保障作用，受到了广大师生、学生家长、社会各界的普遍欢迎。

（四）坚持属地管理，严明安全责任

安全工作重于泰山。我们牢牢抓住责任落实这个"牛鼻子"，按照"属地管理"和"谁主管，谁负责"的原则，认真落实"一岗双责"和安全包保责任制，局班子成员和科室负责人包保镇街和学校，层层签订安全目标责任书，明确责任，一级抓一级。全市各中小学将安全风险管控纳入学校所有工作岗位职责，明确校长是学校安全工作的第一责任人，分管领导是直接责任人，各部门主任、班主任、教师、保卫人员是具体责任人，不折不扣地落实学校校长、班子成员、级部处室、安全管理人员、班主任、任课教师、后勤管理人员等各教职工无缝隙管理的岗位安全责任制。全市中小学幼儿园构建起了市、镇、校三层纵向分级管理，教育系统和各有关部门横向联动的立体化监管网络，逐步形成了学校安全"无盲点、无空白、全覆盖、全参与"的管理机制，全面提升了学校安全管理水平。

各群体合力共为

全市现有 15 个镇街，中小学 120 处，在职教职工 8879 人，在职教师党员 2482 人，离退休教师党员 820 人，涉及党员群体、教办群体、校长群体、教师群体，如何引领全体人员合力共为，通力协作，共同办好肥城美好教育，是局党组一班人和各科室领导的重要管理责任。在这方面，我们积极施策，调动起不同群体的积极性，让大家心往一处想，劲往一处使，取得了令人满意的效果。

一、坚持"不忘初心、牢记使命"不动摇

我们把党建工作放在首位，全面贯彻落实党的教育方针，以习近平新时代中国特色社会主义思想为指引，树牢"四个意识"，坚定"四个自信"，践行"两个维护"，着力加强党支部标准化、规范化、品牌化建设，努力在星级创建上走在全市前列，以高质量党建引领教育高质量发展。我们紧紧围绕"培养什么人、怎样培养人、为谁培养人"这一根本问题，把立德树人作为根本任务，将思想政治教育融入办学全过程，着力加强爱国主义、集体主义、理想信念、中国特色社会主义和中国梦教育，用社会主义核心价值观主导校园文化，坚决抵御和防范宗教非法渗透，让

广大中小学生在文明城市创建、志愿活动开展的实践中接受熏陶、砥砺品行，扣好听党话、跟党走的"第一粒扣子"。

在"不忘初心，牢记使命"主题教育工作中，一是突出鲜明主题、明确程序步骤、定好时间节点，确保上级要求不折不扣地贯彻落实下去。着眼不同党员群体在思想认识、能力水平和服务对象等方面的差异表现，坚持分类指导、分层推进，给基层留出足够空间，让基层有更多的自主权、有足够的灵活性，让基层契合实际地确定载体形式，有侧重地确定学习重点，有针对性地解决实际问题。二是积极发挥关键少数党员的示范作用，注重抓实基层支部主体作用，推动管党治党向基层延伸、向全体党员拓展。三是注重发挥领导机关、领导班子、领导干部的重要领导责任和示范责任，在各方面走在前列、当好表率。通过率先垂范、层层示范、层层带动，上级带下级、班长带队伍，形成上行下效、整体联动的总体效应。四是把"不忘初心、牢记使命"主题教育纳入"三会一课"等基本制度，作为基本内容固定下来、坚持下去，定时间、分专题组织党员集中学习，定期召开组织生活会、民主评议党员，经常进行"党性体检"，使之成为党员政治学习的阵地、思想交流的平台、党性锻炼的熔炉。五是注重解决头脑中的问题、思想上的症结，进一步树牢"四个自信"、强化"四个意识"，进一步把思想和行动统一到党的十九大精神上来，更加坚定地维护以习近平同志为核心的党中央权威和集中统一领导，更加自觉地用党的最新理论成果特别是习近平新时代中国特色社会主义思想武装头脑，做到思想上统一、政治上自觉、行动上一致。六是坚持两手抓、两促进，注重引导各级党组织紧密结合教育改革发展各项工作，结合各单位重点任务，分配好时间和精力，统筹好资源和力量，推动主题教育与中心工作深度融合、与正在做的事情有机衔接。七是注重引导广大党员干部深刻认识到为党分忧、为民尽责是内在职责，认识到不担当不作为是违背初心、淡忘使命，激发他们的内生动力、增强责任担当，全力促进教育优质均衡发展和教育教学质量的提升，防止"空对空""两张皮"。

二、积极推进镇街教育办公室"瘦身"转型

镇街教育办公室是当地政府自行设置的一个"站所"，协助镇街管理辖区内教育工作，但一直没有单独设编，长期占用的是学校教师的编制，并且规模不断扩大，有的多达五六十人，少的也都在30人以上，人们笑称"小教育局"。教育办公室无所事事，教学一线力量严重不足，鲜明的对比让一线教师的心里很不平衡，教书育人的积极性受到挫伤。为彻底解决这一顽疾，在市委、市政府的领导下，我们与市编办联合发文，设定镇街教育办公室的编制为3—5人。富余人员自选岗位、尊重意愿进行分流的办法实施一个月后，15个镇街（矿区）教育办公室由原来的462人压减到94人，368人返校任教。镇街教育办公室的内设机构镇街教研室，统一取消，人员全部分流到学校任教。在市直学校、镇街中心中小学统一选聘257名兼职教研员，市教学研究中心指导直接到学校，实现了教研管理的扁平化、高效化。这一做法在全市引起强烈反响，也引爆了泰安市各县市区的镇街教育办公室分流的大动作。

改革重在结合实际，重在保持稳定。镇街教育办公室是一个历史遗留问题，在这方面，我们一是确保了"瘦身"后的镇街教育办公室的独特功能发挥良好。考虑到目前的工作需要，每个镇街教育办公室仍然保留了3—5人，市财政拨付5万元专项经费，保障其继续发挥向镇街政府争取教育投入、教育捐资、改善办学条件、监督幼儿园办园行为、落实义务教育的有关规定等方面的协调和督促作用。二是确保了考核的完整性。在整个评估方案中，"四层面72字"要求只是对中小学教育内部的评估，并未涉及对教育外部的镇街党委、政府教育投入的考核。镇街教

育办公室作为镇街党委政府的一个部门列入考核范围后，我们的中小学教育评价体系才算完整，才能更好地引领教育优先发展。三是继续发挥镇街教育办公室的中转枢纽作用。镇街教育办公室在引导校长潜心管理、教师精心育人、教辅用心服务、学生专心学习，促进全市中小学办学质量不断上台阶、上水平，办好人民满意教育方面，具有独特的作用，是中转的枢纽；督促中小学校的党建工作，以确保党对教育工作的组织领导。

基于这样的考虑，在抓好校长层面"依标准、守规范、细管理、鼓干劲、把方向、提质量"的"18字"工作要求的基础上，我们在《肥城市中小学教育教学工作综合督导评估考核方案（试行）》中，对"瘦身"后的镇街教育办公室单列了工作日志、党的建设、发展规划、经费保障、学前教育监管、成人教育等六个方面的考核评估项目，总体赋分100分，纳入对镇街的教育综合督导评估。具体如下：

"工作日志"侧重于评价考核教育办公室工作的总目录索引，同时查阅幼儿园园长工作日志上报教育办公室制度建立情况，以此督促教育办公室规范常态化管理。

"党的建设"则是查看辖区内党组织建设、政治学习计划落实、"三会一课"记录情况，对于健全组织、落实计划、党课活动及党务档案的整理起到了较好的督促作用。

"发展规划"则是查看辖区内学校（幼儿园）建设规划的科学性、可行性及实施情况，为辖区内学校（幼儿园）的发展规划的落实创造条件。

"经费保障"则是查阅向镇街政府争取教育投入、教育捐资、改善办学条件等预决算情况，并评比排序。

"学前教育的监管"则是检查镇街教育办公室对辖区内幼儿园监督管理情况：①常规管理。落实游戏化教学、消除小学化倾向情况，开展自主入园、自主取餐、自主游戏、自主评价、课程开设、幼儿用书管理等情况。②安全管理。出现人身伤害事故的，每次扣3—5分，直至一票否决。③教师管理。主要查看教师学历达标率、持证上岗率、培养培训、待遇落实等情况。④师德考核。侧重关注幼儿园日常组织的师德考核情况，教师师德表现负面清单调查问卷情况。⑤规范化创建。新增县级、市级、省级规范化幼儿园，分别加3、5、10分；复验未通过的，按相应级别分别减1、3、5分。⑥办园秩序。治理非法办园工作情况，辖区内存在无许可办园的，每处扣5分。

"成人教育"则查看镇街成人教育和社区教育阵地建设情况，并评比排序。查阅镇街成人教育和社区教育开展各类社会及技能培训相关资料，并评比排序。

【案例】

当好参谋，推动教育优质均衡发展

孙伯镇地处肥城市西南边陲，位置偏、规模小、基础差是孙伯教育的特点。跟上新时代教育改革的步伐，实现镇域教育优质均衡发展，这既是一个时代命题，更是一种责任担当。为此，孙伯镇教育办公室科学谋划，精准发力，探寻出了一条协调推进、精致办学、均衡发展的路子。

十年前的孙伯教育底子薄、布局散、教学质量徘徊不前。近年来，教育办公室紧紧依靠镇党委政府，当好镇党委政府的参谋助手，做好对全镇教育的整体规划和宏观指导；争取各级支持，为教育发展创造良好的外部环境，在深入调研的基础上，立足镇情提出了"三年有变化、五年大变样、十年走在全市前列"的发展愿景。近几年，全镇借全市创建"教育示范市""教育均衡发展市"和实施"改造薄弱学校""解决大班额"的契机，全局规划，统筹安排，先急后缓，集中用力，先后合并教学点4处、幼儿园4处；消除危房4800平方米，新建校舍1.46万平方米、塑胶操场1.7万平方米；完成了东程小学等7处中小学、幼儿园的

14个校舍改造提升工程,改造面积达2.6万平方米,累计投入3000多万元。由此,形成了全镇一处中学、一处完全小学、三处教学点、五处定点园的教育新格局,学校小而散的局面彻底得到扭转。

为推动教育的优质均衡发展,近两年全镇走"精致办学"的路子,打造"小而精"的孙伯教育新名片,开始了以"建设精明治校的校长队伍、建设业务精湛的教师群体、培育德才兼备的优秀学生、创建花草飘香的精美校园、倡树学校精细管理、立足精深抓好教研"为内容的"六大工程"建设行动,坚持落实"周重点工作督办制度、月工作通报制度、重点工作观摩制度和重大工作项目推进制度"。

经过不懈努力,全镇上下呈现出管理规范、治学严谨、朝气蓬勃、生动活泼的良好局面。近年来,孙伯镇在全市镇街教育工作综合评估中,一直处于全市前列,连续被市委、市政府授予"肥城市教育工作先进镇街""尊师重教先进镇街"等称号。

对镇街教育办公室的考核推动了校长、教师、教辅、学生"四层面72字"工作要求的落实,有利于全面评价考核中小学校(含镇街、矿区教育办公室)的管理水平、教学水平、服务水平和育人水平,也促进了镇街党委、政府领导对教育工作的支持,为促进中小学校优质发展创造了最佳的发展环境。

三、稳步实施校长职级制改革

长期以来,校长管理拉不开层次,现代学校管理推进力度不够,校长治教兴学的积极性不高。根据上级要求,我们顺利完成了103名中小学校长职级认定,认定了一级校长24人,二级校长52人,三级校长27人。把校长职级薪酬纳入年终奖励性绩效工资,调动了校长潜心管理的积极性，校长扑下身子抓管理，静下心来提能力，整个校长队伍的管理素质明显增强。

四、公平公正维护教师切身利益

对于一线教师而言，职称评聘、新教师分配、教师调动、评优树先都是涉及个人切身利益的重要事项，也是调动他们工作积极性的重要抓手。为了践行社会主义核心价值观，严格执行上级政策法规，给教师营造公平公正的评价和成长环境，我们主要做了以下四个方面的工作：

（一）严格教师职称评聘

职称评聘关乎教师的级别和待遇，是对教师能力和师德的一种肯定，但在实际操作中，不少单位不公开、不透明，暗箱操作，随意性大，长期在教学一线、任劳任怨、兢兢业业教书的老师评聘的机会少，严重挫伤了教师的工作热情。为了还职称评聘调动工作积极性的应有之义，我们实施"阳光"操作。人们都说，要"一碗水端平"。但我认为这"一碗水"是很难端平的。只要有人情存在，这碗水随时都可能晃悠。只有按政策、按规则办事，把"这碗水"放在桌面上，大家都来监督，才会实现公平、公正。我们严格执行省市关于教师职称评聘的政策：2017年，采取"点刹"的办法，即规定必须在一线任课满5年的，才能评聘职称；2018年，采取"绝刹"的办法，即不仅要求在一线任教满5年，还要求满工作量，同时，又加上了"手刹"，要求凡符合晋升条件的教师，必须签订评聘后继续在一线任教的承诺书。在具体流程上，严格条件，严格环节，全部公开。对于弄虚作假的，一经发现，直接取消评聘资格。"点刹""绝刹""手刹"策略实施后，教师队伍中呈现了自愿申请回归一线、争着要课上的可喜现象。

（二）新招聘教师到农村任教

每年新招聘教师分配去向，一直是社会各界关注的热点，也是新招聘教师最关注的问题。新招聘教师除高中教师外，一律安排到镇街任教。在教师选岗时，把镇街新增的需求岗位全部公开，根据笔试和面试成绩，排出名次，新招聘教师根据自己的名次依次选岗。这一办法解决了多年来偏远学校新教师分配不下去的问题，为镇街注入了教师新鲜血液，为农村学校特别是偏远学校带来了生机活力。

（三）遴选优秀教师进城任教

多年来，县域内城乡教师得不到交流，镇街教师成功成名的机会非常少。为改变这一现状，我们坚持重品行、看能力，取消荣誉、论文等加分项，用师德说话，用课堂说话，用能力说话，连续五年从事一线课堂教学、满工作量并且得到学校广大教师一致认可的优秀教师，才具备遴选资格。聘请第三方组织遴选，抽签讲课，当场亮分，分组排序，根据需求按排序依次选定。因成绩相同难以取舍遴选者的情形，则根据评选者五年的备课质量，进行比较取舍。这一遴选办法，目的就是选出教师中的"老黄牛"，进一步引导教育系统干部教师回归一线，争做名师。2018年、2019年分别遴选出167名、199名镇街优秀教师进城，填补了城区学校的教师缺口。

每年新招聘教师到镇街学校任教，城区拟晋升职称的优秀教师到镇街学校支教，公开遴选镇街优秀教师到城区学校任教，形成了城乡教师定期补充、合理流动的良性机制，激活了教师管理这盘棋。

（四）评优树先重工作实绩

过程性评价与终结性评价有机结合。在"四层面72字"过程性评价的基础上，我们出台了《肥城市教育和体育局关于评选推荐"人民满意的教师""人民满意的校长"的实施方案》，每年表扬、奖励一大批优秀教育工作者、优秀教师等，从而激发广大教师群体凝神聚气干教育。

"人民满意的教师"的标准是：坚持以习近平新时代中国特色社会主义思想为指导，发扬新时代泰山挑山工精神，模范遵守国家法律法规，模范履行岗位职责，求真务实，开拓创新，埋头苦干，甘为人梯，充分展现新时期人民教师的光荣形象。参选条件：现任一线教师，且连续从事教学工作5年以上，无任何违法违纪问题，并具备下列条件：

1. 忠于党的教育事业，坚持四个"自信"。深刻把握习近平新时代中国特色社会主义思想的精神实质、丰富内涵和实践要求，做到"学懂弄通做实"，始终坚持共产主义理想信念，积极贯彻落实党的教育方针，带头培育和践行社会主义核心价值观，忠于人民教育事业，具有教书育人、献身教育的坚定信念和责任感、使命感。

2. 师德高尚，群众公认度高。落实立德树人根本任务，爱岗敬业，为人师表，当好学生的灵魂工程师和人生好榜样，启迪学生智慧、陶冶学生情操、净化学生心灵、塑造学生完美人格。在思想政治上、道德品质上、教风学风上严格要求自己，自觉率先垂范，师生公认度高。

3. 业务精湛，业绩突出。争做学生求知的良师，坚守教育教学一线，切实履行教师岗位职责和义务，高质量地完成教育教学工作任务，努力推进教育创新，在教学改革、教育教学研究、教材建设、实验室建设、技术推广等方面成绩突出，社会知名度、满意度高。

4. 关爱学生，育人成效显著。积极实施素质教育，促进学生的全面发展，教书育人，关爱每一个学生的健康成长，努力让每一个学生都能够看到方向、获得力量，成为学生成长的益友，在培养人才等方面成效显著。

"人民满意的校长"的标准是：坚持以习近平新时代中国特色社会主

义思想为指导，模范遵守国家法律法规，忠于人民的教育事业，带头培育和践行社会主义核心价值观，发扬新时代泰山挑山工精神，模范履行岗位职责，求真务实，开拓创新，埋头苦干，无私奉献，努力办人民满意的教育，充分展现学校的良好形象。参选条件：现任校长，且任校长5年以上，无任何违法违纪问题，并具备下列条件：

1. 全面贯彻党的教育方针。坚持社会主义办学思想，落实立德树人的根本任务，增加四个"意识"，坚定四个"自信"，品德高尚。

2. 坚持改革创新。具有紧跟新时代的办学理念，不断探索新形势下教育改革发展的新思路、新方法，一丝不苟地抓好教育体制机制改革，推进教育教学质量提升。在办好人民满意的学校方面取得显著成效，学校和本人社会知名度、群众满意度高。

3. 工作作风优良。严于律己、率先垂范，在抓班子、带队伍、加强自身建设方面走在前列，为班子成员、为教师队伍、为家长和社会做出表率；爱岗敬业，甘于奉献，在全心全意为师生服务等方面模范带头作用突出，师生满意度高。

4. 善于研究和把握教育规律，勤勉尽责，忠于职守，在学校建设、管理、服务、发展等方面做出突出成绩。

严格执行"两审三公示"制度。在推荐对象确定后，经所在单位和镇街（矿区）教办初审，报市教体局。市教体局按照评选推荐条件和规定比例进行复审后，组织由教师代表、专家、教育行政部门人员参加的组委会，对推荐对象进行进一步的资格审查；同时设立开放平台，展示每位参选人的事迹材料，广泛宣传，接受社会评议与监督，并对资格审查通过的教师开展学生、家长满意度调查，对资格审查通过的校长开展社会满意度调查。满意度调查通过电话访问的形式进行，"人民满意的教师"人选由所在单位提供目前所教全部学生的家长的电话，"人民满意的校长"人选由所在单位提供不少于500个学生的家长的电话。我们坚持实事求是、优中选优、宁缺毋滥的原则，根据满意度调查结果、主要业绩事迹等确定初步人选，并组织专家对初步人选进行实地考察，综合考察情况推荐出相应人选。把政治表现、工作业绩和贡献大小作为衡量标准，同时将推荐对象在社会公德、职业道德、家庭美德等方面的一贯表现纳入评选考察内容，确保推荐对象符合条件、群众公认、名副其实。然后，分别征求公安、干部管理、纪检监察等部门的意见。最终名单，在全市公示5天。

第八章
评价体系构建实践成果

在中小学教育评价体系构建中,我们工作的总目标是,坚持立德树人,建设美好教育。学校呈现的生态是"管理规范、治学严谨、校风正、教风好、学风浓、朝气蓬勃、生动活泼的美好校园"。蓝图绘制好后,我们将"四层面72字"工作要求这一顶层设计落实到位,在实践探索方面成效卓著。

实践成果

乘着新时代教育改革发展的东风，随着中小学教育评价体系的扎实推进，我们严格落实千分考核方案，在执行过程中坚持实事求是，尊重教育规律，强化教育归真，注重知行合一，科学定位目标，突出"三严"——严格落实、严格督查、严格考核，合理运用考核结果，引领中小学教育工作实践，教育面貌发生了显著变化：新的教育理念重树，教育优质供给增扩，管理质效增强，队伍素质提升，学生素养提高，教育内涵式高质量发展，"阳光"教育生态逐步形成，一个崭新的新时代县域教育成为一道亮丽风景。

一、架构起了教育管理的"四梁八柱"

在局机关，我们坚持锻造"忠诚、敢当、务实、高效"的工作作风，树牢"服务、争先、担当、红线"四个意识。由于种种原因，系统内存在着因人设岗、机构臃肿、推诿扯皮、人浮于事、工作效率不高等现象，严重影响了教育事业发展和教育形象，改革势在必行。我们坚持教育归真，建立长效机制，紧紧抓住影响教育内涵式发展的关键因素，从尊重教育规律出发，广泛征求意见、反复论证，在校长、教师（班主任）、教辅、学生等层面，分别提出了不同的工作要求，并化繁为简，创新性地将国家和省市教育督导考核指标有机融合，形成了独具特色的肥城教育千分考核方案，引领各级各类学校紧扣目标，把功夫用在平时，抓重点，重点抓，常规常抓，常抓常新，不断提升管理水平和办学质量，形成了"用制度管人，靠机制办事，凭考核奖惩抓落实"的长效工作机制，架构起了教育管理的"四梁八柱"。

（一）精简机构，提质增效

机关科室机构臃肿，人浮于事，扯皮推诿，严重影响教育工作的开展。因此，我们下的先手棋是"瘦身"。一是重新架构了机关科室，厘清了科室责任边界，将35个科室整合为8大科室。撤并了勤俭办等不符合时代发展的科室，成立了督查投诉考核科等抓工作落实的科室；形成了与省教育厅、泰安市教育局科室布局一致，又符合我市工作实际、职责清晰、运转顺畅的局机关内设机构体系。二是完成了镇街教育办公室"瘦身"，每镇街设定编制，保留3—5人。镇街教育办公室"瘦身"后，也减少了中间环节，直接面对学校，提高了管理质效，富余人员全部分流到学校任教，实现了教研、管理的扁平化、高效化。这一做法在全市引起强烈反响，也引爆了泰安市各县市区的镇街教育办公室"瘦身"分流的大动作，受到上级主管部门的充分肯定。三是推出了教研机构扁平化新格局。原来，县级教研架构分四个层级：市教学研究中心、镇街教研室、学校教导处、学科。市教研活动到学科要经过多个层级，一级一级进行部署。为提高效率，我们取消了镇街教研室，在全市中小学直接选聘兼职教研员257名，这些教研员都由骨干教师兼任，市教学研究中心开展教研活动一竿子插到底，直接到学科，减少了中间环节，市教研员与学校兼职教研员以及学科教师，直接面对面研讨，心与心交流，直面教研真问题，切实解决了教学实际问题，教研效益大幅提高。

（二）把好脉搏，精准施策

我们首先解决教育观念问题，牢固树立以人民为中心、以学生为中心的思想，将其作为我们工作的出发点和落脚点。一是重视家校共育，建立有效机制。各中小学校成立家长委员会，在肥城电视台举办了《伴你成长》访谈专题栏目，聚集家庭、社会、学校方方面面的力量，共同呵护孩子成长，催生教育发展新动能；工作中深入基层、深入群众，解决好群众最关心、最直接、最现实的利益问题，把每项工作都做到群众的心坎上，让每个家庭都享受到教育发展的阳光雨露。二是倡树公平正义。孔子曾言"不患寡而患不均"，美国心理学家约翰·斯塔西·亚当斯提出了公平理论。公正公平是管理过程中最为有效的激励积极性的方式之一。但做到公正公平是一件非常难的事情。人们常说要把一碗水端平，但事实上，人无论怎样努力，都很难把一碗水端平。既然这样，不如干脆把它放在桌面上，这碗水自然也就平了。我们在职称评聘上就采用了这种理念，严格条件，严格流程，全部公开，对于不满工作量、不能连续五年在一线教课的，一律不予评聘。对于弄虚作假的，一经发现直接取消评聘资格。在职称评聘上，坚持重品行、看能力，取消荣誉、论文等加分因素，教师用课堂说话、用能力说话；聘请第三方组织，当场亮分；对于讲课成绩同等者，根据五年的备课质量进行取舍。运用同样的方式，我们聘任兼职督学85人，选聘特岗副校长12人。三是严格考核，用事实说话。对校长、教师、教辅、学生分别提出新要求，建立"用制度管人、靠机制办事、凭考核奖惩抓落实"的工作机制，将国家、省厅和泰安市局的考核标准，分解落实到"四层面72字"的工作要求中，形成了独具特色的教育督导评估千分考核方案。我们成立了督查投诉考核科，专门负责教育任务目标实施完成情况，履行督查考核职责，改变了"部署多、督查少，制度多、落实少"的现状，形成了部署、执行、考核、反馈的管理闭环系统。我们实行校长工作实绩月报制度，每月上报工作日志,作为检查工作、考核学校的总目录索引,全面强化过程管理。开展推门巡查,按照《肥城市中小学教育教学工作综合督导评估考核方案(试行)》,采取"过程性大观摩+终结性考核"的方法,引导学校把管理的功夫用在平时。组织全市教育干部对所有义务教育学校(含教学点)进行现场观摩,所有人员现场对布局规划、校舍状况、设施装备、师生状况、亮点工作等进行评价赋分,不仅进一步摸清了底子、查清了问题,还展示了亮点,起到了相互学习、借鉴、促进的作用。这种观摩调研活动,推动了学校管理由粗放式向精细化、常态化的转变。严格运用评价成绩,根据千分考核方案确立的原则,对于在校园安全、师德师风建设、党建工作等方面出现问题的,坚决给予一票否决。

(三)党建统领,坚定方向

从责任分工,到工作落实,教育系统所有干部都实行了"一岗双责",以党建统领教育全局,用实绩展现党建成果,确保做到立德树人,培养德智体美劳全面发展的社会主义事业建设者和接班人。我们成立了党建科,强化学校党建工作,引导临时借调人员自愿回归原岗位,解决了多年的遗留问题。实施"幸福党员领航行动",党员教师佩戴党徽承诺践诺,把政治、业务学习纳入党员教师职称评审材料,召开现场推进会,强化提升党员教师的幸福感、光荣感和责任感。我们调整理顺教育系统党组织和党员隶属关系,原隶属镇街党委管理的镇街教办、中小学校、幼儿园、校外培训机构等教育系统党组织及党员全部纳入市委教育工委管理,形成管业务与管党建高度统一的党建组织架构。我们面向所有注册的教育培训机构和民办幼儿园选派党建指导员,实现党组织和党建工作全覆盖。

通过以上工作的探索与实践,肥城教育涌现了众多"管理规范、治学严谨、校风正、教风好、学风浓、朝气蓬勃、生动活泼的美好校园"。更重要的是,该项研究丰富了国内县域教育层面已有的研究与实践内涵,拓宽了研究与实践的外延,为"中小学教育评价体系"的构建提供了崭新的思路,既有一定的理论和学术价值,又具有重要的借鉴和应用价值。

二、坚守了立德树人的"初心使命"

教育最大的功能就是培养人的社会生存能力。作为教育人,我们始终坚持尊重教育规律和学生成长规律,把握各学段的工作特点,扎实做好"打基础、养习惯、善积累、激兴趣、勤实践、提能力"的工作,坚持立德树人根本任务不动摇,最终全面提升学生的综合素质。

(一)取消统考统阅,抓实了大阅读

取消义务教育学段,尤其是初中学段的全市统考统阅,过程性质量监测不排名不排队,不公布学生分数,只作为教师诊断教学的手段。这一做法促使学校开全课程、开足课时,减轻了学生过重的课业负担和考试压力,还学生课外学习实践的自主性,学生可以用腾出的时间进行大阅读、劳动实践、体育锻炼等,学生素质得到了全面培养和发展,学校出现了朝气蓬勃、生动活泼的美好局面。一位专家这样说,教育是一场马拉松,不能只顾眼前的苟且,看得远才能赢得最后的胜利。阅读是学生成长的"21金维他"。我们强力推进的大阅读,对于提升学生的中高考成绩大有裨益。我们以强化语文教学和大阅读为突破口,以语文课堂教学渗透大阅读环节为抓手,推进新华书店进校园,构建了初中"5+40"、小学"5+35"语文课堂教学新范式,举办大阅读特色展示活动,为学生统一免费配发读书札记,督促引导学生多读书、读好书,让学生在阅读中汲取营养,在实践中砥砺品行、蹄疾步稳、持之以恒、久久为功。我们抓平时、抓过程,慢慢滋养、润物无声,让读书好习惯"水到渠成",为学生健康成长奠定坚实基础。

（二）坚持上好思品课，提升了学生素养

我们坚持上好思品课，强化社会主义核心价值观教育，引导学生先成人，再成长，后成才。我们组织全市中小学生扎实开展"六小"活动，人人争做小城管、小环卫、小交警、小家长、小楼长、小护理，小手拉大手，共建文明城，全年累计开展活动410多次。组织中小学生开展红色研学旅行，广泛参与社会实践，学生素养全面提升，教育成果亮点纷呈。以新时代文明实践为重点的"六小"志愿服务，被评为"泰安市精神文明十大创新项目"。2018年12月7日，中宣部领导来我市调研时，对教育系统把新时代文明实践融入学校和社会的做法给予充分肯定。在2018年全国文明城市创建成绩公布，我市未成年人思想道德建设一分未失，为我市在全国县级文明城市创建年度测评中排名第一做出了贡献。

（三）改善办学条件，取得了优异成绩

在办学条件改善方面，我市2019年投入3.3亿元，铺开学校、幼儿园新建、改扩建项目32个，新建高标准塑胶操场26个。新建了桃花源初中，原劳动技校改建成实验小学，有109处中小学创建为泰安市级以上规范化学校，118处中小学创建为肥城市级以上文明校园。创建优质均衡发展市、建设现代化教育强市，已经成为全市各级和社会各界的共识，全市形成了办好人民满意教育的强大合力。

总之，我们坚持教育归真，把"质量"置于教育发展的核心地位，以培养学生"成人、成长、成才"为目标，贯彻落实"打基础、养习惯、善积累、激兴趣、勤实践、提能力"工作要求，促进了学生素质全面发展，育人合力不断增强。2018年以来，组织学生参加国家和省市级比赛106项，获泰安市级奖项746个，省级奖项881个，国家级奖项2585个。16人入选中国小作家种子选手；1人获全国中学生英语能力竞赛国家级特等奖；2人被评为山东省"新时代好少年"；2人获全国职业院校技能

大赛一等奖；2人被授予国家级"优秀青年焊工"称号，实现金牌零的突破；充分发挥校企联合办学作用，为地方骨干企业培养输送技能人才1600余人。

在各级各类学科竞赛和艺体竞赛中，我市均取得优异成绩。张梦婷同学荣获2019年全国青少年田径锦标赛100米、200米冠军；6人成为中国小作家工作坊"签约小作家"，其中，刘心雨同学获全国第二届曹文轩儿童文学创作金奖；李小溪同学获全国智运会个人围棋赛冠军；4人获全球华人少年书法总决赛"明日之星"称号；在全国少年科学院组织的"小小科学家"科学体验活动中，斩获22金，孙启民同学被评为"全国十佳小科学家"。2020年，省市组织线上第35届青少年科技创新大赛，我市获得省赛推荐名额44个，占泰安市参加省赛总数的53%，最终5人荣获一等奖、11人荣获二等奖、26人荣获三等奖，位居泰安市第一，其中1名选手被推荐参加全国青少年科技创新大赛。

三、广大教师聚焦了"主职主业"

我们坚持教师为本，紧抓教师这个影响教育质量提升的根本因素，不断引领教师聚焦"主职主业"。

（一）明确重实绩考核导向

我们在教师职称评定、新教师招考、城区教师遴选、干部任用、评优选模等方面，提出的"不看荣誉看能力、不看资历看实绩"的评选政策，完全符合习近平总书记在全国教育大会上的讲话精神。在具体操作上，我们严格落实评聘及选拔政策，充分发挥考核导向作用，极大地调动了干部教师教书育人的积极性。严格执行教师职称评聘政策，把标准放到桌面上，弱化荣誉和论文，重点看师德师能；不教课、不满工作量的坚决不予评聘高一级职称；还要签订晋升职称后继续任教且满工作量的承诺书。广大干部教师聚焦课堂教学，聚焦主职主业，潜心做教育，精心育人才，形成了人心思上、乐教思进的良好生态。

（二）构建高效的教研运行机制

为了解决教师教学中的实际问题，我们充分发挥兼职教研员在学科管理、学科研究、学科指导和教师发展等方面的引领作用，构建"市—校垂直教研"体制，实现了教研管理的扁平化、高效化。各学段、学科通过专题报告、示范观摩、经验交流、跟进指导以及培养骨干和树立典型等方式，开展系列研究，全力提升学科教师素质，确保教研团队研究的高质量、工作的高效率。

全体教师工作认真，扎扎实实"备好课、上好课、批改好作业、辅导好学生"，把立德树人贯穿始终，把"教法研究"和"学法研究"作为教师专业发展的两翼，形成了教书育人的"一体两翼"。

（三）打造新型师训高地

我们采取请进来、走出去的策略，开展专题化、定制式培训，有计划地引进全国顶级学科学会，在肥城建设全学科、全学段的师训基地，为广大教师提供系统、高端培训，引领教师高端成长，形成我市的名师团队。2019年7月下旬，数学、英语、化学三个学科基地建设工作的全面启动，让我市一线教师站在名家的肩膀上教书育人，锻造了一批有潜质的中青年骨干教师，孕育了一批有代表性的卓越名师，塑造了一支素质过硬的优秀教师队伍，全面提升了广大教师的专业素养。我市引进育中方略教育集团的优质资源，在二中、三中先行试点打造高效课堂。同时，组织我市骨干教师到北京、上海等地名校参加培训学习，开阔视野，增长才干。仅2018年，县级培训达2万余人次，安排了99名校长、教师参加国培等高端培训，选派了1300余名干部、教师参加上级组织的骨干教师培训等，队伍素质适应了立德树人的新要求。

每个人都聚焦主职主业，努力做好"弘师德、重师范、勤教研、善拓展、活方法、提效率"的工作，迸发出了前所未有的工作热情，教师素质整体提高。山东省第四期齐鲁名师培养人选，我市有4人入选。在泰安市首届校长办学风采大赛中，有16人获金奖，义务教育段参赛校长全部获金奖。在泰安市中小学（幼儿园）创新课比赛中，我市20名教师参赛，15人获一等奖。

四、引进了民办教育的"高端资源"

长期以来，市委、市政府经费保障到位，公办教育"一枝独秀"，民办教育一直没有发展起来，不能很好地满足人民群众接受高端优质民办教育的愿望，客观上还导致公办教育活力不足、特色不鲜明。为此，我们尝试探索引进了民办教育的"高端资源"，发挥"鲶鱼效应"，满足了辖区内人民群众的强烈需求，形成了"公办教育为主体、民办教育为补充，公办民办互相促进"的办学格局。

（一）成功引进了海亮外国语学校

海亮外国语学校是海亮教育集团旗下国际化高端教育品牌。海亮教育集团由中国500强企业海亮集团投资兴办，拥有24年办学经验，是全国规模最大的民办教育集团之一，荣获2017年"中国民办教育十大影响力品牌"。海亮外国语学校是海亮教育集团落户山东的第一所学校，在双方精诚合作、全力推进下，实现了在肥城当年洽谈、当年签约、当年建成、当年招生。

（二）全力支持慈明学校发展

慈明学校是山东慈明教育集团在肥城建设的一所特色民办学校，校园占地120亩，集幼儿园、小学、初中、高中为一体。学校以弘扬中华优秀传统文化为己任；以"本性教育""唤醒孩子本自具足的善良、智慧和爱"为办学理念；以"志于道，据于德，依于仁，游于艺"为教育纲领；以培养"慈爱明德、知行合一，具有民族情怀、国际视野"的人才为育人目标。在政策、师资、环境等方面，都给予倾斜和支持，我们统一制订招生计划、选派骨干教师支教，一同开展教研培训活动，促进了慈明学校的发展。

五、实现了学校的高品质内涵式发展

全市各级各类学校中也涌现出了众多先进集体和先进个人，他们始终不忘教书育人初心，牢记立德树人使命，潜心管理，潜心治学，用爱心和智慧编织着万千学子的人生梦想，书写了一个又一个教育华章。

（一）优化了学校的"精致管理"

为了优化学校的"精致管理"，我们做到了以下四点：一是稳步推进校长职级制，顺利完成103名中小学校长职级认定，根据校长的管理水平，把校长职级薪酬纳入年终奖励性绩效工资，调动了校长潜心管理的积极性，校长扑下身子抓管理，静下心来提能力，整个校长队伍的管理水平明显增强。二是狠抓有偿补课整治，校长签订责任书，教师签订承诺书，根据举报线索，严厉查处。强力整治校外培训机构，对无证经营的培训机构予以取缔。三是坚决做好校园扫黑除恶专项斗争，坚决制止和杜绝校园欺凌事件。四是启动实施第三期学前三年行动计划，特教学校被评为山东省十大康教实验学校，职业中专高标准通过"省中职示范校"建设项目中期验收，有109处中小学创建为泰安市级以上规范化学校，11处创建为泰安市级以上文明校园。

(二) 实现了安全管理的"保驾护航"

安全责任重于泰山。我们坚持教育领先、预防为主，认真宣传贯彻《山东省学校安全条例》，普及安全教育，强化安全意识；开展应急演练，提高自护能力；落实"四防"措施，强化安全保障。一是营造浓厚氛围，打造安全文化。不断拓宽渠道，采取多种形式，宣传安全知识，形成尊重生命、安全第一的浓厚氛围。坚持把握重点，强化重点部位、重点时段、重点人群管理；落实全面监管，强化校车审批、食堂安全、住宿安全。强化隐患排查，实行"挂账销号"，切实把隐患消灭在萌芽之中。二是坚持落实责任，严明奖惩。全面落实"党政同责、一岗双责、失职追责"要求，认真落实"属地管理"责任。三是实行学校安全网格化管理，全面落实学校安全执法目标责任制，综治、公安、交警、交通、城管、市场监管、卫健、疾控等部门单位各司其职、齐抓共管、恪尽职守，为十余万学子健康成长保驾护航。

(三) 提高了广大人民群众的"教育幸福感"

习近平总书记指出，要发展素质教育，推进教育公平。多年来，教育公平落实不到位，优质教育资源不足，有限的优质教育资源被少数人挤占，尤其表现在"择校""择班""择师""择位"方面。针对这些问题，我们坚持一切从群众利益出发，实行"邻近片区自主择校、弹性招生；均衡编班，阳光分班；座次定期循环"，家长代表全程监督、电脑编程、摇号分班，一切都在阳光下操作，公开透明、公正公平解决了多年来存在的择校、择班和择位等顽疾。成立家长委员会，让家长真正成为助力教育健康、和谐发展的同盟军；成功举办了"伴你成长"系列电视访谈专题栏目，引导广大家长更新家庭教育观念，逐步实现亲情陪伴、科学育子，催生教育发展新动能。目前，我市最好的房舍是学校，最美的地方是校园，人民群众的教育幸福感大大增强。

总之，2018年以来，全市各级坚持教育优先发展战略地位不动摇，秉承"开放、包容、务实、敢当"的肥城精神，深入实施科教兴肥和人才强市战略，抓党建、把方向，抓投入、促均衡，抓改革、激活力，抓内涵、促发展，教育质量实现大幅度提升，教育工作取得长足进步。全国本真教育研究第三届年会，山东省中小学安全文化建设现场研讨会，全省乡村学校少年宫建设骨干人员培训现场会，泰安市中小学食堂管理工作现场会、校外培训机构治理调度会、民办教育现场推进会，泰安市特殊教育，等等，七个现场会在肥城召开，把肥城的教育实践推向了全省乃至全国。

就高考成绩而言，2019年全市6556人参加高考，本科上线总人数4482人，比去年增加781人。其中，有3人分别被清华、北大录取。文化课尖子生培养实现重大突破，肥城一中张圣一同学不仅是全省理科状元，还是全国A卷最高分、全国状元。这是继2002年后，我市又一次斩获全省理科状元桂冠。肥城一中孟咏然同学获泰安文科第二名。两人双双被北大录取。2020年高考，全市本科上线人数突破5000人大关，690分以上2人，660分以上34人；3人被北大录取。泰安市中考也传佳绩，过村中学尚泰鹏获泰安市中考状元。

当前，肥城教育正处在建设美好教育的冲刺期，创新创业、赶超跨越的黄金期，已小有成就，但到全面发展还有很长的路要走，所以我将沉心静气、凝心聚力，勇于担当、一步一个脚印，继续亮亮堂堂、稳扎稳打地与广大教育工作者一道办好人民满意的教育。

第九章
肥城教育美好未来展望

人才成就未来,教育成就梦想。人才和人力是国家最大的资源,教育必须承担起实现中华民族伟大复兴中国梦赋予的历史使命,立足人民群众对更美好、更公平教育的需求,不断扩大优质教育资源供给,全面优化育人生态,全面提升育人质量,不断增强人民群众对美好教育的获得感和满意度。

"教育兴则国家兴"已成为时代最强音。春风化雨,桃李满园,学有所教,让肥城教育成为更加接地气、重实践、易操作、可复制的县域教育评价改革样本,成为大而全、小而特、远者来、近者悦的高质量教育,成为近期有影响、后期有活力、可持续发展、引领未来的均衡化、信息化、现代化县域教育,这是我们为肥城教育美好未来描绘的美好画卷。

近期计划与行动推进

党的十九届五中全会提出了到 2035 年基本实现社会主义现代化的远景目标,擘画了我国未来发展的宏伟蓝图,做出了到 2035 年总体实现教育现代化、建成教育强国的顶层设计,在教育发展进程中具有全局性、历史性意义。我们将以十九届五中全会和全国教育大会精神为指导,坚持立德树人,建设美好教育,重点实施"一优化、四提升"行动。"一优化"即教育布局和结构优化,"四提升"即教育装备提升、教师素质提升、治理能力提升、教育质量提升。通过实施"一优化、四提升"行动,构建教育高质量发展体系,力争 2030 年率先建成现代化教育强市,办好人民满意的教育,为我市经济社会发展提供强力支撑。

一、教育布局和结构优化行动

撤并农村小规模学校,提高办学规模和效益;适应城镇化发展趋势,不断增加城区学位;促进职普融通发展,提升高中学段普及程度;落实《山东省学前教育条例》,推进小区配套幼儿园建设;鼓励社会和民间资本参与办学,不断满足人民群众对优质教育资源的需求。

1. 撤并农村小规模学校,提高办学规模和效益。我市现有农村学校

84 处，有 48 处学校在校生不足 300 人。其中，200－300 人学校 9 处，100－200 人学校 19 处，100 人以下学校 20 处。这些小规模学校，布局散，效益低，造成了教育资源的极大浪费。极个别的学校，十几亩地，十几个学生，十几位老师，不仅浪费资源，更不利于孩子的健康成长。2018 年以来，我们先后撤并了 23 处小规模学校，孙伯镇、潮泉镇、湖屯镇将中小学布局优化为 1 处初中、1 处小学，配备校车和午餐，方便孩子上下学的同时还解放了农村劳动力，受到了当地老百姓的普遍欢迎。经过前期调研，计划进一步优化学校布局，撤并小规模学校，形成每个镇街 1－2 处小学、1 处初中的办学格局。同时，积极稳妥推进矿区学校划归镇街统一管理，统筹区域教育发展。

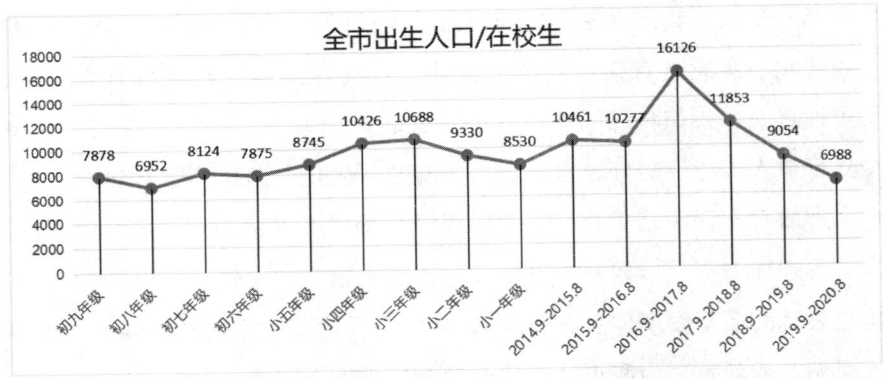

2. **适应城镇化发展趋势，不断增加城区学位。** 2020 年一年级学生，全市城乡之比已达 57.4∶42.6，并且还有逐年提升的趋势。根据我市人口出生现状和预测，除人口出生高峰期外，其他年度人口出生数量基本在 1 万人左右。为此，我市每学年学位需求拟按 1 万学位进行设计。对于出生高峰期（学年度出生人口 16126 人），采取"削峰填谷"的方式解决，即 2021 年小学一年级入学，将 2015 年 9 月出生的孩子提前安排入学（1032 人，总入学人数为 11493）；2022 年再将 2016 年 9 月、10 月出生的孩子提前安排入学（2775 人，总入学人数为 12020）；2023 年小学一年级入学人数降为 13351 人。此后，小学一年级入学人数将基本稳定在 1 万人左右。因此，我市按照 1 万左右出生人口设计未来中小学校、幼儿园规模，是科学合理和积极稳妥的。

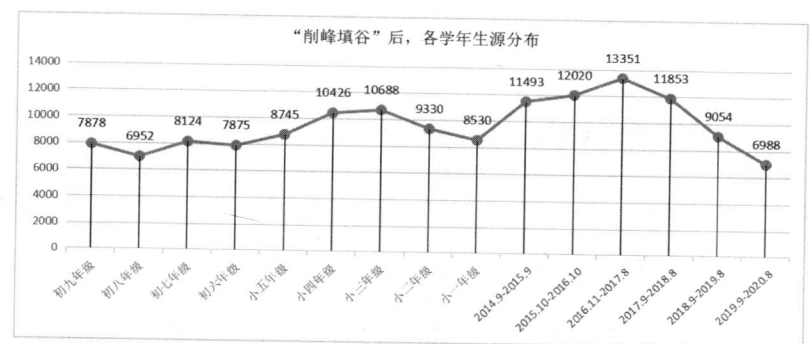

对于城区学校规模的设计，根据省规划设计院编制的中小学布局专项规划，拟按照城乡 65∶35 的比例进行安排，依全市出生人口 1 万人计算，未来城区中小学每个年级应提供 6500 个学位。这个学位需求，吻合了全市城镇化规划对城区人口的预测，也与我市实际在校生现状趋势和未来预测相吻合。省规划设计院编制的教育专项规划方案已经专家论证评审，到 2030 年前将实施好以下学校建设工程：一是现有学校扩建工程，包括龙山小学、龙山实验学校、实验中学、肥城三中工程。二是选址规划建设西区小学和北区九年一贯制学校。三是扩大凤山学校规模。将学校前面的 13.5 亩土地预留给学校，以满足未来学校周边建设开发后的学位需求。四是远期规划新建小学 7 处、九年一贯制学校 2 处、初中 5 处。五是择机迁建一处高标准的高中学校和特殊教育学校。

3. 促进职普融通发展，提升高中学段普及程度。十九届五中全会提出了"深化职普融通发展"的要求，办好 4 处综合高中，确保高中阶段招生达到国家和省市要求，促进学生多元化发展。

4. 落实《山东省学前教育条例》，推进小区配套幼儿园建设。我们将完善相关约束机制，落实好"由开发建设单位代为建设并交付教育主管部门管理使用"的要求，确保学前教育普惠优质发展。

5. 鼓励社会和民间资本参与办学。鼓励支持海亮外国语学校、慈明学校等民办学校发展壮大，积极对接引进高端民办教育，满足不同层次的教育需求。

二、四提升行动

（一）教育装备提升行动

1. 继续推进塑胶操场建设。对拟保留的没有塑胶操场的农村学校的操场进行改造提升。

2. 加强常规教育装备配备。坚持新华书店进校园，及时为学校提供可读性强的优质图书资源。管好用好生均公用经费，把钱花在刀刃上，不断更新常规教育装备。特别是向拟保留的农村学校倾斜，不断改善这些学校的办学条件。

3. 实施好教育信息化工程。重点建设全市网上巡课系统、教师发展管理系统、学生发展管理系统、校园安全管理系统等四大系统。为学校更新智能黑板（含高清摄像头）、云平台微机室和录播教室，建设高速教育专网，并入"智慧肥城"总体规划，实现全市一张网、全网统一管理。通过大数据跟踪记录教学评价涉及的所有信息，实现科学分类、科学分析、科学诊断，帮助教师及时调整教学方式方法，帮助学生及时完善与调整学习方法，促进所有人的成长与发展。

（二）队伍素质提升行动

1. 提升领导干部素质。根据学校规模核定中小学（幼儿园）管理机构和干部配备职数；按照上级要求，在同一学校连续任职满8年的中小学校长进行交流轮岗；完善学校领导干部递进培养机制，建立校长后备人才库，造就一支素质优良、结构合理、创新务实、敢于担当的优秀年轻后备干部队伍。

2. 提升教师队伍素质。把好教师入口关，不断提高中小学教师准入门槛；完善教师招聘方式，吸纳高层次人才进入教师队伍；完善教师招聘选岗、农村教师遴选、城区教师支教三大机制，促进教师队伍合理交流，充分调动教师工作积极性；落实幼儿教师补充机制，保障幼儿教师待遇。

3. 提升教师专业化水平。坚持鲜明的职称评聘导向，不教课、不满工作量的坚决不予评聘高一级职称，营造阳光教育生态；坚持"请进来、走出去"，引进全国知名教育专家、团队，对教师实施高端培训；充分发挥扁平化教研体制作用，持续深化"教材、训练题、教法、学法"四项研究，引领全市学科教研纵深推进，不断提升师德师能。

（三）治理能力提升行动

认真贯彻党的教育方针，落实立德树人根本任务，坚定不移地落实好"四层面72字"工作要求，不断完善千分考核评价体系，细化对学校、领导干部、教师、教辅人员的分类考核，强化过程考核与管理，分级分类推进，使教育质量成为强化过程管理的自然结果；建立健全教育系统内部审计制度，完善监督机制，确保资金使用效益和安全，形成科学高效的内部治理体系，提升治理能力。

（四）教育质量提升行动

坚持教育归真，尊重教育规律和学生成长规律。扎扎实实做好"打基础、养习惯，善积累、激兴趣，勤实践、提能力"工作，追求具有内涵的绿色质量，让教育质量在过程管理中自然流淌。

1. 因材施教，分段施策。学前教育段重点抓习惯养成和专注力培养，突出有思维含量的"玩玩玩"；义务教育段重点抓学生素质涵养，突出有深度思考的"读读读"；高中段重点抓高考备考，突出分层达标的"练练练"，持续构建各学段之间扎实牢固、良性衔接的高质量链条，为质量提升奠定宽厚基础。

2. 立德树人，提升素质。坚持为党育人、为国育才，强化社会主义核心价值观教育，引导教育广大青少年从小立报国之志，成栋梁之材；坚持新华书店进校园，深入推进"大阅读"，深化"5+40"课堂教学结构改革，提升学生人文素养和文化底蕴；扎实做好实验教学，积极开展丰富多彩的社会实践活动和研学旅行，引导青少年儿童在实践中养德提能；持续推进"让学生讲得更精彩"课堂教学改革，实现教、学、练、考相统一，不断提高学生综合素质和高考质量。

3. 凝聚合力，促进共育。充分发挥校委会、家委会和班主任的作用，切实做到"联家校、知生情，树班风、扬个性，聚合力、促共育"，继续办好电视访谈栏目《伴你成长》，凝聚社会、学校、家庭方方面面的力量，共同呵护孩子成长。

三、推进措施

（一）坚持党对教育工作的全面领导

教育是最大民生，是民族振兴、社会进步的基石，是党之大计、国之大计。要进一步弘扬尊师重教的优良传统，坚持把教育摆在更加突出的位置，落实好党政推进教育改革和发展的责任，坚定不移地把党的领导贯穿到教育工作全过程；继续坚持定期研究、实事推动、视察调研、责任追究"四项制度"，完善研究部署教育工作常态化机制，持续推进教育事业健康发展。继续把镇街投入教育、部门服务教育、社会捐助教育等纳入教育目标责任制考核，持续营造全社会关心支持教育事业发展的良好氛围，为教育改革发展提供坚强的政治保证、组织保障和环境保障。

（二）坚持教育优先发展战略不动摇

教育优先发展是夯实中华民族伟大复兴基础工程的关键之策、长远之策，是满足人民群众新要求新期待的初心之举、使命之举。坚持教育优先发展战略，就是要切实保证经济社会发展规划优先安排，财政资金优先保障，公共资源优先满足；要把教育纳入城市建设总体规划，坚持优先规划学校布局，优先划拨学校建设用地，着力消除校际、城乡之间在优质教育资源供给上不平衡、不充分的问题，充分满足人民群众对优质教育资源的需求。新建小区同步规划建设学校、幼儿园，以满足适龄儿童、少年入学需求；城区学校建设在教育部门选址规划的基础上，拟由市城市建设投资有限公司实施，竣工验收后交付教育部门使用。

（三）优先满足教育投入

教育投入是支撑国家长远发展的基础性、战略性投资，是发展教育事业的重要物质基础。要将教育投入作为公共财政预算的重点予以保障，坚持优先安排教育资金，优先满足教育投入，完善政府投入为主、多渠道筹措经费的教育投入机制，不断加大各级政府对教育的投入，确保实现教育财政拨款增长高于财政经常性收入增长，生均教育费用逐步增长，教师工资和生均公用经费逐步增长。

（四）深化教育综合改革

深入推进"县管校聘"制度改革，健全定期交流轮岗制度，实现人员合理流动，构建能上能下、优进劣退的灵活用人机制，充分调动广大干部教师的工作积极性,真正把"学校人"变为"系统人";持续深化办学体制改革,走好职普融通发展的路子,不断提高普通高中办职业教育的师资水平和装备配备水平;积极推进教师职称分级聘任,持续深化绩效工资分配制度改革,建立教师绩效工资增量机制,核增我市中小学教师绩效工资总量,根据考核,多劳多得、优绩优酬,着力解决"干多干少一个样、干好干孬一个样"的问题。

愿景规划与未来展望

社会发展已经步入新时期,当下的教育如何真正地去适应一个高度信息化、智能化、个性化的时代?肥城教育在通往未来教育的道路上将由量的积累发生质的巨变,迫切需要进行愿景规划与未来展望,以此激励肥城教育人砥砺奋进,认真落实全国、全省教育大会精神和市委工作要求,以"坚持立德树人,建设美好教育"为目标,以更高远的历史站位、更广阔的国际视野、更深邃的战略眼光来审视教育,准确识变、科学应变、主动求变,在危机中育新机、于变局中开新局,在新起点上实现新跨越,紧紧围绕教育质量提升这个中心工作,向着未来教育挺进。

一、愿景规划

在深入调研、征求多方意见的基础上,我们确定了肥城教育的发展愿景:坚持立德树人根本任务不动摇,凝聚全市教育人的智慧与精力,遵循教育规律,坚持改革创新,以凝聚人心、完善人格、开发人力、培育人才、造福人民为工作目标,不断完善中小学校教育评价体系,促进校长队伍和教师队伍专业发展,旗帜鲜明地抓好教育质量全面提升,建设为每个肥城学子奠定幸福完整人生的美好教育，培养德智体美劳全面发展的社会主义建设者和接班人，满足广大人民群众对优质教育的现实需求，共创信息化、现代化教育强市，着力构筑党建新高地、治理新高地、师训新高地、质量新高地，成为山东省县域教育改革的领航者和典范样本。

具体而言，肥城教育的发展愿景聚焦在"立德树人""教育评价体系""教育均衡化""人民满意""学生全面发展"等方面。这就意味着，肥城教育全面贯彻党的教育方针，坚持马克思主义指导地位，坚持中国特色社会主义教育发展道路，坚持社会主义办学方向，政治站位高端，推进策略精准，以育人为根本，以质量为核心，以均衡公平为重点，以改革创新为动力，以队伍建设为关键；这就意味着，"四层面72字"工作要求、综合督导（千分考核方案）等推进策略已经深入人心，由初步认识到行为上的深入落实，业已深入到学校发展的内涵中，进入了广度和深度发展阶段，成为肥城教育落实立德树人根本任务的行动指南，其工作策略是系统有力的，其重点要点是精准务实的，打出的确实是一套坚定务实、精准科学、已被广大教育同仁认可践行的组合拳；这就意味着，肥城教育将全力落实教育优先发展战略，加快建设美好教育，不断使教育同人民群众期待相契合，创新构建德智体美劳全面培养的教育体系和更高水平的人才培养体系，创新健全家庭、学校、政府、社会协同育人机制，健全师德师风建设长效机制，系统深化育人方式、办学模式、管理体制和保障机制改革，着力形成充满活力、富有效率、更加开放、有利于高质量发展的教育体制机制，着力促进义务教育城乡一体化发展，以教育信息化、现代化促进优质教育资源共享，为每个学生成人、成长、成才创造条件。

二、未来展望

当前，我国教育发展仍不平衡不充分，还不能完全适应国家经济社会发展和人民群众日益增长的新要求新期盼。《中国教育现代化2035》的发布，让教育现代化成为我国教育改革发展的核心议题。现代化学者英克尔斯指出："在发展过程中一个基本的因素是个人，除非国民是现代的，否则一个国家就不是现代的。在任何情况下，除非在经济以及各种机构工作的人民具有某种程度的现代性，否则我们怀疑这个国家的经济会有高的生产力，或者它的政治与行政机构会很有效率。"也就是说，人的现代化是教育现代化的应有之义。

面对教师队伍如此庞大、教学水平参差不齐的现状，县域教育的现代化并非单指盖高楼、买设备、建操场之类的办学条件现代化，其核心在于破解县域教育发展中的质量问题、公平问题、体制问题等，最终实现人的现代化。在教育现代化推进过程中，我们还将着力培养现代化的校长队伍和教师队伍，促进学校的优质发展，开发多样化、现代化的高品质课程体系，构建适合现代教育发展的教学方式、学习方式和评价方式，稳步缩小城乡之间教育发展的差距，提高基本教育公共服务均等化水平，协调健全"构建党委政府统筹领导，主管部门履职尽责，学校依法自主办学，家庭社会广泛参与，评价激励机制不断优化'五位一体'的教育治理新格局，为教育治理现代化提供试验样本"的新机制，从重视分数转向重视学生全面主动发展所带来的核心素养提升，以中小学教育评价体系的杠杆提高县域教育治理能力和现代化水平。

未来道路幸福而漫长，有机遇也有挑战，我将团结带领万名桃乡教育人，全面贯彻党的教育方针，紧紧围绕立德树人这一根本任务，紧紧抓住影响教育内涵式发展的关键因素，统筹推进城乡各类教育协同式、内涵化、高质量发展,全面优化教育发展和育人生态,共创信息化、现代化教育强市,着力构筑党建新高地、管理新高地、师训新高地、质量新高地,力争让肥城教育成为山东省县域教育改革的领航者和典范样本,让肥城教育更加充满朝气、生机和活力,让美好教育既成为人人追求的梦想,也成为人人可以乐见的现实。

附录：

肥城市中小学教育教学工作综合督导评估考核方案（试行）

为全面贯彻党的教育方针，全面落实立德树人根本任务，促进学生全面发展，全面提升教育教学质量，根据《中共中央 国务院关于全面深化新时代教师队伍建设改革的意见》（中发〔2018〕4号）、教育部《义务教育学校管理标准》（教基〔2017〕9号）等有关文件，制定本方案（试行）。

一、指导思想

以习近平新时代中国特色社会主义思想和党的教育方针为指导，以立德树人为根本任务，以建设"管理规范、治学严谨、校风正、教风好、学风浓、朝气蓬勃、生动活泼的美好校园"为发展愿景，促进学生全面健康发展为目标，运用现代教育理论和管理方法，全面评价我市各中小学教育教学工作，促进全市中小学办学质量不断上台阶、上水平，办好人民满意的教育。

二、评价考核内容

聚焦校长、教师、教辅、学生"四层面72字"工作要求，衔接上级督导评估考核指标体系，建立健全用制度管人、靠机制办事、凭考核奖惩抓落实的管理机制，全面评价考核中小学校（含镇街、矿区教育办公室）的管理水平、教学水平、服务水平和育人水平。

三、评价原则

1. 导向性原则。坚持问题导向和目标导向相结合，补短板，强优势，显特色，引导学校不断改进教育教学管理，全面贯彻党的教育方针，促进学生全面健康成长。

2. 综合性原则。全面涵盖办学条件、学校管理、教学研究、队伍建设、学生成长等方面，对全市中小学进行统一全面综合评价考核。

3. 过程性评价原则。全面强化过程管理，管控重点工作和重要环节，不断规范办学行为，引导广大干部教职工潜心做教育，真心爱学生，细心抓过程，精心育人才，把功夫用在平时，形成抓常规落实的习惯，在自身发展中积累辉煌，实践平凡，铸就卓越。局机关各科室要立足各自职能，强化对学校日常工作的管理考核，将结果纳入评估指标体系。

4. 分类评价和闭环衔接原则。将市直初中与镇街（矿区）中心初中统一评价考核排序；市直小学与镇街（矿区）中心小学统一评价考核排序；镇街（矿区）其他初中统一评价考核排序；镇街（矿区）其他小学统一评价考核排序。九年一贯制学校初中、小学分段评价，一并纳入上述分类，统一排序。镇街教学点纳入校本部一并考核。市直一校两区的学校分别评价，一并纳入校本部考核。普通高中统一评价考核排序，高中教学质量评价办法单独制定。镇街教育投入、办学条件改善评价考核指标包含在镇街教育办公室层面考核体系中。

同时，将市直初中、镇街（矿区）中心初中的末一名与其他初中第一名进行比较排序，将市直小学、镇街（矿区）中心小学的末一名与其他小学第一名进行比较排序，形成闭环评价体系。

5. 现场评价与样本评价相结合原则。每学期对各类别学校均组织一次现场观摩，通过听汇报、看现场，由参加观摩的校长、镇街教育办公室主任、局机关中层以上干部对学校进行评比排序。教育局中小学教育教学评价考核组全体成员，按照分工对照相应的考查指标，通过看现场、查资料、抽样本、课堂观察、电话抽访、调查问卷等方式，对学校进行全面具体综合评价考核。

四、计分办法

对评估指标能够直接计分的直接计分；不能直接计分的，通过比较进行排序，第一名计满分，然后按名次逐一递减。

对出现下列情况之一的，予以一票否决：

1. 单位领导班子成员年度内受到党纪政务处分或被追究法律责任的；单位有3人及以上年度内受到党纪政务处分的（人员单位调整后，因在原单位发生违纪违法行为受到党纪政务处分的，在原单位统计）；

2. 因工作不力，发生群体性越级上访或恶性上访事件，造成不良社会影响的；

3. 学校发生较大安全事故或安全工作考核不合格的；

4. 邪教和非法宗教活动得不到有效遏制、制止的；

5. 搞形式主义、资料造假、安排师生及家长应对评估考核的；

6. 存在社会治安综合治理一票否决事项的。

五、组织领导

成立由局长任组长，班子成员、副科级干部、科室主要负责同志组成的督导评估考核领导小组和工作小组，负责全市中小学教育教学工作综合督导评估考核。

六、考核结果运用

1. 作为校长年度目标责任制考核、职级晋升、末位淘汰的重要依据。考核排序后三名的，局党组对其约谈；一学年连续两次考核最后一名的，实行末位淘汰。
2. 作为学校单位个人评优树先、职称评聘等名额分配的重要依据。
3. 作为教师节表彰教育工作先进镇街的重要依据。
4. 作为推荐市级以上文明校园的重要依据。

附件：
1. 肥城市中小学教育教学工作综合督导评估考核表（校长层面）
2. 肥城市中小学教育教学工作综合督导评估考核表（教师层面）
3. 肥城市中小学教育教学工作综合督导评估考核表（教辅层面）
4. 肥城市中小学教育教学工作综合督导评估考核表（学生层面）
5. 肥城市镇街教育办公室督导评估考核表

肥城市中小学教育教学工作综合督导评估考核表（校长层面）

评估项目	评估内容与办法	责任科室	分值	排序	折算得分	备注
学校工作日志	①每月5日前上报学校工作日志（邮箱：fcjydckh@126.com），作为评价考核学校的总目录索引。逾期的，每出现一次从学校考核总分中扣1分；逾期不报的，每出现一次从学校考核总分中扣3分。 ②学校也要建立相应的教职工工作日志上报制度。不建立此项制度的，从学校考核总分中扣3分；执行不严格的，从学校考核总分中扣1分。	督查投诉考核科	50			目录台账式工作日志
依标准 守规范	①课程管理。重点查阅音体美等学科教师备课、学生相关的训练或作业资料。课程开不全，本项不得分；课时不足，本项扣1—2分。 ②装备管理。重点查看实物，查阅教学仪器装备、信息化设备设施使用管理记录。没记录的，本项不得分；有记录但管理不规范的，本项扣1—2分。 ③设备补充。查阅购置教学装备的相关账目并核对实物。满足教学需求的，不扣分；不能满足教学需求且支出结构不合理的，本项扣1—2分。 ④学生社团。查阅校本课程开发与开设、学生社团建设与活动开展的相关资料及成果并评比排序。没有的，本项不得分。	发展规划装备科 基础教育科 体卫艺科 学生工作科 教学研究中心 信息网络中心 财务科 审计科	40			

（续表）

评估项目	评估内容与办法	责任科室	分值	排序	折算得分	备注
细管理 鼓干劲	①制度管理。查阅学校章程、发展规划和各类管理制度建立健全情况。 ②民主管理。查阅学校、社会、家庭合力育人的相关资料；查阅工会（教代会）、妇委会、团委、少先队、家委会等组织参与管理的资料并进行问卷调查。 ③岗位管理。查阅每名干部教职工岗位目标责任制订和公示知晓情况；计算教师满工作量人数占教职工总数的比例并评比排序；计算教辅人员（含不教课的中层以上干部）占教职工总数的比例并评比排序；学科教师不足的，及时上报教育局调剂，严禁聘用临时代课教师，违规聘用临时代课教师的，每人次扣1分，上不封顶。 ④过程管理。查阅干部教职工每月晒工作实绩、学校定期对干部教职工岗位目标进行量化考核、述职述廉述德评议考核的情况。 ⑤学籍管理。实地核查转学情况，查阅转学学籍管理相关材料。未经教育局批准擅自转学的，每出现1人次扣1分，上不封顶。 ⑥班主任管理。抽查班主任"联家校、知生情、扬个性、树班风、聚合力、促共育"的情况并评比排序。 ⑦环境管理。实地查看校园、教室、功能室、器械室、办公室、食堂、宿舍、卫生间等场所"硬化、绿化、美化、亮化、净化、秩序化"情况，重点查看净化、秩序化并评比排序。 ⑧人文关怀。重点查阅组织教师年度健康体检的相关材料，不体检的，本项不得分。 ⑨满意度评价。重点对评优树先、职称评聘等教师关注的问题进行负面清单问卷调查和满意度评价并排序。	督查投诉考核科 基础教育科 教学研究中心 体卫艺科 信息网络中心 教师工作科 财务科 工会 妇委 团委	60			

(续表)

评估项目	评估内容与办法	责任科室	分值	排序	折算得分	备注
把方向 提质量	①党建引领。组织健全,并查阅政治学习计划、"三会一课"记录、传达贯彻上级会议和文件精神记录、校长学习笔记及党员领航、承诺亮诺相关资料,抽查党员、教职工学习笔记并评比排序。 ②立德树人。重点查阅主题班会、系列德育活动、社会实践及家访的相关资料并评比排序。 ③教育公平。重点查阅控辍保学、关爱特殊学生群体等方面的相关资料,出现失学辍学的,每人扣1分;查阅招生分班的情况,违规招生的,每人扣1分,违规分班的,扣2—5分;通过问卷调查校园欺凌等方面情况,每出现一次扣3分,影响恶劣的,扣10分直至一票否决。 ④教学质量。小学段重点查看学生综合素质发展报告、标志性成果并评比排序;初中段重点查看学生综合素质发展报告、标志性成果和学业考试成绩并评比排序。 ⑤校风建设。查阅校风建设方面的相关资料并评比排序。 ⑥满意度评价。开展社会满意度问卷调查并评比排序。	政治工作科 督查投诉考核科 教师工作科 基础教育科 教学研究中心 信息网络中心 学生工作科 团委	50			
总体印象	现场观摩。集中听取校长汇报、查看现场并评比排序。		50			
特色创新	①学校特色。根据学校申报的最具代表性的特色工作进行评比排序。 ②获奖情况。汇总当学年内学校、教职工(限与岗位职责相关)获奖及论文发表情况折算得分。	督查投诉考核科	50			

肥城市中小学教育教学工作综合督导评估考核表（教师层面）

评估项目	评估内容与办法	责任科室	分值	排序	折算得分	备注
弘师德 重师范	①师德教育。查阅学校开展师德教育的相关资料，抽查教师学习笔记。资料不健全、学习不经常的，扣10—20分。 ②典型培养。查阅学校开展师德典型评选及作用发挥等活动的相关资料。未树典型或作用发挥不好的，扣10—20分。 ③师德考核。查阅学校日常组织的师德考核相关资料，对学科教师师德表现进行负面清单问卷调查并评比排序。 ④基本功训练。查阅教师"三字一话（画）"、课件制作等基本功训练的相关资料。未开展或开展不经常的，扣10—20分。 ⑤教风建设。查阅教风建设方面的相关资料并评比排序。	教师工作科 政治工作科 教学研究中心 体卫艺科	100			
勤教研 善拓展	①教研管理。重点查阅校长听评课相关资料及相关人员的工作记录，每周不少于三节，每周每少一节扣1分（因公出发除外）；发现造假的，一票否决。 ②常规教研。查阅兼职教研员组织开展学科教研的工作记录，抽查相关教师参与教研活动的记录，并评比排序。 ③教师培养。查阅学校教研队伍建设、教师梯次培养、教师专业发展与培训、班主任培养与经验交流的相关资料，缺项的，每项扣5分。 ④师能水平。重点查阅教学流程设计、问题设计、"知识树"构建、知识拓展、大阅读渗透（语文）等备课内容，并评比排序。 ⑤成果展示。重点查阅"草根研究"、学生知识拓展方面的情况并评比排序。	教学研究中心 体卫艺科 教师工作科	100			

(续表)

评估项目	评估内容与办法	责任科室	分值	排序	折算得分	备注
活方法 提效率	①课堂教学。学校推荐和随机抽取各一名教师，开展随堂听课观摩，同时查阅学校日常管理课堂教学的相关资料并评比排序。 ②课堂管理。抽查教师关注学生课堂表现的相关记录（不是堂堂做记录，不是记录每个学生，重点记录个别学生的异常情况，为学生综合素质发展报告提供过程性资料），同时查阅学校日常管理相关工作的资料并评比排序。 ③学习指导。查阅学法指导、心理疏导、励志教育、兴趣激发等方面资料并评比排序。 ④学生管理。重点查阅班主任建立学生综合素质发展报告等相关资料并评比排序。 ⑤作业管理。抽查教师批阅学生作业精细度、认真度，同时查阅学校控制作业量等日常作业管理的相关资料。发现超量布置作业的，扣20分；作业批改不认真，错批错改的，每人次扣5分，上不封顶。 ⑥满意度评价。重点对教师教学态度和教学水平等方面情况进行问卷调查并评比排序。	教学研究中心 基础教育科 信息网络中心 体卫艺科 学生工作科 团委	100			

肥城市中小学教育教学工作综合督导评估考核表（教辅层面）

评估项目	评估内容与办法	责任科室	分值	排序	折算得分	备注
优服务 强保障	①工作实绩。听取后勤工作实绩汇报，作为后勤考核评比的目录索引。 ②教学装备。重点查看教学装备、信息化设施设备的购置补充、维修维护等方面的资料和现场，并评比排序。 ③图书器材。重点查看配合大阅读和强化实验实践活动，相关图书器材配备、管理等方面的情况并评比排序。 ④食宿管理。重点查看学校对食堂成本核算和管理、学生宿舍管理制度建立和落实情况并评比排序。 ⑤满意度评价。服务对象对教辅人员进行负面清单和满意度问卷调查并评比排序。	督查投诉考核科 发展规划装备科 信息网络中心 财务科	25			
讲公开 促勤廉	①财务公开。查阅学校财务全面公开的相关资料，不公开的扣5分。 ②财务报表。每月5日前上报经费支付统计报表，不及时上报的每次扣1分。 ③采购管理。相关自行采购计划申请表要经教育局审核上报，市财政局审批后报教育局审计科备案。不经审核擅自采购的，每次扣3分。 ④资助管理。查阅资助政策落实情况资料，重点查看资助对象的认定、公开以及资助金的发放等资料并评比排序。社会各界捐资助学按照合法渠道办理，视情况加1—5分。 ⑤诉求处置。查阅教职工举报、社会群众举报相关问题的调查处理情况。反映属实的，每人次扣1—3分。情节严重、构成违法犯罪的，移交相关部门处理。	财务科 审计科 督查投诉考核科 学生资助管理中心	25			

（续表）

评估项目	评估内容与办法	责任科室	分值	排序	折算得分	备注
提效益 保安全	①经费使用。对照年初预算，查阅分析学校公用经费支出等相关方面的资料，支出结构不合理的每次扣2分，上不封顶。 ②资产管理。重点查看学校对资产增加（减少）账目核算、清查、维护管理等方面的资料，账、卡、物相符的情况，账目不实、账物不符的，扣5—10分。 ③后勤服务。重点查阅校舍维修、水电暖管理、购买社会服务等方面的相关资料，管理不严、造成浪费的，扣5—10分。 ④风险防控。查阅学校对人、财、物风险点排查和防控方面的情况，风险点排查和防控措施不到位的，扣5—10分。 ⑤师生安全。重点查看校园人防、物防、技防、安全教育等方面的情况，措施不到位的，扣1—5分；出现安全事故的，扣5—10分，直至一票否决。	财务科 审计科 督查投诉考核科 学校安监科 信息网络中心	50			

肥城市中小学教育教学工作综合督导评估考核表（学生层面）

评估项目	评估内容与办法	责任科室	分值	排序	折算得分	备注
打基础	①考试科目。抽测考试科目的基础知识、基本技能、基本方法等情况并评比排序。 ②考查科目。抽查考查科目的学习情况并评比排序。 ③听说读写。重点抽查学生语文学科日常作业、试卷、笔记等并评比排序。 ④大阅读。通过问卷调查课堂渗透和开展大阅读的情况并评比排序。	教学研究中心 基础教育科 体卫艺科	50			
养习惯	①校规班规。查阅建立健全校规、班规相关资料，资料不健全的，扣1—3分。 ②学科规范。查阅教师指导学科学习、形成规范的相关资料。 ③习惯培养。查阅学生习惯培养教育的相关资料并评比排序。 ④生活习惯。问卷调查、现场观察并评比排序。 ⑤学习习惯。问卷调查、现场观察并评比排序。 ⑥学风建设。查阅学风建设相关资料并评比排序。	基础教育科 教学研究中心 体卫艺科 学生工作科 团委	50			
善积累	①方法指导。查阅指导学生善于积累方面的相关资料并评比排序。 ②文史积累。抽查学生大阅读笔记并评比排序。 ③理科积累。抽查学生随堂记录、错题本等相关资料并评比排序。 ④社会积累。抽查学生观察自然、了解社会生活方面的资料并评比排序。 ⑤成果展示。查阅学校组织国学知识竞赛、故事会、诗文诵读、书法、绘画、电脑制作等方面的成果并评比排序。	教学研究中心 体卫艺科 学生工作科 基础教育科 信息网络中心	50			

（续表）

评估项目	评估内容与办法	责任科室	分值	排序	折算得分	备注
激兴趣	①阅读兴趣。通过问卷调查学生阅读方面的情况并评比排序，查阅学校检查大阅读方面的相关资料并评比排序。避免阅读作业化、背诵化、机械化以及加重学生家长负担等形式化倾向，发现有该种倾向的扣10—20分。 ②学习兴趣。通过问卷调查学生学习兴趣方面的情况并评比排序。 ③活动兴趣。通过问卷调查学生参与社团活动的情况并评比排序。 ④主题探究。查阅一周一练、学科竞赛、学科探究等方面的资料并评比排序。	教学研究中心 基础教育科 体卫艺科 学生工作科 团委	50			
勤实践	①实践基地。查阅学校建立学生实践基地的资料。没有的，扣5分。 ②实验教学。查阅学生实验报告、抽查学生现场实验，根据课程安排，每少一次扣1分。 ③社团活动。查看学生社团建设、活动开展情况并评比排序。 ④研学旅行。查阅学校组织研学旅行的情况并评比排序。 ⑤综合实践。查阅学校组织研究性学习、劳动技术（社会实践）、社区服务等方面的相关资料并评比排序。	教学研究中心 基础教育科 体卫艺科 学生工作科 信息网络中心 团委	50			
提能力	①认知能力。抽测学生阅读理解、材料作文等方面的情况并评比排序。 ②合作能力。现场观察学生参与某项活动团队合作的情况并评比排序。 ③实践能力。考查学生参与社会实践、生活自理、安全自救等方面的情况并评比排序。 ④创新能力。查看学生参与小发明、小制作、小论文、创客活动等方面的情况并评比排序。	教学研究中心 基础教育科 体卫艺科 学生工作科 学校安监科 信息网络中心 团委	50			

肥城市镇街教育办公室督导评估考核表

评估项目	评估内容与办法	责任科室	分值	排序	折算得分	备注
工作日志	①每月5日前上报镇街教育办公室工作日志（邮箱：fcjydckh@126.com），作为评价考核镇街教育办公室工作的总目录索引。逾期的，每次扣1分；逾期不报的，每次扣3分。②查阅幼儿园园长工作日志上报镇街教育办公室制度建立情况，不建立的、上报不及时的，扣1—3分。	督查投诉考核科	10			目录台账式工作日志
党的建设	查看辖区内党组织建设、政治学习计划落实、"三会一课"记录情况，组织不健全、计划不落实、三会一课不经常、记录不全的，扣5—10分。	政治工作科	10			
发展规划	查看辖区内学校（幼儿园）建设规划的科学性、可行性及实施情况，无规划、规划实施不到位、影响孩子入学（园）的，扣5—10分。	发展规划装备科	10			
经费保障	查阅向镇街政府争取教育投入、教育捐资、改善办学条件等预决算情况，并评比排序。	财务科 审计科 发展规划装备科	30			
学前教育监管	检查镇街教育办公室对辖区内幼儿园监督管理情况：①常规管理。落实游戏化教学、消除小学化倾向，开展自主入园、自主配餐、自主游戏、自主评价、课程开设、幼儿用书等情况。②安全管理。出现伤害事故的，每次扣3—5分，直至一票否决。③教师管理。教师学历达标率、持证上岗率、培养培训、待遇落实等情况。④师德考核。幼儿园日常组织的师德考核情况，教师师德表现负面清单调查问卷情况。⑤规范化创建。新增县级、市级、省级规范化幼儿园，分别加3、5、10分；复验未通过的，按相应级别分别减1、3、5分。⑥办园秩序。治理非法办园的相关情况，无许可办园的，每处扣5分。	学前教育科 学校安监科 财务科 审计科 教师工作科 政治工作科	35			
成人教育	①查看成人教育和社区教育阵地建设情况并评比排序。②查阅镇街成人教育和社区教育开展各类社会及技能培训相关资料，并评比排序。	职业教育与继续教育科	5			